Linux
Observability
with BPF

BPF로 리눅스
관측 가능성 향상하기

BPF로 리눅스 관측 가능성 향상하기

성능 분석과 네트워킹을 위한 고급 프로그래밍

초판 1쇄 발행 2020년 5월 1일

지은이 데이비드 칼라베라, 로렌초 폰타나 / **옮긴이** 류광 / **펴낸이** 김태헌
펴낸곳 한빛미디어(주) / **주소** 서울시 서대문구 연희로2길 62 한빛미디어(주) IT출판부
전화 02-325-5544 / **팩스** 02-336-7124
등록 1999년 6월 24일 제25100-2017-000058호 / **ISBN** 979-11-6224-305-3 93000

총괄 전정아 / **책임편집** 박지영 / **기획** 최현우 / **편집** 정지수 / **교정** 오현숙
디자인 표지 이아란 내지 김연정 조판 이경숙
영업 김형진, 김진불, 조유미 / **마케팅** 박상용, 송경석, 조수현, 이행은, 홍혜은 / **제작** 박성우, 김정우

이 책에 대한 의견이나 오탈자 및 잘못된 내용에 대한 수정 정보는 한빛미디어(주)의 홈페이지나 아래 이메일로
알려주십시오. 잘못된 책은 구입하신 서점에서 교환해드립니다. 책값은 뒤표지에 표시되어 있습니다.
한빛미디어 홈페이지 www.hanbit.co.kr / 이메일 ask@hanbit.co.kr

지금 하지 않으면 할 수 없는 일이 있습니다.
책으로 펴내고 싶은 아이디어나 원고를 메일(writer@hanbit.co.kr)로 보내주세요.
한빛미디어(주)는 여러분의 소중한 경험과 지식을 기다리고 있습니다.

Linux
Observability
with BPF

BPF로 리눅스
관측 가능성 향상하기

O'REILLY® 한빛미디어 Hanbit Media, Inc.

지은이 · 옮긴이 소개

지은이 **데이비드 칼라베라** David Calavera

Netlify의 CTO이다. 도커의 개발 관리자로 일했으며, Runc와 Go, BCC 도구들을 비롯해 여러 오픈소스 프로젝트에 기여했다. 데이비드는 도커 프로젝트들과 관련해서 도커 플러그인 생태계를 만들고 관리한 것으로 이름을 알렸다. 불꽃 그래프와 성능 최적화에 크나큰 애착을 지니고 있다.

지은이 **로렌초 폰타나** Lorenzo Fontana

Sysdig 사의 오픈소스 팀에서 클라우드 네이티브 컴퓨팅 파운데이션 프로젝트인 Falco를 개발한다. Falco는 커널 모듈과 eBPF를 이용해서 컨테이너 런타임 보안 및 비정상 검출을 수행하는 제품이다. 분산 시스템, 소프트웨어 정의 네트워크(SDN), 리눅스 커널, 성능 분석에 열정을 지니고 있다.

옮긴이 **류광**

25년여의 번역 경력을 가진 전문 번역가로, 도널드 커누스 교수의 『컴퓨터 프로그래밍의 예술』(*The Art of Computer Programming*) 시리즈와 스티븐스의 『UNIX 고급 프로그래밍』(*Advanced Programming in UNIX Environment*) 제2판 및 제3판, 『Game Programming Gems』 시리즈를 포함해 80권 이상의 다양한 IT 전문서를 번역했다.

옮긴이의 말

C++ 프로그래밍 언어를 만든 비야네 스트롭스트룹은 "우리의 문명은 소프트웨어를 바탕으로 돌아간다"라고 말한 적이 있습니다. 현대 문명을 지탱하는 컴퓨팅 기반구조에서 큰 자리를 차지하고 있는 것이 리눅스 커널입니다. 우리 삶에 직·간접적으로 영향을 미치는 수많은 소프트웨어가 리눅스 커널에 의존하며, 어떤 운영체제이든 '커널'은 극도의 성능과 보안이 요구되는 영역입니다. 그런 만큼 리눅스 커널은 아무나 건드릴 수 없는, 소수의 전문가에게만 허용되는 영역으로 간주됩니다. 그 점을 생각하면, 평범한 개발자도 스크립팅과 VM을 통해서 편하고 안전하게 리눅스 커널 안에서 원하는 코드를 실행하게 하는 BPF는 참으로 흥미로운 기술입니다. 추천사에서 제시 프래즐이 "할렐루야!"를 외친 것도 이해가 됩니다. 이 책을 읽고 독자 여러분도 프래즐만큼이나 BPF에 열광하게 되면 좋겠습니다.

이 책에는 독자의 이해를 돕는 다양한 예제가 나옵니다. 번역하면서 발견한 사소한 오류(콜론이나 세미콜론 누락 등)는 직접 수정했고, 코드나 본문에 직접 반영하기가 마땅치 않은 사항은 역주로 언급해 두었습니다. 특히 예제 실행에 필요한 개발 도구나 라이브러리, 패키지를 저자들이 구체적으로 언급하지 않은 경우가 종종 있었습니다. 단, 어느 정도 경험 있는 독자를 대상으로 한 책이니만큼 독자가 충분히 짐작할 만한 것들(이를테면 golang 패키지 설치 등)은 굳이 역주를 달지 않았습니다. 제 웹사이트(*http://occamsrazr.net*)에 이 책을 위한 페이지가 있으니, 예제 관련 문제점을 알려주시면 함께 고민하고 해결책을 찾아보겠습니다. *번역서 정보* 페이지에서 링크를 찾으시면 됩니다. 오타·오역 보고와 의견, 제안도 환영합니다.

그리 두껍지 않은 책이지만, 이 책의 출간에는 많은 분의 노력이 필요했습니다. 저에게 번역을 맡겨 주신 한빛미디어 최현우 부장님과 번역 및 교정 과정을 능숙하게 이끌어 주신 정지수 편집자님, 제 마음에 딱 들게 책을 조판해 주신 이경숙 디자이너님을 비롯해 모든 관련자분께 감사드립니다. 마지막으로, 2020년 봄 가족의 건강을 지키면서 교정까지 깔끔하게 끝낸 아내 오현숙에게 그저 고맙고 사랑한다는 말을 전합니다.

재미있게 읽으시길!

류광

추천사

프로그래머인(그리고 샌님임을 스스로 인정하는) 나는 다양한 커널의 최신 변경 사항과 컴퓨팅 분야의 연구 성과를 따라잡는 데 열심이다. 리눅스의 BPF(Berkeley Packet Filter)와 XDP(Express Data Path)를 접하고 나는 바로 사랑에 빠졌다. 너무나 멋진 도구인 BPF와 XDP를 주제로 한 이 책 덕분에 더 많은 사람이 프로젝트에 이들을 사용하게 되리라 생각하니 기쁘기 짝이 없다.

내 배경과 이 커널 인터페이스들을 사랑하게 된 이유를 좀 더 자세히 이야기해 보겠다. 나는 이 책의 저자 중 한 명인 데이비드 칼라베라와 함께 도커^{Docker}의 핵심 개발 관리자(maintainer)로 일했다. 도커를 잘 모르는 독자를 위해 잠깐 언급하자면, 도커는 컨테이너에 대해 다양한 필터링과 라우팅 논리를 수행하기 위해 iptables를 셸로 실행한다. 내가 도커 프로젝트에 기여한 첫 패치는 CentOS에서 특정 버전의 iptables가 명령줄 플래그들의 차이 때문에 작업에 실패하는 버그를 잡는 것이었다. 도커에는 이와 비슷한 괴상한 문제점들이 많이 있었으며, 꼭 도커가 아니더라도 자신의 소프트웨어에서 어떤 외부 도구를 셸로 실행해 본 사람이라면 비슷한 문제점을 겪어보았을 것이다. 그 문제점 외에, 애초에 iptables는 하나의 호스트에 수천 가지 규칙을 적용해야 하는 상황에 맞게 만들어진 것이 아니라서 도커에서 그런 식으로 사용하기에는 성능 측면에서 문제가 있었다.

그러다가 나는 BPF와 XDP에 관한 이야기를 들었는데, 내 귀에는 마치 음악과도 같았다. 이제는 또 다른 버그 때문에 iptables가 남긴 상처에서 피를 흘릴 필요가 없다! 심지어 커널 공동체는 iptables를 BPF로 대체하는 프로젝트도 진행 중이다(*https://oreil.ly/cuqTy*)! 할렐루야! 또한 컨테이너 네트워킹을 위한 도구인 Cilium(*https://cilium.io*)은 내부적으로 BPF와 XDP를 사용한다.

그리고 그것이 전부가 아니다! BPF에는 iptables 대용으로 사용하는 것 이외에도 아주 많은 용도가 있다. BPF를 이용하면 임의의 시스템 호출 또는 커널 함수를 추적할 수 있으며, 임의의 사용자 공간 프로그램도 추적할 수 있다. bpftrace(*https://github.com/iovisor/bpftrace*)는 리눅스에서 DTrace와 비슷한 기능을 제공하는 명령줄 도구이다. 이 도구를 이용하면 예를 들어 열린 파일들과 그것을 연 프로세스들을 추적하거나, 프로그램이 요청한 시스템 호출들을 세거나, OOM 킬러를 추적하는 등의 다양한 추적 작업을 수행할 수 있다. 간단히 말해서, 이 도구가 있으면 리눅스 시스템의 내부 상황을 완전히 파악할 BPF와 XDP는 Cloudflare(*https://oreil.ly/OZdmj*)와 페이스북(*https://oreil.ly/wrM5-*)의 부하 분산기에서 DDoS 공격을 방지하는 용도로도 쓰인다. XDP가 패킷 폐기 작업에 왜 그렇게 뛰어난지는 이 책의 제7장에 나오므로 여기서 미리 누설하지는 않겠다.

나는 쿠버네티스 공동체에서 이 책의 또 다른 저자 로렌초 폰타나와 안면을 트는 영광을 누렸다. 그가 만든 kubectl-trace(*https://oreil.ly/Ot7kq*)를 이용하면 커스텀 추적 프로그램을 쿠버네티스 클러스터 안에서 손쉽게 실행할 수 있다.

개인적으로 내가 제일 선호하는 BPF 활용법은, 어떤 소프트웨어의 성능에 관한 주장이 거짓이었음을, 또는 그 소프트웨어가 시스템 호출들을 필요 이상으로 많이 호출한다는 점을 커스텀 추적기를 이용해서 폭로하는 것이다. 누군가의 과대선전이나 오류를 구체적인 자료로 증명하는 것만큼 짜릿한 일도 없을 것이다. 이 책에 BPF를 이용해서 추적 프로그램을 작성하는 방법이 나오니 여러분도 나처럼 할 수 있다. 무엇보다도 BPF의 매력은 사건이 발생하는 바로 그 장소(커널 안)에서 직접 자료를 취합하거나 분류할 수 있다는 점이다. 이는 수집한 자료를 손실 가능성 있는 대기열을 거쳐 사용자 공간에 보낸 후 거기서 취합, 처리해야 하는 기존 도구들에 비한 BPF의 확실한 장점이다.

나는 내 경력의 절반을 개발자를 위한 도구를 만드는 데 보냈다. 최고의 도구들은 적절한 인터페이스를 통해서 자신의 내부를 여러분 같은 개발자에게 드러내며, 그럼으로써 사용자들이 도구 작성자가 상상도 못 한 방식으로 도구를 활용하게 한다. 리처드 파인먼은 "나는 뭔가의 이름을 아는 것과 그것을 이해하는 것은 다른 문제임을 아주 일찍 깨달았다."라고 말한 적이 있다. BPF라는 이름만 들어본 독자라면, 이 책을 통해서 BPF가 얼마나 유용할지도 알게 될 것이다.

내가 이 책을 마음에 들어 하는 이유 하나는 이 책이 BPF를 이용해서 여러분이 스스로 새로운 도구를 만드는 데 필요한 지식을 제공한다는 점이다. 이 책을 읽고 예제들을 공부하면서 자신만의 도구들을 만들다 보면 BPF를 마음대로 활용하는 능력을 갖출 것이며, 몇몇 도구는 아주 유용해서 실제로 일상 업무에서 자주 사용하게 될 것이다. 그냥 BPF를 아는 것에서 그치지 말고 BPF를 "이해하는" 경지로 나아가길 권한다. 이 책을 충실하게 공부한다면, BPF로 만들 수 있는 무궁무진한 도구들의 세계로 넘어갈 수 있을 것이다.

BPF 공동체는 계속해서 발전하고 있다. 이 활기찬 공동체가 더욱 성장해서 더 많은 사람이 BPF의 위력을 자신의 것으로 삼았으면 좋겠다. 이 책의 독자가 무엇을 만들어 낼지 기대가 크다. 괴상한 소프트웨어 버그를 추적하는 스크립트일 수도 있고, 커스텀 방화벽일 수도 있고, 어쩌면 적외선 복호화(infra decoding; *https://lwn.net/Articles/759188*) 도구일 수도 있겠다. 뭔가 만들어 냈다면 모두 알 수 있도록 소식 전해주시길!

제시 프래즐 Jessie Frazelle

이 책에 대하여

2015년 데이비드는 컨테이너를 유명하게 만든 회사인 도커 사에서 핵심 개발자로 일하고 있었다. 매일 그는 한편으로는 도커 공동체를 돕고, 한편으로는 도커 프로젝트를 키워나갔다. 그의 업무 중 일부는 도커 공동체의 구성원들이 보낸 수많은 풀 요청(PR)을 검토하는 것이었다. 또한 그는 도커가 모든 종류의 시나리오에서 잘 돌아가게 하는 문제도 담당했는데, 그런 시나리오 중에는 임의의 시점에서 수천 개의 컨테이너를 실행하고 제공할 수 있을 정도로 고성능이 요구되는 상황도 포함된다.

도커의 성능 문제를 진단하기 위해 우리는 **불꽃 그래프**(flame graph)라는 고급 시각화 기법을 사용했다. 이 기법은 자료를 좀 더 쉽게 탐색하는 데 도움이 된다. Go 프로그래밍 언어로 만든 응용 프로그램에는 HTTP 종점(endpoint)이 내장되어 있어서 성능을 측정하고 자료를 추출하기가 아주 쉽다. 또한 그러한 자료로 그래프를 만드는 것도 간단하다. 데이비드는 Go의 프로파일링 기능과 그 기능으로 수집한 자료로 불꽃 그래프를 만드는 방법에 관한 글을 썼다. 도커의 성능 자료 수집 방식에서 한 가지 주의할 점은, 도커의 프로파일러가 기본적으로 꺼져 있다는 것이다. 그래서 성능 문제를 디버깅하려면 먼저 도커를 재시작해야 한다. 그런데 서비스를 재시작하면 수집하고자 했던 관련 자료도 사라지며, 따라서 추적하고자 하는 사건이 일어날 때까지 기다려야 한다. 도커 불꽃 그래프에 관한 글에서 데이비드는 도커의 성능 측정에 그러한 재시작이 꼭 필요하지만, 반드시 그런 방식이어야 하는 것은 아님을 언급했다. 그러한 점을 깨닫고 그는 임의의 응용 프로그램의 성능 자료를 수집하고 분석하는 다양한 기술들을 연구하기 시작했으며, 급기야는 BPF를 알게 되었다.

한편, 데이비드와는 멀리 떨어진 곳에서 로렌초는 리눅스 커널의 내부를 좀 더 본격적으로 공부하는 방법을 모색하다가, BPF를 중점적으로 공부하면서 그와 관련된 리눅스 커널 하위 시스템들을 살펴보는 것이 효과적임을 깨달았다. 2년 후 그는 InfluxData 사에서 자신의 업무에 (구체적으로는 InfluxCloud의 자료 소화 속도를 높이는 데) BPF를 적용할 수 있게 되었다. 현재 로렌초는 BPF 공동체와 IOVisor에 참여하며, Falco에서 BPF를 이용해서 컨테이너와 리눅스의 실행 시점 보안을 수행하는 도구인 Sysdig를 개발하고 있다.

지난 수년간 우리는 쿠버네티스 클러스터의 사용량 자료 수집에서부터 네트워크 소통량 정책 관리까지 다양한 시나리오에서 BPF를 사용했다. BPF를 활용하면서, 그리고 브렌던 그레그Brendan Gregg와 알렉세이 스타로보이토프Alexei Starovoitov 같은 기술 선구자들이나 Cilium, 페이스북 같은 기업들의 여러 블로그 글을 읽으면서 우리는 BPF를 속속들이 파악하게 되었다. 그들의 글과 출판물은 당시 우리에게 아주 큰 도움이 되었을 뿐만 아니라, 이 책을 저술할 때 중요한 참고 자료로도 쓰였다.

여러 자료를 읽으면서 우리는 BPF에 관해 뭔가 배울 것이 생길 때마다 수많은 블로그 글과 매뉴얼 페이지, 기타 웹 페이지들을 오가는 것이 그리 효율적이지 않다는 점을 깨달았다. 이 책은 다음 세대의 BPF 애호가들이 이 멋진 기술을 좀 더 손쉽게 배울 수 있도록 웹에 흩어져 있는 지식을 한 장소로 모으려는 시도의 산물이다.

우리는 우리가 알고 있는 것을 9개의 장(chapter)으로 나누어 저술했다. 이 장들은 BPF로 무엇을 어떻게 할 수 있는지 알려준다. 참고서나 지침서로서 따로 읽어도 되는 장들도 있지만, BPF를 처음 접하는 독자라면 9개의 장을 순서대로 모두 읽길 권한다. 그러면 먼저 BPF의 핵심 개념들을 익힌 다음 좀 더 구체적인 여러 응용 방법으로 나아갈 수 있다.

관측 가능성과 성능 분석 분야의 전문가이든, 아니면 자신의 실무용 시스템에 관해 아직 풀지 못한 의문의 답을 구하는 새로운 기법을 모색하는 개발자이든, 이 책에서 뭔가 새로운 것을 배울 수 있을 것이다.

예제 코드

이 책의 예제 코드는 *https://oreil.ly/lbpf-repo*에서 내려받을 수 있다.

감사의 말

책을 쓰는 것이 생각보다 힘들었지만, 이 책의 저술은 우리가 지금까지 해온 활동 중 가장 보람 있는 축에 속할 것이다. 우리는 수많은 낮과 밤을 이 책에 쏟아부었으며, 동료들과 가족, 친구, 강아지들의 도움이 없었다면 저술을 끝내지 못했을 것이다. 로렌초는 긴 저술 기간 동안 참을성 있게 기다려 준 여자 친구 데버라 페이스Debora Pace와 아들 리카르도Riccardo에 감사한다. 또한 조언을 제공하고 특히 XDP와 코드 검사에 관한 글을 써준 친구 레오나르도 디 도나토Leonardo Di Donato에게 감사한다.

데이비드는 아내 로빈 민스Robin Means에 무한한 감사의 마음을 보낸다. 로빈은 여러 장의 초안과 이 책의 출발점이 된 초고를 감수했으며, 지난 수년간 데이비드의 여러 저술 작업을 도왔다. 또한 실제보다 더 근사하게 들리도록 지어낸 가짜 영어 단어들에 웃어주었다.

우리 두 필자는 eBPF와 BPF를 만들고 개선한 모든 이에게 큰 감사의 뜻을 표한다. 리눅스 커널의 개선에 계속해서 기여하고 그럼으로써 eBPF와 그 공동체를 가능하게 한 데이비드 밀러David Miller와 알렉세이 스타로보이토프에게 감사한다. BPF에 대한 열정을 나눠주고 사람들이 eBPF를 좀 더 손쉽게 사용할 수 있도록 하는 도구들을 개발한 브렌던 그레그에게 감사한다. 우리를 지지하고 수많은 조언을 제공했으며 bpftrace, gobpf, kubectl-trace, BCC를 만들고 발전시킨 IOVisor 그룹에 감사한다. 영감을 주는 작업들, 특히 libbpf와 도구 기반 구조를 만든 대니얼 보크먼Daniel Borkmann에게 감사한다. 추천사를 써주었으며 우리 두 필자와 수천 명의 개발자에게 영감을 준 제시 프레즐에게 감사한다. 더 바랄 것이 없는 최고의 감수자인 제롬 페타초니Jérôme Petazzoni에게 감사한다. 그의 질문 덕분에 우리는 이 책의 여러 부분과 코드 예제에 관한 접근 방식을 다시 생각하게 되었다.

그리고 수천 명의 리눅스 커널 기여자들, 특히 질문/답변, 패치, 제안으로 BPF 메일링 리스트에 활발하게 참여한 모든 이에게 감사한다. 마지막으로, 편집자 존 데빈스John Devins와 멜리사 포터Melissa Potter를 비롯해 표지를 만들고, 원고를 검토하고, 이 책을 우리가 개발자 경력에서 만들어 낸 그 무엇보다도 더 전문적으로 보이게 만든 분들을 포함해 이 책의 출판에 관여한 오라일리의 모든 분께 감사한다.

CONTENTS

제3장 BPF 맵   43

CONTENTS

제5장 BPF 유틸리티   113

제6장 리눅스 네트워킹과 BPF   139

CONTENTS

지난 수십 년간 컴퓨팅 시스템은 계속해서 복잡해졌다. 소프트웨어의 작동을 분석, 추론하는 작업에서 다양한 업무 분야가 파생되었는데, 그 분야들은 모두 복잡한 시스템에 대한 통찰을 얻는 난제를 해결하려 한다는 공통점이 있다. 소프트웨어에 대한 가시성을 획득하는 접근 방식 하나는 컴퓨팅 시스템 안에서 실행되는 모든 응용 프로그램이 생성한 기록 자료, 즉 로그log를 수집하고 분석하는 것이다. 로그에는 많은 정보가 담겨 있다. 로그들을 살펴보면 응용 프로그램이 정확히 어떻게 작동하고 있는지를 상당히 정확하게 알 수 있다. 그러나 로그에는 애초에 응용 프로그램을 만든 개발자가 제공하기로 한 정보만 담겨 있다는 한계도 있다. 그래서 임의의 시스템에서 로그로부터 추가적인 정보를 수집하는 것이 프로그램을 역컴파일(decompile)해서 그 실행 흐름을 파악하는 것만큼이나 어려운 일이 되기도 한다. 또 다른 인기 있는 접근 방식은 계량(metrics)으로 얻은 측정치들을 이용해서 프로그램의 행동 방식을 추론하는 것이다. 측정치들은 로그와 자료 형식이 다르다. 로그는 명시적인 자료를 제공하는 반면, 계량은 특정 시점(time point)에서 응용 프로그램의 행동 방식을 측정한 자료들을 취합한 결과를 제공한다.

비교적 최근 등장한 **관측 가능성**(observability; 또는 가관측성) 접근 방식은 이 문제에 앞의 두 방식과는 다른 각도에서 접근한다. 일반적으로 관측 가능성은 주어진 임의의 시스템에 대해 임의의 복잡한 질문을 던지고 그 응답을 얻을 수 있는 능력으로 정의된다. 관측 가능성과 로그, 측정치 취합의 주된 차이점은 각각이 수집하는 자료에 있다. 관측 가능성을 활용한다는 것이 임의의 시점에서 임의의 질문에 대한 답을 얻을 필요가 있다는 뜻이라고 할 때, 자료로부터 응용 프로그램의 행동을 추론하려면 시스템이 생성하는 모든 자료를 수집해야 하며, 그러면서도 질문에 대한 답을 얻어야 할 필요가 있을 때만 그 자료를 취합해야 한다.

『안티프래질』(와이즈베리, 2013) 같은 베스트셀러를 여러 권 쓴 나심 니콜라스 탈레브가 유행시킨 검은 백조(black swan; 또는 흑조)라는 용어는 일어나리라고 기대하지 않았지만 실제로 일어났을 때 커다란 결과를 야기하는, 그리고 돌이켜 보면 얼마든지 일어날 수 있는 일임을 깨닫게 되는 사건을 뜻한다. 또 다른 저서 『블랙 스완』(동녘사이언스, 2008)에서 그는 관련 자료를 확보하는 것이 그런 드문 사건의 위험을 완화하는 데 도움이 되는 이유를 설명했다. 소프트웨어 공학에서는 검은 백조 사건이 생각보다 자주, 그리고 반드시 일어난다. 그런 종류의 사건을 애초에 방지하는 것은 사실상 불가능하므로, 유일한 방책은 그런 사건이 발생했을 때 업무 시스템에 치명적인 피해가 생기지 않도록 대응하는 데 필요한 정보를 최대한 많이 모으는 것이다. 관측 가능성은 강건한 시스템을 구축하고 미래의 검은 백조 사건을 완화하는 데 도움이 되는데, 이는 관측 가능성을 위해서는 언젠가 질문하게 될 임의의 질문에 대한 답을 구하는 데 필요한 모든 자료를 수집해야 하기 때문이다.

리눅스 컨테이너Linux container는 리눅스 커널의 여러 기능 위에 놓인 하나의 추상화 층으로, 컴퓨터 안에서 실행되는 프로세스들을 격리(isolation)하고 관리하는 역할을 한다. 전통적으로 커널kernel은 자원 관리를 담당하며, 작업(task)의 격리와 보안도 책임진다. 리눅스에서 컨테이너가 의존하는 커널의 주된 기능은 이름공간(namespace)과 흔히 cgroup으로 줄여 쓰는 제어 그룹(control group)이다. 이름공간은 작업들을 서로 격리하는 구성요소로, 한 이름공간 안에서 실행되는 작업은 마치 운영체제 안에서 자기 혼자만 실행되는 것처럼 느끼게 된다. cgroup은 자원 관리를 제공하는 구성요소이다. 운영의 관점에서 cgroup은 CPU나 디스크 I/O, 네트워크 등 임의의 자원 사용을 세밀하게 제어하는 수단이라 할 수 있다. 지난 10여 년간 리눅스 컨테이너가 인기를 끌면서 소프트웨어 공학자들이 대규모 분산 시스템과 계산 플랫폼(compute platform)을 설계하는 방식이 변했다. 클라우드 서비스 같은 '다중 입주(multitenant)' 컴퓨팅은 전적으로 커널의 이런 기능들에 의존해서 성장했다.

그런데 컴퓨팅 시스템이 리눅스 커널의 저수준 기능에 이처럼 크게 의존하면, 관측 가능성을 위해서는 이전과는 다른 새로운 복잡성과 정보까지 고려해서 시스템을 설계해야 한다. 커널은 사건 주도적(event-driven) 시스템이다. 즉, 커널의 모든 일은 흔히 이벤트라고 부르는 사건 표현에 기초해서 정의되고 실행된다. 파일을 여는 것도 일종의 이벤트이고, CPU가 임의의 명령을 수행하는 것도 이벤트이고, 네트워크 패킷 하나를 받는 것도 이벤트이다. 이 책의 주제인 BPF(Berkeley Packet Filter; 버클리 패킷 필터)는 그러한 새로운 종류의 정보를 조사하는 능력을 제공하는 커널의 한 하위 시스템(subsystem)이다. BPF를 이용하면 커널이 임의의 이벤트를 발생했을 때 안전하게 실행되는 프로그램을 작성할 수 있다. 또한 BPF는 잘못된 BPF 프로그램 때문에 시스템이 폭주(crashing)하거나 오작동하는 일을 방지하는 안전 보장 장치도 갖추고 있다. BPF 덕분에, 컨테이너 기반의 새로운 플랫폼들을 시스템 개발자가 관찰하고 운영하는 데 도움이 되는 새로운 종류의 도구들을 만들 수 있게 되었다.

이 책은 임의의 컴퓨팅 시스템의 관측 가능성을 높이는 데 도움이 되는 BPF의 여러 강력한 기능을 제시한다. 또한 다양한 프로그래밍 언어로 BPF 프로그램을 작성하는 방법도 설명한다. 독자의 편의를 위해 이 책의 예제 코드를 모두 이 책을 위한 깃허브^{GitHub} 저장소(*https://oreil. ly/lbpf-repo*)에 올려두었으니 적극 활용하기 바란다.

BPF의 기술적인 측면으로 들어가기 전에, 이 모든 일이 어떻게 일어났는지부터 살펴보자.

1.1 BPF의 역사

1992년에 스티브 매캔^{Steven McCanne}과 밴 제이컵슨^{Van Jacobson}이 「The BSD Packet Filter: A New Architecture for User-Level Packet Capture」라는 논문을 썼다. 이 논문에서 저자들은 당시 최고 수준의 패킷 필터보다 20배 빠르게 작동하는 Unix 커널용 네트워크 패킷 필터의 구현을 설명했다. 패킷 필터^{packet filter}는 시스템의 네트워크를 감시하는 응용 프로그램에게 커널이 정보를 직접 제공하는 데 특화된 소프트웨어이다. 응용 프로그램은 커널이 제공한 정보에 기초해서 패킷의 처리 방식을 결정한다. BPF는 패킷 필터링을 다음 두 가지 방식으로 혁신했다.

- 레지스터^{register} 기반 CPU와 효율적으로 작동하도록 설계된 새 VM(virtual machine; 가상 기계)을 도입했다.

- 모든 패킷 정보를 복사하지 않고도 패킷들을 필터링할 수 있는 응용 프로그램별 버퍼를 사용했다. 이 덕분에 BPF가 의사결정을 내리는 데 필요한 자료의 양이 최소화되었다.

이러한 극적인 개선 덕분에 점차 모든 Unix 시스템이 메모리를 더 많이 사용하면서도 성능은 더 느린 기존 구현을 버리고 BPF를 네트워크 패킷 필터링에 채용했다. 저자들의 구현이 지금도 리눅스 커널을 비롯해 Unix 커널에서 파생된 여러 커널에 쓰이고 있다.

2014년 초반에는 알렉세이 스타로보이토프^{Alexei Starovoitov}가 확장된 BPF 구현을 소개했다. 이 새 설계는 현대적인 하드웨어에 최적화된 것으로, 기존 BPF 해석기(interpreter)보다 빠른 명령어 집합을 산출한다. 또한 BPF VM의 레지스터 수도 늘었는데, 예전에는 32비트 레지스터 두 개뿐이었지만 확장 버전은 64비트 레지스터가 열 개이다. 레지스터가 늘고 비트 수도 증가해서 개발자가 함수 매개변수들로 더 많은 정보를 교환할 수 있게 되었으며, 결과적으로 좀 더 복잡한 프로그램을 작성할 수 있게 되었다. 이러한 변화와 기타 여러 개선점 덕분에, 흔히 eBPF라고 표기하는 확장된(extended) BPF는 기존 BPF 구현보다 최대 4배 빠르게 작동한다.

원래 이 새 구현은 네트워크 필터를 처리하는 내부 BPF 명령어 집합을 최적화하는 것이 목표였다. 당시 BPF는 여전히 커널 공간(kernel space; 또는 커널 영역)으로 한정되었으며, 사용자 공간(user space; 또는 사용자 영역)에서 커널이 처리할 BPF 필터를 작성할 수 있는 프로그램은 그리 많지 않았다. 이후 장들에서 설명할 tcpdump와 seccomp 등이 그런 프로그램이다. 오늘날에도 이 프로그램들은 여전히 구형 BPF 해석기를 위한 바이트코드를 생성하지만, 커널이 그 명령들을 그보다 훨씬 개선된 내부 표현으로 번역한다.

2014년 6월에 드디어 확장 BPF를 사용자 공간에서도 사용할 수 있게 되었는데, 돌이켜 보면 이때가 바로 BPF의 미래를 바꾼 변곡점이었다. 이 변경을 도입한 패치에서 알렉세이는 이렇게 말했다. "이 패치 집합은 eBPF의 잠재력을 보여준다."

이후 BPF는 최상위 커널 하위 시스템이 되었으며, 네트워킹 스택 이외의 곳에서도 쓰이기 시작했다. BPF 프로그램은 안전성(safety)과 안정성(stability)에 크게 강조를 둔 커널 모듈과 비슷한 모습이 되었다. 단, 커널 모듈과는 달리 BPF 프로그램은 커널을 다시 컴파일하지 않아도 되며, 폭주하는 일 없이 실행이 종료됨을 보장한다.

이러한 필수적인 안전 보장을 제공하는 것은 다음 장에서 좀 더 이야기할 BPF 검증기(verifier)이다. BPF 검증기는 그 어떤 BPF 프로그램이라도 폭주 없이 종료됨을 보장하며, 프로그램이 주어진 범위 밖의 메모리에 접근하지 못하는 하는 역할도 한다. 이러한 장점에는 어느 정도의 대가가 따르는데, 우선 프로그램의 최대 크기가 제한되며, 루프 반복 횟수도 제한된다. 이는 나쁜 BPF 프로그램 때문에 시스템의 메모리가 소진되는 일을 방지하기 위한 것이다.

사용자 공간에서도 BPF에 접근할 수 있게 하는 패치가 적용되면서 커널 개발자들은 **bpf**라고 하는 새로운 시스템 호출(system call, syscall)도 추가했다. 이 새 시스템 호출이 사용자 공간과 커널 사이의 주된 통신 통로로 쓰인다. 이 시스템 호출을 BPF 프로그램 및 맵에 사용하는 방법을 이 책의 제2장과 제3장에서 논의할 것이다.

BPF 맵은 커널과 사용자 공간 사이의 주된 자료 교환 수단이 된다. 제2장에서는 이 특화된 자료 구조를 이용해서 커널에서 자료를 수집하고 이미 커널 안에서 실행 중인 BPF 프로그램에 정보를 보내는 방법을 살펴본다.

이 책은 eBPF, 즉 확장 BPF(extended BPF)를 다룬다. 특별한 언급이 없는 한 이후의 BPF는 모두 eBPF를 뜻한다.[1] 첫 확장 버전이 나오고 5년이 흐르면서 BPF는 크게 진화했다. 이 책은 BPF 프로그램과 BPF 맵의 진화뿐만 아니라 이 진화에 영향을 받은 커널 시스템의 변화도 상세히 소개한다.

1.2 구조

커널 안에 놓인 BPF의 구조는 매혹적이다. 이 책 전반에서 구조의 세부사항들을 좀 더 자세히 살펴볼 것이므로, 여기서는 전체적인 구조를 간략하게나마 개괄하고 넘어간다.

앞에서 언급했듯이 BPF는 격리된 환경에서 코드 명령문을 실행하는 고도로 진보된 VM이다. 어떤 면에서 BPF는 고수준 프로그래밍 언어로부터 컴파일된 기계 코드를 실행하는 특화된 프로그램인 JVM(Java Virtual Machine; 자바 가상 기계)과 비슷하다. LLVM이 BPF를 지원하므로(GCC도 조만간 BPF를 지원할 계획이다) C 코드를 BPF 명령문들로 컴파일하는 것이 가능하다. 컴파일된 코드(BPF 프로그램)는 BPF 검증기를 거친다. 검증기는 코드가 커널에서 실행해도 안전한지 확인한다. 덕분에 커널 폭주를 일으킬 만한 코드가 걸러진다. 코드가 안전하다면 BPF 프로그램이 커널에 적재(loading)된다. 리눅스 커널은 BPF 명령문들을 위한 JIT(just-in-time) 컴파일러도 갖추고 있다. 이 JIT 컴파일러는 프로그램이 검증된 직후 BPF 바이트코드를 기계어 코드로 변환함으로써 실행 시점에서 그러한 변환을 수행하는 부담

---

1 eBPF와 구분하기 위해 원래의 BPF를 cBPF, 즉 'classic(고전적)' BPF라고 부르기도 한다 — 옮긴이(이하 이 책의 모든 각주는 역자 주이며, '옮긴이' 표시는 생략합니다).

을 줄인다. 이러한 구조의 한 가지 흥미로운 측면은 시스템을 재시작하지 않고도 BPF 프로그램을 커널에 올릴 수 있다는 것이다. 필요할 때 언제라도 적재할 수 있으며, 또한 적절한 초기화 스크립트를 이용해서 시스템 시작 시 BPF 프로그램들을 자동으로 적재하는 것도 가능하다.

주어진 BPF 프로그램을 실행하려면 커널은 먼저 그 프로그램을 붙일 실행 지점(execution point)을 알아야 한다. 커널에 BPF 프로그램을 붙일 수 있는 지점은 여러 개이며 커널이 갱신되면서 계속 늘어나고 있다. 부착 가능한 실행 지점은 BPF 프로그램의 유형(종류)에 따라 결정된다. BPF 프로그램의 여러 유형은 다음 장에서 논의한다. 실행 지점이 결정되면 커널은 그 프로그램이 커널로부터 자료를 받는 데 사용할 특별한 보조 함수들을 활성화한다. 이에 의해 실행 지점과 BPF 프로그램이 더욱 단단히 묶이게 된다.

BPF 구조의 마지막 구성요소는 커널과 사용자 공간이 자료를 공유하는 데 사용하는 BPF 맵map이다. 맵은 제3장에서 논의한다. BPF 맵은 자료 공유를 위한 양방향 자료 구조이다. 즉, 커널과 사용자 공간 모두 이 맵을 읽고 쓸 수 있다. BPF에는 여러 자료 구조가 쓰이는데, 단순한 배열에서부터 해시 맵, 그리고 BPF 프로그램 전체를 저장할 수 있는 특화된 맵 등 다양하다.

이 책 전반에서 BPF 구조의 모든 구성요소를 좀 더 자세히 살펴볼 것이다. 또한 BPF의 확장성과 자료 공유 능력의 장점을 스택 추적 분석에서 네트워크 필터링, 런타임 격리 같은 다양한 주제들과 함께 이야기한다.

1.3 결론

우리 필자들은 독자가 일상 업무에서 리눅스 하위 시스템을 다루는 데 필요한 기본적인 BPF 개념들에 익숙해지는 데 도움을 주기 위해 이 책을 썼다. BPF는 여전히 발전 중인 기술이며, 이 책을 쓰는 동안에도 새로운 개념과 패러다임이 생기고 발전한다. BPF의 기본 구성요소들을 확실하게 설명하고 정리함으로써 BPF에 대한 여러분의 지식을 확장하는 데 이 책이 도움이 되었으면 좋겠다.

다음 장인 제2장에서는 BPF 프로그램의 구조를 살펴보고 커널이 BPF 프로그램을 실행하는 과정을 설명한다. 또한 커널 안에 BPF 프로그램을 붙이는 지점들도 이야기한다. 제2장에서 여러분은 BPF 프로그램이 어떤 자료를 어떻게 사용할 수 있는지 알게 될 것이다.

## 제2장

생애 첫 BPF 프로그램

BPF VM은 커널이 발생한 이벤트에 반응해서 명령을 실행하는 능력을 갖추고 있다. 그런데 모든 BPF 프로그램이 커널이 발생한 모든 이벤트에 반응할 수 있는 것은 아니다. 하나의 프로그램을 BPF VM에 적재할 때는 그 프로그램의 유형(type)을 지정해야 한다. 커널은 프로그램의 유형을 보고 그 프로그램에 대해 발생할 이벤트를 결정한다. 또한, BPF 검증기가 그 프로그램이 사용해도 되도록 허용하는 보조 함수들 역시 이 프로그램 유형에 따라 달라진다. 간단히 말해서 프로그램의 유형을 선택하는 것은 프로그램이 구현할 인터페이스를 선택하는 것에 해당한다. 적절한 인터페이스를 구현하는 BPF 프로그램은 항상 적절한 종류의 자료에 접근하게 된다. 특히, 어떤 인터페이스를 구현하느냐에 따라 프로그램이 네트워크 패킷에 직접 접근할 수 있는지가 결정된다.

이번 장은 여러분이 생애 첫 BPF 프로그램을 작성하는 방법을 보여준다. 또한, 여러분이 만들 수 있는(이 책을 쓰는 시점을 기준으로) 여러 BPF 프로그램 유형도 소개한다. 지난 몇 년간 커널 개발자들은 BPF 프로그램을 붙일 수 있는 다수의 진입점을 커널에 추가했다. 이 작업은 아직 끝나지 않았으며, 커널 개발자들은 BPF를 활용하는 새로운 방법을 계속해서 찾고 있다. BPF로 할 수 있는 일이 어떤 것인지 여러분이 감을 잡게 하자는 취지로, 이번 장에서는 가장 유용한 프로그램 유형들에 초점을 둔다. 이후의 장들에서 좀 더 다양한 유형의 BPF 프로그램들을 만나게 될 것이다.

이번 장에서는 또한 BPF 프로그램의 실행에서 BPF 검증기가 차지하는 역할도 설명한다. 이 검증기는 여러분이 작성한 코드가 커널 안에서 실행하기에 안전한지 확인하며, 메모리가 소진되거나 커널이 갑자기 폭주하는 등의 원치 않은 결과가 발생하지 않도록 프로그램을 작성하는 데 도움이 되는 정보를 제공한다. 그 부분은 잠시 후에 다시 이야기하고, 먼저 간단한 BPF 프로그램을 직접 작성해 보자.

2.1 BPF 프로그램 작성

BPF 프로그램을 만드는 가장 흔한 방법은 C 언어의 부분집합에 해당하는 언어로 소스 코드를 작성하고 그것을 LLVM으로 컴파일하는 것이다. LLVM은 다양한 종류의 바이트코드를 산출할 수 있는 범용 컴파일러이다. 지금 예에서 LLVM는 BPF 어셈블리 코드(나중에 커널에 적재할)를 생성하는 역할을 한다. BPF 어셈블리는 이 책에서 자세히 다루지 않는다. 이 문제를 두고 필자들이 오랜 시간 논의를 했는데, BPF 어셈블리 언어에 지면을 할애하느니 특정 상황에서 사용할 수 있는 구체적인 예제들을 제시하는 게 더 낫다는 결론을 내렸다. BPF 어셈블리에 관해서는 웹이나 BPF 매뉴얼 페이지에서 여러 참고 자료를 어렵지 않게 찾을 수 있다. 이후의 장들에서 짧은 BPF 어셈블리 예제들이 가끔 등장하긴 하지만, C보다 어셈블리가 더 나은 경우에 한해서일 뿐이다. 예를 들어 커널로 들어오는 시스템 호출들을 제어하는 seccomp 필터가 그런 경우인데, seccomp에 관해서는 제8장에서 좀 더 이야기한다.

커널은 bpf라는 시스템 호출을 제공한다. 이 함수의 기본 용도는 컴파일된 BPF 프로그램을 BPF VM에 적재하는 것이지만, 그 외에도 여러 용도가 있다. 이후의 장들에서 여러 용례를 만나게 될 것이다. 커널은 또한 BPF 프로그램의 적재를 추상화해 주는 여러 편의용 보조 수단을 제공한다. 이번 장의 첫 예제 코드인 "Hello World" BPF 프로그램도 그런 보조 함수(helper) 몇 가지를 사용한다.

```
#include <linux/bpf.h>
#define SEC(NAME) __attribute__((section(NAME), used))

static int (*bpf_trace_printk)(const char *fmt, int fmt_size,
                               ...) = (void *)BPF_FUNC_trace_printk;

SEC("tracepoint/syscalls/sys_enter_execve")
int bpf_prog(void *ctx) {
  char msg[] = "Hello, BPF World!";
```

```
    bpf_trace_printk(msg, sizeof(msg));
    return 0;
}

char _license[] SEC("license") = "GPL";
```

이 첫 번째 프로그램에 몇 가지 흥미로운 개념이 담겨 있다. 우선, 이 프로그램은 **SEC** 매크로를 이용해서 섹션 특성(section attribute)을 설정하는데, 이 특성은 BPF VM이 이 프로그램을 실행할 시점을 정의한다. 좀 더 구체적으로, 이 예제는 **execve** 시스템 호출의 추적점(tracepoint)이 검출되었을 때 BPF VM이 이 BPF 프로그램을 실행해야 함을 **SEC** 매크로로 지정한다. 추적점은 커널의 이진 코드 안에 있는 정적인 표식(mark)으로, 개발자는 추적점들을 이용해서 커널의 실행 흐름 안의 특정 지점에 자신이 원하는 코드를 주입한다. 추적점에 관해서는 제4장에서 좀 더 이야기할 것이다. 일단 지금은 **execve**가 다른 프로그램을 실행하는 명령이라는 점만 기억하기 바란다. 결과적으로, 한 프로그램이 다른 프로그램을 실행하는 상황을 커널이 포착할 때마다 **Hello, BPF World!**라는 메시지가 출력된다.

소스 코드의 마지막 줄은 이 프로그램의 사용권(license)을 명시한 것이다. 리눅스 커널은 GPL 사용권을 따르므로, 오직 GPL을 따르는 프로그램만 커널에 적재할 수 있다. 만일 GPL 이외의 사용권을 설정하면 커널은 프로그램의 적재를 거부한다. 프로그램 본문에는 **bpf_trace_printk**라는 함수가 쓰였는데, 이 함수는 커널 추적 로그(tracing log)에 메시지를 기록한다. 이 로그는 */sys/kernel/debug/tracing/trace_pipe*에 있다.

이제 이 첫 번째 프로그램을 Clang으로 컴파일해서 유효한 ELF 이진 파일을 만든다. ELF는 리눅스 커널이 적재할 수 있는 이진 실행 파일 형식이다. 앞의 예제 코드를 **bpf_program.c**라는 이름의 소스 파일로 저장했다고 할 때, 이를 컴파일하는 명령[1]은 다음과 같다.

```
$ clang -O2 -target bpf -c bpf_program.c -o bpf_program.o
```

독자의 편의를 위해 이 책의 깃허브 저장소(*https://oreil.ly/lbpf-repo*)에 예제 코드와 함께 BPF 프로그램 컴파일용 셸 스크립트 또는 Makefil을 올려두었으니, 이 Clang 컴파일 명령을

---

1 명령줄이나 셸, 터미널과 관련해서 '명령'은 개별 실행 파일 또는 셸 내장 명령을 뜻하기도 하고, 지금 예처럼 개별 명령과 각종 매개변수 및 옵션의 조합을 뜻하거나 심지어 입출력 재지정이나 파이프 연결까지 포함한 명령줄 전체를 뜻하기도 한다. 특별히 혼동할 여지가 없는 한 이 책에서는 구분 없이 그냥 '명령'으로 표기한다.

일일이 외워 둘 필요는 없다.

이제 첫 BPF 프로그램의 컴파일을 마쳤다. 다음으로 할 일은 컴파일된 코드를 커널에 적재하는 것이다. 앞에서 언급했듯이, 커널은 프로그램의 컴파일과 적재(load) 과정을 추상화하는 보조 함수들을 제공한다. 지금 필요한 것은 *bpf_load.h* 헤더 파일에 선언된 `load_bpf_file`이라는 함수인데, 이 함수는 주어진 이진 파일을 커널에 적재한다. 다음은 이 함수를 이용해서 앞에서 만든 이진 파일을 커널에 적재하는 프로그램이다. 앞의 BPF 프로그램과 마찬가지로, 이 예제 코드 역시 이 책의 깃허브 저장소에 있다.

```c
#include <stdio.h>
#include <uapi/linux/bpf.h>
#include "bpf_load.h"

int main(int argc, char **argv) {
  if (load_bpf_file("bpf_program.o") != 0) {
    printf("The kernel didn't load the BPF program\n");
    return -1;
  }

  read_trace_pipe();

  return 0;
}
```

다음은 이 소스 코드를 컴파일, 링크해서 ELF 실행 파일을 만드는 셸 스크립트이다. 이 프로그램은 BPF VM에 적재할 것이 아니므로 -target 옵션은 지정할 필요가 없다. 각종 디렉터리를 지정한 것 외에, `load_bpf_file` 함수의 정의가 있는 *bpf_load.c* 파일도 함께 컴파일, 링크함을 주의하기 바란다. 여러 파일이 관여하는 빌드 작업을 수행할 때는 이처럼 스크립트를 사용하는 것이 편하다.[2]

```sh
TOOLS=/kernel-src/tools
SAMPLES=/kernel-src/samples/bpf
clang -o loader -l elf -l bpf \
```

----

2 이 스크립트는 커널 소스 트리가 */kernel-src* 디렉터리에 있다고 가정한다. 이 예제뿐만 아니라 이 책의 대부분의 예제는 독자가 원서 깃허브 저장소의 README.md에 나온 절차에 따라 예제 실행 환경을 구성했다고 가정을 깔고 있다. 참고로 이 책을 번역하는 현재 (2020년 2월) 원서 깃허브 저장소는 아직 완전하지 않다. 일부 예제 코드 및 관련 파일들이 누락되었고 컴파일 오류나 실행 오류를 발생하는 코드도 있는데, 저자들이 그 사실을 알고 있으며 조금씩 해결하는 중이다.

```
-I${SAMPLES} \
-I${TOOLS}/lib \
-I${TOOLS}/perf \
-I${TOOLS}/include \
${SAMPLES}/bpf_load.c \
loader.c
```

이 스크립트를 실행해서 컴파일 및 링크가 잘 진행되었다면 *loader*라는 실행 파일이 생긴다. 이 실행 파일은 반드시 sudo로 실행해야 한다(이를테면 sudo ./loader). sudo는 현재 사용자에게 일시적으로 루트 권한을 부여하는 리눅스 명령이다. 대부분의 BPF 프로그램은 오직 루트 권한을 가진 사용자만 커널에 올릴 수 있으므로, sudo 없이 이 프로그램을 실행하면 오류 메시지가 나온다.

이 프로그램을 실행하면, 여러분이 컴퓨터로 아무 일도 하지 않는데도 몇 초 후에 Hello, BPF World! 메시지가 나타나기 시작할 것이다. 이는 배경에서 실행되는 프로그램들이 다른 프로그램들을 실행하기 때문이다.

프로그램을 종료하면 터미널에 더 이상 메시지가 나타나지 않는다. BPF 프로그램은 그것을 적재한 프로그램이 종료되면 즉시 VM에서 제거된다. 적재 프로그램을 종료해도 BPF 프로그램이 계속 남아 있게 만드는 방법도 있다. 사실 이 책의 목적에서 BPF 프로그램은 다른 프로세스의 실행 여부와는 무관하게 배경에서 계속 실행되면서 시스템의 자료를 수집해야 하므로 이는 중요한 문제이다. 그렇지만 지금 너무 여러 가지를 이야기하면 부담이 될 것이므로, 그 방법은 나중에 때가 되면 이야기하기로 한다.

이렇게 해서 아주 간단한 BPF 프로그램을 만들고 실행해 보았다. 그럼 여러분이 작성할 수 있는 다양한 종류의 BPF 프로그램들을 살펴보자. 이들을 통해서 리눅스 커널 안의 여러 하위 시스템들에 접근할 수 있다.

2.2 BPF 프로그램 유형

아주 깔끔하게 나누어지지는 않지만, 이번 절에서 다루는 프로그램 유형들은 그 목적에 따라 크게 두 범주로 나뉜다.

첫 범주는 추적(tracing)이다. BPF 프로그램 중에는 시스템 안에서 어떤 일이 일어나는지 파악하는 데 도움이 되는 것들이 많다. 이 범주의 프로그램은 시스템과 바탕 하드웨어의 작동 방식에 관한 직접적인 정보를 제공한다. 이 범주의 프로그램은 특정 프로그램과 관련된 메모리 영역에 접근할 수 있으며, 실행 중인 프로세스에서 실행 추적 정보(execution trace; 또는 실행 자취)를 추출할 수 있다. 또한 각각의 특정 프로세스에 할당된 자원들에도 직접 접근할 수 있다. 이를테면 파일 서술자(file descriptor)나 CPU, 메모리 사용량을 바로 알 수 있다.

둘째 범주는 네트워킹networking이다. 이 범주의 프로그램들로는 시스템의 네트워크 소통량[3]을 조사하거나 조작할[4] 수 있다. 예를 들어 네트워크 인터페이스에서 온 패킷들을 걸러내거나(필터링), 그런 패킷들을 완전히 폐기할 수도 있다. 이 범주의 프로그램들은 커널 안에서 네트워킹의 여러 처리 단계 중 어디에 부착하느냐에 따라 그 유형이 세분된다. 각 세부 유형에는 나름의 장단점이 있다. 예를 들어 네트워크 드라이버가 패킷을 받은 즉시 발생하는 네트워크 이벤트에 붙인 BPF 프로그램은 효율적이긴 하지만, 패킷에 관해서는 많은 정보를 얻지 못한다. 그 시점에서는 커널이 패킷에 관해 아는 것이 별로 없기 때문이다. 반대로, 패킷이 사용자 공간으로 넘어가기 직전에 발생하는 네트워크 이벤트에 BPF 프로그램을 부착할 수도 있다. 그런 프로그램은 좀 더 풍부한 정보를 근거로 결정을 내릴 수 있지만, 대신 패킷을 완전히 처리하는 데 든 비용(더 일찍 패킷을 폐기했다면 피할 수 있었던)을 허비하게 된다.

아래의 프로그램 유형들은 이 두 범주로 구분된 것이 아니다. 이들은 그냥 커널에 추가된 시간순으로 나열된 것이다. 또한, 여러분에게 유용할 만한 유형들만 개별적으로 소개하고, 잘 쓰이지 않는 유형들은 이번 절 끝에서 간단하게만 언급한다. 만일 여기서 자세히 다루지 않는 프로그램 유형들에 관심이 있다면 해당 매뉴얼 페이지(man 2 bpf 또는 *https://oreil.ly/qXl0F*)을 참고하기 바란다.

2.2.1 소켓 필터 프로그램

BPF_PROG_TYPE_SOCKET_FILTER는 리눅스 커널에 처음 추가된 프로그램 유형이다. 원(raw)

---

3 '소통량'은 traffic을 옮긴 것으로, 비록 '~량'으로 끝나긴 하지만 네트워크로 주고받은 정보의 양뿐만 아니라 그러한 정보 자체 또는 정보를 주고받는 행위까지도 아우르는 용어이다.

4 이 책에서 조작은 (대체로 악의적인 목적으로) 뭔가를 위조하거나 변조하는 造作이 아니라 어떤 장치나 대상을 다루는 것을 뜻하는 操作이다.

소켓에 부착되는 이 유형의 프로그램은 그 소켓이 처리한 모든 패킷에 접근할 수 있다. 소켓 필터 프로그램이 그 패킷들의 내용이나 수신 주소를 변경하지는 못한다. 이 프로그램 유형은 전적으로 관측 가능성을 위한 것이다. 이 유형의 프로그램이 받는 메타자료(metadata)에는 네트워크 스택에 관한 정보(이를테면 패킷 전달에 쓰이는 프로토콜 종류)가 포함되어 있다.

소켓 필터링과 기타 네트워크 프로그램에 관해서는 제6장에서 자세히 논의한다.

2.2.2 kprobe 프로그램

추적(tracing)을 다루는 제4장에서 이야기하겠지만, kprobe는 커널의 특정 호출 지점(call point)들에 동적으로 부착할 수 있는 함수들을 아우르는 용어이다. kprobe 유형의 BPF 프로그램은 kprobe 처리기(handler)로 작동한다. 이 유형을 나타내는 식별자(열거형 값)는 BPF_PROG_TYPE_KPROBE이다. BPF VM은 주어진 kprobe 프로그램이 언제라도 안전하게 실행됨을 보장하는데, 이는 전통적인 kprobe 모듈에는 없는 장점이다. 단, kprobe가 커널 안의 안정적인(stable) 진입점이라고 간주되지는 않음을 유념해야 한다. 커널 버전이 바뀌면 특정 진입점의 지원 여부가 달라질 수 있으므로, 여러분이 작성한 kprobe BPF 프로그램이 현재 실행 중인 커널의 버전과 호환되는지 확인할 필요가 있다.

kprobe 유형의 BPF 프로그램을 작성할 때는 그 프로그램이 함수 호출의 첫 명령으로서 실행될 것인지 아니면 호출이 완료되는 시점에서 실행될 것인지를 설정해야 한다. 이 설정은 첫 예제 프로그램처럼 프로그램 소스 코드의 섹션 헤더 부분에서 섹션 특성으로 지정한다. 예를 들어 커널이 시스템 호출 exec를 실행할 때 전달된 인수들을 조사하고 싶다면 섹션 헤더 SEC("kprobe/sys_exec")를 지정하면 된다. 또는, exec 시스템 호출의 반환값을 조사하고 싶으면 섹션 헤더 SEC("kretprobe/sys_exec")를 지정한다.

kprobe는 이후의 장들에서 좀 더 자세히 다룬다. kprobe는 BPF를 이용한 추적 작업의 필수 요소이다.

2.2.3 추적점 프로그램

이 유형의 BPF 프로그램은 커널이 제공하는 추적점 처리기(tracepoint handler)에 부착된다. 추적점 프로그램에 해당하는 식별자는 `BPF_PROG_TYPE_TRACEPOINT`이다. 제4장에서 보겠지만, 추적점이란 커널의 코드 기반에 존재하는 정적 표식이다. BPF 프로그램 개발자는 실행 추적이나 디버깅을 위해 추적점에 임의의 코드를 주입한다. 커널이 미리 정의해 둔 추적점들에만 코드를 붙일 수 있다는 점에서 추적점 프로그램은 kprobe 프로그램보다 덜 유연하지만, 일단 정의되고 나면 변하지 않으므로 더 안정적이다. 따라서 시스템을 디버깅할 때 예측 가능성이 훨씬 더 높다.

시스템의 모든 추적점은 */sys/kernel/debug/tracing/events* 디렉터리에 정의되어 있다. 그 디렉터리에서 BPF 프로그램을 붙일 수 있는 모든 하위 시스템 추적점을 찾을 수 있다. 한 가지 흥미로운 점은 BPF 자체에도 추적점들이 있다는 것이다. 이는 다른 BPF 프로그램들의 행동을 조사하는 BPF 프로그램을 작성할 수 있다는 뜻이다. BPF용 추적점들은 */sys/kernel/debug/tracing/events/bpf*에 정의되어 있다. 예를 들어 그 디렉터리에는 `bpf_prog_load`에 대한 추적점 정의가 있으며, 이 추적점을 이용하면 다른 BPF 프로그램이 적재될 때 작동하는 BPF 프로그램을 만들 수 있다.

kprobe처럼 추적점도 BPF를 이용한 추적을 이해하는 데 꼭 필요한 요소이다. 추적점에 관해서는 이후 장들에서 좀 더 이야기하며, 추적점을 활용하는 프로그램을 만드는 방법도 설명한다.

2.2.4 XDP 프로그램

XDP 프로그램은 네트워크 패킷이 커널에 도착한 초기 시점에 실행된다. 해당 식별자는 `BPF_PROG_TYPE_XDP`이다. 이 프로그램은 커널이 패킷을 받고 자세히 살펴보기 전에 실행되므로, 패킷에 관한 정보가 그리 많이 주어지지는 않는다. 대신 패킷의 처리 여부를 좀 더 일찍 결정할 수 있다는 장점이 있다.

XDP 프로그램은 패킷의 이후 처리 방식을 결정하는데, 예를 들어 XDP 프로그램이 `XDP_PASS`를 반환하면 해당 패킷은 커널의 다음 하위 시스템으로 넘어가지만 `XDP_DROP`을 반환하면 그 패킷은 완전히 폐기된다. 그 외에 `XDP_TX`라는 반환값도 있는데, 이 경우 패킷은 애초에 그 패킷을 받은 네트워크 인터페이스 카드(NIC)로 다시 전송된다.

이런 수준의 제어 능력 덕분에 네트워크 계층에서 이 유형의 프로그램을 다양한 방식으로 활용할 수 있다. XDP는 BPF의 주된 구성요소가 되었으며, 그런 만큼 이 책에서도 하나의 장(chapter) 전체를 XDP에 할애한다. 제7장에서 XDP의 여러 강력한 활용 방법을 살펴보는데, 특히 분산 서비스 거부(distributed denial-of-service, DDoS) 공격으로부터 네트워크를 보호하는 프로그램을 구현해 본다.

2.2.5 perf 이벤트 프로그램

이 유형의 BPF 프로그램은 *perf* 이벤트에 부착된다. 해당 식별자는 `BPF_PROG_TYPE_PERF_EVENT`이다. *perf*는 커널 내부의[5] 성능 프로파일러(profiler)로, 여러 하드웨어 및 소프트웨어 성능 관련 이벤트를 발생한다. 이를 이용해서 컴퓨터의 CPU에서부터 시스템에서 실행되는 임의의 소프트웨어에 이르기까지 다양한 대상의 성능을 감시할 수 있다. perf 이벤트에 부착한 BPF 프로그램은 perf가 이벤트를 발생할 때마다 실행된다. 그러면 BPF 프로그램은 perf가 넘겨준 성능 관련 자료를 분석해서 적절한 작업을 수행한다.

2.2.6 cgroup 소켓 프로그램

이 유형의 BPF 프로그램은 흔히 cgroup으로 줄여 쓰는 제어 그룹(control group)과 연동된다. 해당 식별자는 `BPF_PROG_TYPE_CGROUP_SKB`이다. cgroup 소켓 프로그램은 cgroup에 속한 프로세스들 안에서 네트워크 소통량을 제어하는 데 사용된다. 예를 들어 네트워크 패킷이 cgroup 안의 한 프로세스에 도착하기 전에 그 패킷의 전달 여부를 결정할 수 있다. 커널이 넘겨준 네트워크 패킷은 한 cgroup에 속한 임의의 프로세스에 전달되기 전에 먼저 이 cgroup 소켓 필터를 거친다. 마찬가지로, cgroup 안의 한 프로세스가 네트워크 패킷을 바깥으로 전달할 때도 먼저 이 필터를 거치게 된다.

이러한 작동 방식은 `BPF_PROG_TYPE_SOCKET_FILTER` 프로그램과 비슷하다. 주된 차이점은, `BPF_PROG_TYPE_CGROUP_SKB` 프로그램은 한 cgroup 안의 모든 프로세스에 부착된다는 것이다(특정한 하나의 프로세스가 아니라). cgroup에 붙이는 BPF 프로그램은 프로세스 그룹이 cgroup의 통제하에 있는 컨테이너 환경에서 각 프로세스를 일일이 제어할 필요 없이 그

---

5 엄밀히 말해서 `perf` 자체는 커널이 제공하는 성능 이벤트들을 다루는 사용자 공간 프로그램(명령줄 유틸리티)이며, 커널 내부에 있는 성능 이벤트 관련 하위 요소는 *perf_events* 인터페이스이다.

룹별로 그룹 내 모든 프로세스에 동일한 정책을 적용하려 할 때 유용하다. 쿠버네티스[Kubernetes]용 부하 분산(load balancing) 기능을 제공하는 유명 오픈소스 프로젝트인 Cilium(*https://github.com/cilium/cilium*)은 격리된 컨테이너 수준이 아니라 그룹 수준에서 정책들을 프로세스들에 적용하는 목적으로 cgroup 소켓 프로그램을 적극적으로 활용한다.

2.2.7 cgroup 소켓 열기 프로그램

이 유형의 프로그램은 cgroup의 한 프로세스가 네트워크 소켓을 열 때 작동한다. 앞에서 살펴본 cgroup 소켓 프로그램과 비슷하지만, 패킷의 처리 방식을 결정하는 것이 아니라 새 소켓을 여는 작업 자체를 제어한다는 점이 다르다. 해당 식별자는 `BPF_PROG_TYPE_CGROUP_SOCK`이다. 이 cgroup 소켓 열기(open socket) 프로그램 유형은 개별 프로세스들을 일일이 처리할 필요 없이 한 그룹의 프로세스들에 동일한 보안 및 접근 제어 정책을 적용하는 데 유용하다.

2.2.8 소켓 옵션 프로그램

이 유형의 프로그램은 실행 시점에서 하나의 패킷이 커널 네트워킹 스택의 여러 단계를 거치는 과정에서 소켓 연결 옵션들을 수정할 수 있다. 앞의 `BPF_PROG_TYPE_CGROUP_SOCK`이나 `BPF_PROG_TYPE_CGROUP_SKB`처럼 이 유형의 BPF도 cgroup에 부착되지만, 소켓 연결의 수명 주기(lifecycle) 동안 여러 번 실행될 수 있다는 점이 그 유형들과 다르다. 이 유형의 식별자는 `BPF_PROG_TYPE_SOCK_OPS`이다.

이 유형의 BPF 프로그램이 실행되면, 커널은 op라는 인수를 통해서 소켓 연결에 대해 실행될 연산의 정보를 BPF 프로그램의 함수에 전달한다. 이 정보를 통해서 프로그램은 소켓 연결의 수명 주기 중 어떤 지점에서 자신이 호출되었는지를 알 수 있다. 이에 기초해서 프로그램은 네트워크 IP 주소나 포트 번호 같은 자료에 접근하고 주어진 패킷에 대한 만료 시간이나 왕복 지연 시간(RTT) 같은 옵션들을 적절히 설정할 수 있다.

예를 들어 페이스북[Facebook]은 이 유형의 프로그램을 이용해서 같은 데이터센터 안의 연결들에 대해서는 RTO(recovery time objective; 목표 복구 시간)를 짧게 설정한다. RTO는 어떠한 시스템(지금 예에서는 네트워크 연결)이 장애를 겪은 후 복구되기까지의 기대 시간이다. 이 목표 복구 시간은 또한 시스템이 비가용 상태로 얼마나 시간이 흐르면 심각한 피해가 생기는지를 나타내기도 한다. 페이스북은 같은 데이터센터에 있는 컴퓨터들 사이의 연결은 RTO가 더 짧아도 된다는 가정하에서 BPF 프로그램을 이용해 동적으로 RTO를 설정한다.

2.2.9 소켓 맵 프로그램

정의용 식별자가 `BPF_PROG_TYPE_SK_SKB`인 소켓 맵 프로그램은 소켓 맵과 소켓 재지정 (redirect)에 접근할 수 있다. 다음 장(제3장)에서 보겠지만, 소켓 맵^{socket map}에는 다수의 소켓에 대한 참조들을 담을 수 있으며, 그런 참조들과 특별한 보조 함수들을 이용하면 한 소켓에서 온 패킷을 다른 소켓으로 재지정할 수 있다. 이런 능력은 BPF로 부하 균등화 기능을 구현할 때 유용하다. 다수의 소켓들을 맵으로 관리함으로써, 패킷들이 커널 공간을 떠나는 일 없이 효율적으로 패킷들을 분산시킬 수 있다. Cillium과 페이스북의 Katran (*https://oreil.ly/wDtfR*) 같은 프로젝트들은 네트워크 소통량 제어에 이 유형의 BPF 프로그램을 적극적으로 활용한다.

2.2.10 cgroup 장치 프로그램

이 유형의 프로그램은 cgroup 안의 프로세스들이 주어진 장치(device)에 대해 어떤 연산을 수행할 수 있는지를 결정한다. 해당 식별자는 `BPF_PROG_TYPE_CGROUP_DEVICE`이다. cgroup 의 첫 번째 구현(v1)에는 특정 장치에 대한 접근 권한(permission)들을 설정하는 메커니즘 이 있었다. 그러나 cgroup의 두 번째 구현에서는 그 기능이 제거되었다. 이 BPF 프로그램 유형은 그 기능을 보충하기 위해 도입된 것이다. 게다가, 이 유형은 BPF 프로그램은 기존의 권한 설정 메커니즘보다 훨씬 더 유연하게 권한들을 제어할 수 있다.

2.2.11 소켓 메시지 전달 프로그램

이 유형의 프로그램으로는 소켓에 전달되는 메시지의 전달 여부를 제어할 수 있다. 해당 식별 자는 `BPF_PROG_TYPE_SK_MSG`이다. 소켓을 새로 생성할 때 커널은 그 소켓을 앞에서 말한 소켓 맵에 저장해 둔다. 이 맵 덕분에 커널은 특정 그룹의 소켓들에 빠르게 접근할 수 있다. 소켓 메시지 전달 BPF 프로그램을 소켓 맵에 부착하면, 그 맵의 소켓들에 전달될 모든 메시지가 먼저 해당 BPF 프로그램을 거치게 된다. 커널은 메시지의 자료를 복사해서 BPF 프로그램에 전달하며, BPF 프로그램은 그 메시지의 전달 여부를 결정해서 적절한 반환 코드를 돌려준다. 커널이 메시지를 실제로 소켓에 전달하게 만들려면 SK_PASS를, 그렇지 않고 커널이 메시지를 폐기하게 하려면 SK_DROP을 돌려주어야 한다.

2.2.12 원 추적점 프로그램

커널의 추적점들에 부착되는 BPF 프로그램 유형을 §2.2.3에서 소개했었다. 지금 말하는 원 추적점(raw tracepoint) 프로그램은 리눅스 커널 개발자들이 새로이 추가한 추적점에 대응되는 BPF 프로그램 유형으로, 커널이 가진 원본 형식의 추적점 인수들에 접근해야 하는 상황을 해결하기 위한 것이다. 이 원본 형식의 추적점 인수들에는 커널이 실행하려고 하는 작업에 관한 좀 더 자세한 정보가 들어 있다. 대신 이 유형은 성능상의 추가 부담이 조금 있다. 대부분의 경우에는 §2.2.3에서 말한 보통의 추적점 프로그램으로 충분하며, 이 유형의 프로그램은 원 추적점 정보에 접근해야 할 필요가 생기면 그때 고려하면 된다. 이 유형의 식별자는 BPF_PROG_TYPE_RAW_TRACEPOINT이다.

2.2.13 cgroup 소켓 주소 프로그램

이 유형의 프로그램으로는 특정 cgroup에 속하는 사용자 공간 프로그램들과 연관된 IP 주소 및 포트 번호를 조작할 수 있다. 시스템이 다수의 IP 주소를 사용하며 특정 사용자 공간 프로그램들이 같은 IP 주소와 포트를 사용하게 만들고 싶을 때 이 유형의 BPF 프로그램이 유용하다. 그런 사용자 공간 프로그램들을 같은 cgroup에 배정하고 그 cgroup에 대해 이 유형의 BPF 프로그램을 부착함으로써, 그 cgroup 프로그램들의 모든 들어오는 연결과 나가는 연결이 이 BPF 프로그램이 제공하는 IP 주소와 포트만 사용하게 만들 수 있다. 해당 식별자는 BPF_PROG_TYPE_CGROUP_SOCK_ADDR이다.

2.2.14 소켓 포트 재사용 프로그램

커널은 SO_REUSEPORT라는 소켓 옵션을 제공한다. 이 옵션을 이용하면 한 호스트에 있는 다수의 프로세스를 하나의 포트에 묶을 수 있다. 네트워크 부하를 여러 스레드로 분산하려는 경우 포트를 재사용하면 네트워크 연결들을 받아들이는 성능을 높일 수 있다.

BPF_PROG_TYPE_SK_REUSEPORT로 정의되는 BPF 프로그램은 커널이 포트 재사용 여부를 결정하는 지점에 부착된다. 이 유형의 BPF 프로그램이 SK_DROP을 돌려주면 커널은 포트를 재사용하지 않고, SK_PASS를 돌려주면 커널은 자신의 재사용 결정 루틴에 근거해서 재사용 여부를 결정한다.

2.2.15 흐름 분할 프로그램

흐름 분할기(flow dissector)란 네트워크 패킷이 시스템에 도착해서부터 사용자 공간 프로그램에 도달하기까지 거쳐가는 다양한 계층(layer)들을 관리하는 데 쓰이는 커널의 한 구성요소이다. 흐름 분할기는 다양한 분류 방법을 이용해서 패킷의 흐름을 제어한다. 커널의 내장 흐름 분할기는 *Flower classifier*[6]라는 것인데, 방화벽이나 기타 필터링 장치들은 이 분할기를 이용해서 특정 패킷의 처리 방식을 결정한다.

BPF_PROG_TYPE_FLOW_DISSECTOR 유형의 흐름 분할 BPF 프로그램은 기본 흐름 분할기의 흐름 결정 논리에 부착된다. 이 유형의 프로그램은 내장 분할기가 제공하지 못하는 보안상의 보장을 제공한다. 예를 들어 BPF 프로그램은 반드시 종료되지만, 내장 흐름 분할기는 그렇지 않을 수 있다. 이 유형의 BPF 프로그램은 커널 안에서 네트워크 패킷이 따라가는 흐름을 변경할 수 있다.

2.2.16 기타 BPF 프로그램

지금까지 필자들이 여러 환경에서 사용해 본 주요 BPF 프로그램 유형들을 소개했다. 이외에도 여러 BPF 프로그램 유형이 있는데, 간단하게만 살펴보고 넘어가겠다.

소통량 분류기(traffic classifier) 프로그램

BPF_PROG_TYPE_SCHED_CLS와 BPF_PROG_TYPE_SCHED_ACT는 네트워크 소통량을 분류하고 소켓 버퍼에 있는 패킷들의 일부 속성을 수정할 수 있는 BPF 프로그램 유형들이다.

---

6 여기서 flower는 '꽃'이라기보다는, flow(흐르다)에 접미사 er을 붙여서 만든 일종의 언어 유희로 보아야 할 것이다.

경량 터널 프로그램

BPF_PROG_TYPE_LWT_IN, BPF_PROG_TYPE_LWT_OUT, BPF_PROG_TYPE_LWT_XMIT, BPF_PROG_TYPE_LWT_SEG6LOCAL은 커널의 경량 터널 기반구조(lightweight tunnel infrastructure)에 코드를 부착할 수 있는 BPF 프로그램 유형들이다.

적외선 장치 프로그램

BPF_PROG_TYPE_LIRC_MODE2는 재미 삼아 리모컨 같은 적외선 장치 연결에 부착할 수 있는 BPF 프로그램 유형이다.

이들은 특정 용도에 국한된 프로그램 유형들로, 아직 BPF 공동체에 널리 받아들여지지는 않았다.

다음 절에서는 커널에 적재된 BPF 프로그램이 시스템에 심각한 피해를 주지 않도록 보장하는 메커니즘을 설명한다. 하나의 BPF 프로그램이 커널에 적재되는 방식을 이해하는 것은 그런 프로그램을 작성하는 방법에도 영향을 미친다는 점에서 이는 중요한 주제이다.

2.3 BPF 검증기

리눅스 커널 안에서 임의의 코드를 실행한다는 개념은 사실 좀 위험해 보인다. BPF 검증기가 없다면, BPF 프로그램을 현장의 실무용 시스템(production system)에서 실행한다는 것은 대단히 위험한 일이다. 커널 네트워킹 코드 관리자 중 하나인 데이브 S. 밀러[Dave S. Miller]의 말을 빌자면, "우리의 eBPF 프로그램과 깊고 어두운 파멸의 골짜기 사이에 있는 것은 eBPF 검증기뿐이다."

물론 BPF 검증기도 시스템에서 실행되는 하나의 프로그램이며, 따라서 검증기 자체가 정확히 실행되게 만드는 것은 대단히 중요한 과제이다. 지난 수년간 보안 연구자들은 공격자가 커널에서 임의의 메모리에 접근하는 데 악용할 수 있는(심지어 특권 없는 사용자 계정으로도) 몇 가지 취약점을 검증기 코드에서 발견했다. 미합중국 국토안보국이 후원하는, 알려진 보안 위협들의 목록인 CVE(Common Vulnerabilities and Exposures) 카탈로그를 살펴보면 이런 종류의 취약점에 관해 좀 더 자세히 알 수 있다. 예를 들어 CVE-2017-16995 항목은 임의의 사용자가 BPF 검증기를 우회해서 커널 메모리를 읽고 쓸 수 있는 취약점을 서술한다.

이번 절에서는 검증기가 방금 설명한 것과 비슷한 문제점들을 방지하기 위해 사용하는 수단들을 살펴본다.

검증기가 가장 먼저 수행하는 점검은 VM이 적재할 코드의 정적 분석(static analysis)이다. 이 첫 번째 점검은 주어진 프로그램이 실제로 종료되는지 확인하는 것을 목표로 한다. 이를 위해 검증기는 코드에 대한 유향 비순환 그래프(direct acyclic graph, DAG)를 만든다. 검증기가 분석하는 코드의 모든 명령은 이 그래프에서 각각 하나의 노드가 되며, 각 노드는 그 다음으로 실행되는 명령에 해당하는 노드와 연결된다. 그래프를 만든 다음 검증기는 그래프에 대해 깊이 우선 탐색(depth first search, DFS)을 실행해서 프로그램이 종료되는지, 위험한 경로가 존재하지는 않는지 점검한다. 좀 더 구체적으로, 검증기는 그래프의 모든 가지(branch)를 점검해서 모든 경로가 말단 노드(프로그램 종료 명령)에 도달하는지, 혹시 순환 고리(cycle)가 있지는 않은지 확인한다.

이 첫 번째 점검에서 BPF 프로그램이 다음 조건 중 하나라도 위반하면 검증기는 프로그램의 적재를 거부한다.

- 프로그램에 제어 루프(반복문)가 없어야 한다. 프로그램이 무한 루프에 빠지는 위험을 방지하기 위해, 검증기는 모든 종류의 제어 루프를 거부한다. BPF 프로그램에 루프를 허용해 달라는 제안이 있긴 했지만, 이 책을 쓰는 현재 그런 제안들은 모두 기각되었다.

- 프로그램은 커널이 허용하는 최대 명령 개수 이상의 명령을 수행하지 않아야 한다. 이 책을 쓰는 현재 실행 가능한 최대 명령 개수는 4,096개이다. 이 제한은 BPF 프로그램이 무한히 실행되는 일을 방지하기 위한 것이다. 제3장에서는 BPF 프로그램 안에 다른 BPF 프로그램을 내포함으로써 이러한 제한을 안전한 방식으로 우회하는 방법을 논의한다.

- 프로그램에 도달 불가능한 명령이 있어서는 안 된다. 예를 들어 결코 참이 되지 않는 조건 분기나 한 번도 호출되지 않는 함수가 있으면 안 된다. 이 제한은 '죽은 코드'가 VM에 적재되는 일을 방지하기 위한 것으로, 그런 코드는 공간 낭비일 뿐만 아니라 BPF 프로그램의 종료를 늦출 수도 있다.

- 프로그램은 주어진 범위 바깥으로 점프하지 않아야 한다.

검증기의 두 번째 점검은 BPF 프로그램을 가상으로 실행해 보는 것(dry run)이다. 검증기는 프로그램이 실행하는 모든 명령을 분석해서 혹시 유효하지 않은 명령이 실행되는지는 않는지 확인한다. 또한, 검증기는 모든 메모리 포인터가 유효한 범위의 메모리를 참조하는지 점검한다. 더 나아가서, 검증기는 모든 실행 경로가 결국에는 BPF_EXIT 명령에 도달하는지도 확인한다. 이를 위해 검증기는 방문된 모든 분기 경로들을 스택으로 관리하면서, 새로운 경로를 취하기 전에 혹시 특정 경로가 두 번 이상 방문되지는 않는지 평가한다. 검증기는 이상의 두 가지 점검을 모두 통과한 프로그램만 안전한 프로그램으로 간주한다.

시스템 호출 bpf의 디버깅 기능을 이용하면 검증기가 프로그램을 어떤 식으로 분석하는지 확인할 수 있다. 이 시스템 호출로 프로그램을 적재할 때 다음과 같이 bpf_attr 특성의 여러 필드를 적절히 지정하면 검증기는 자신의 작업 과정에 관한 정보를 로그에 기록한다.

```
union bpf_attr attr = {
  .prog_type = type,
  .insns     = ptr_to_u64(insns),
  .insn_cnt  = insn_cnt,
  .license   = ptr_to_u64(license),
  .log_buf   = ptr_to_u64(bpf_log_buf),
  .log_size  = LOG_BUF_SIZE,
  .log_level = 1,
};

bpf(BPF_PROG_LOAD, &attr, sizeof(attr));
```

log_level 필드는 검증기의 로그 기록 여부를 결정한다. 이 필드를 1로 설정하면 검증기는 로그를 기록하고 0으로 설정하면 아무것도 기록하지 않는다. 로그 기록을 위해서는 로그 버퍼와 그 크기도 지정해야 한다(log_buf 필드와 log_size 필드). 로그 버퍼는 하나의 여러 줄(multiline) 문자열로, bpf 호출 이후 이 버퍼의 내용을 출력하면 검증기가 기록한 로그들을 볼 수 있다.

BPF 검증기는 커널 안에서 임의의 프로그램을 실행할 수 있는 환경에서 시스템의 안전성을 유지하는 데 큰 역할을 한다. 그러나 BPF 검증기가 왜 내 BPF 프로그램을 거부하는지 이해하기 어려울 때도 종종 있다. 프로그램 적재 시 검증 문제가 발생해도 너무 좌절하지는 말기 바란다. 이 책의 나머지 부분에는 여러분 스스로 BPF 프로그램을 안전한 방식으로 작성하는 방법을 이해하는 데 도움이 되는 안전한 예제들이 많이 나온다.

다음 절에서는 BPF가 프로그램의 정보를 메모리 안에서 구조화(조직화)하는 방식을 설명한다. 프로그램의 구조화 방식을 이해하는 것은 프로그램에서 BPF의 내부에 접근하는 방법을 명확하게 이해하는 데 도움이 되며, 그런 방법을 명확하게 이해하면 여러분이 만든 프로그램의 행동 방식을 이해하고 디버깅하는 데 도움이 된다.

2.4 BPF 메타자료

BPF는 BPF 프로그램과 맵, 함수의 디버깅을 돕기 위해 BTF(BPF Type Format)라고 통칭하는 일단의 메타자료(metadata) 구조들을 제공한다. BTF에는 심지어 프로그램의 소스 코드에 관한 정보도 들어 있어서, 제5장에서 소개할 BPFTool 같은 도구를 이용해서 BPF 자료를 좀 더 풍부한 방식으로 해석하고 표시할 수 있다. 이 메타자료 모음은 이진 프로그램 안에, ".BFT"라고 하는 특별한 메타자료 섹션에 저장된다. BPF 검증기도 프로그램이 정의한 구조체 형식들이 올바른지 확인할 때 이 BTF의 정보를 활용한다. BTF 정보가 있으면 프로그램의 디버깅이 쉬워지지만, 프로그램이 선언한 모든 것에 대한 형식 정보를 포함하기 때문에 이진 실행 파일의 크기가 훨씬 커진다.

BTF는 전적으로 C 자료 형식들에 주해(annotation)를 붙이는 데 쓰인다. 그런 정보를 실행 파일에 포함하는 작업은 LLVM 같은 BPF 컴파일러가 알아서 하므로, 여러분이 각 구조체에 일일이 그런 정보를 추가할 필요는 없다. 그러나 프로그램을 더욱 개선하기 위해서는 개발자가 소스 코드에 직접 주해를 추가해야 할 때도 있다. 이후의 장들에서 그런 주해들이 어떤 역할을 하는지, 그리고 BPFTool 같은 도구들이 그런 정보를 어떻게 표시하는지 보게 될 것이다.

2.5 BPF 꼬리 호출

BPF 프로그램은 꼬리 호출(tail call)을 이용해서 다른 BPF 프로그램을 호출할 수 있다. 작은 BPF 함수들을 조합함으로써 좀 더 복잡한 프로그램을 구성할 수 있다는 점에서 이는 강력한 기능이다. 버전 5.2 이전의 커널들에서는 하나의 BPF 프로그램이 생성할 수 있는 기계어 명령의 수가 제한되어 있었다. 프로그램이 필요 이상으로 오래 실행되는 일을 방지하기 위해, 그 커넣들은 한 프로그램이 4,096개 이상의 명령을 실행할 수 없게 제한했다. 그러나 사람들이 만드는 BPF 프로그램들이 점점 더 복잡해지면서, 커널이 허용하는 것보다 더 많은 수의 명령을 수행하고자 하는 요구가 생겼다. 이러한 요구에 숨통을 틔워준 것이 바로 꼬리 호출이다. 꼬리 호출 덕분에 커널 버전 5.2부터는 BPF 프로그램이 최대 100만 개의 명령을 실행할 수 있다. 단, 꼬리 호출이 내포(중첩)되는 횟수에도 제약이 존재한다. 현재 상한은 32이다. 즉, 주어진 문제에 대한 좀 더 정교한 해결책을 구현하기 위해 꼬리에 꼬리를 물고 연이어 호출할 수 있는 프로그램은 최대 32개이다.

한 BPF 프로그램이 다른 BPF 프로그램을 호출할 때 커널은 프로그램 문맥(context)을 완전히 초기화(reset)한다. 꼬리 호출을 사용한다는 것은 여러 프로그램이 협동해야 한다는 뜻이고, 그러려면 프로그램들이 어떠한 정보를 공유해야 할 것이다. 그러나 이러한 문맥 초기화 때문에, 커널이 각 BPF 프로그램에 제공하는 문맥 객체는 그런 공유 수단으로 쓸모가 없다. 다음 장에서는 프로그램들이 정보를 공유하는 하나의 수단으로 BPF 맵을 소개한다. 또한 다음 장에서는 꼬리 호출을 이용해서 한 BPF 프로그램에서 다른 BPF 프로그램으로 넘어가는 예제도 제시한다.

2.6 결론

이번 장에서는 우선 간단한 예제 프로그램을 통해서 BPF 프로그램의 구조를 살펴보았다. 또한 BPF로 작성할 수 있는 여러 프로그램 유형도 설명했다. 그 프로그램 유형들이나 관련 개념 중에 잘 이해가 되지 않는 것들이 있다고 해도 걱정할 필요는 없다. 이후의 장들에서 좀 더 구체적인 예제 코드를 보면 차차 이해될 것이다. 이번 장에서는 또한 주어진 BPF 프로그램이 실행해도 안전한지 보장하기 위해 BPF가 수행하는 중요한 검증 과정도 소개했다.

다음 장부터는 주요 BPF 프로그램 유형들을 구체적인 예제와 함께 좀 더 자세히 살펴본다. 또한 BPF 프로그램이 사용자 공간의 관련 프로그램과 연동해서 정보를 공유하는 방법도 이야기한다.

## 제3장

BPF 맵

어떤 프로그램에 특정한 메시지message를 전달함으로써 그 프로그램이 특정한 방식으로 행동하게 만드는 것은 소프트웨어 공학에서 널리 쓰이는 기법이다. 한 프로그램은 다른 프로그램에 메시지를 보냄으로써 그 프로그램의 행동 방식을 수정할 수 있다. 메시지는 또한 다수의 프로그램이 서로 정보를 교환하는 수단으로도 쓰인다. BPF의 대단히 매력적인 측면 중 하나는 커널 안에서 실행되는 코드와 그 코드를 커널에 적재한 프로그램이 실행 시점에서 메시지 전달을 통해서 서로 소통할 수 있다는 점이다.

이번 장은 BPF 프로그램과 사용자 공간 프로그램이 대화를 나누는 방법을 다룬다. 커널과 사용자 공간 사이의 의사소통 통로가 되는 다양한 통신 채널들을 살펴보고, 각 채널이 정보를 저장하는 방식도 설명한다. 또한 그런 채널들의 여러 용법과 프로그램이 초기화되어도 채널 안의 자료가 유지되게 하는 방법도 제시한다.

BPF 맵은 커널 안에 존재하는 키-값 저장소이다. BPF 맵은 그 위치를 아는 모든 BPF 프로그램이 접근할 수 있다. 사용자 공간에서 실행되는 프로그램도 특정 파일 서술자를 이용해서 BPF 맵에 접근할 수 있다. BPF 맵에는 그 어떤 형식의 자료도 저장할 수 있다. 단, 저장 전에 자료의 크기를 명시할 수 있어야 한다. 커널은 키들과 값들을 이진 블로브blob[1]로 취급할 뿐, 그 안에 담긴 내용과 형식이 무엇인지는 신경 쓰지 않는다.

---

1 참고로, 원래 blob는 작고 다소 끈적한 액체 방울 또는 정체를 알기 어려운 흐릿한 덩어리를 뜻하는 기존 영어 단어이다. 데이터베이스 개발자들이 크기 정보를 가진 무정형 이진 바이트열을 격식 없이 blob라고 불렀고, 이후에 Basic Large Object(기본 대형 객체)의 약자라는 정의와 Binary Large Object(이진 대형 객체)의 약자라는 정의가 소위 역두문자어(backronym)로서 제안되었다. 현재 흔히 쓰이는 것은 IBM이 제시한 후자(Binary Large Object)이다.

BPF 검증기에는 프로그램이 맵을 안전하게 생성하고 접근하게 하는 여러 안전장치가 갖추어져 있다. BPF 맵에 담긴 자료에 접근하는 방법을 설명할 때 BPF 검증기의 그런 여러 안전 보장도 언급하겠다.

3.1 BPF 맵 생성

BPF 맵을 만드는 가장 직접적인 방법은 시스템 호출 bpf를 이용하는 것이다. 첫 인수를 BPF_MAP_CREATE로 지정해서 bpf를 호출하면 커널은 새 맵을 생성하고 그 맵과 연관된 파일 서술자를 돌려준다. bpf의 둘째 인수는 다음과 같은 형식의 특성으로, 새 맵의 구성을 결정한다.

```
union bpf_attr {
  struct {
    __u32 map_type;      /* bpf_map_type 열거형의 한 값 */
    __u32 key_size;      /* 키의 크기(바이트 수) */
    __u32 value_size;    /* 값의 크기(바이트 수) */
    __u32 max_entries;   /* 맵에 담을 수 있는 최대 항목 개수 */
    __u32 map_flags;     /* 맵의 생성 방식을 결정하는 플래그들 */
  };
}
```

셋째 인수는 이 구성 특성의 크기(역시 바이트 수)이다.

예를 들어 다음은 키와 값이 부호 없는 정수 형식인 해시 테이블 맵을 만드는 코드이다.

```
union bpf_attr my_map {
  .map_type = BPF_MAP_TYPE_HASH,
  .key_size = sizeof(int),
  .value_size = sizeof(int),
  .max_entries = 100,
  .map_flags = BPF_F_NO_PREALLOC,
};

int fd = bpf(BPF_MAP_CREATE, &my_map, sizeof(my_map));
```

생성 실패 시 커널은 -1을 돌려준다. 맵 생성에 실패하는 이유는 크게 세 가지이다. 우선, 구성 특성의 필드 중 유효하지 않은 것이 있으면 커널은 errno 변수를 EINVAL로 설정한다. 둘째로, bpf를 호출한 사용자가 맵 생성에 필요한 권한을 가지고 있지 않으면 커널은 errno 변수를 EPERM으로 설정한다. 마지막으로, 맵을 저장할 메모리가 부족한 경우 커널은 errno 변수를 ENOMEM으로 설정한다.

다음 절들에서는 BPF 맵으로 좀 더 본격적인 작업을 수행하는 방법들이 나온다. 우선 임의의 종류의 맵을 좀 더 직접적으로 생성하는 방법부터 살펴보자.

3.1.1 BPF 맵 생성을 위한 ELF 규약

커널에는 BPF 맵을 만들고 사용하는 것과 관련된 여러 규약(convention)과 보조 함수(helper function)가 있다. BPF 관련 문서나 예제를 보면 시스템 호출을 직접 수행하는 것보다 이런 규약들을 사용하는 경우가 더 많은데, 이는 이 규약 쪽이 좀 더 읽기 쉽고 따르기 쉽기 때문이다. 단, 이 규약들 역시 여전히 bpf 시스템 호출을 이용해서 맵을 생성한다는(커널 안에서 코드를 직접 실행하는 경우에도) 점과 어떤 유형의 맵을 생성할지 미리 알지 못하는 경우에는 시스템 호출을 직접 사용하는 게 더 유용할 수 있다는 점도 기억해 두기 바란다.

보조 함수 bpf_map_create는 앞에서 본 bpf 호출 코드를 하나의 함수로 감싼 것으로, 맵 생성에 필요한 여러 정보를 인수들로 받는다. 다음 예에서 보듯이, 이 함수를 이용하면 앞에서와 같은 맵을 단 한 줄의 코드로 만들 수 있다.

```
int fd;
fd = bpf_create_map(BPF_MAP_TYPE_HASH, sizeof(int), sizeof(int), 100,
    BPF_F_NO_PREALOC);
```

프로그램에 필요한 맵의 유형을 미리 알고 있다면, 다음처럼 맵을 미리 정의해 둘 수도 있다. 이는 프로그램이 사용하는 맵을 미리 명시해서 가시성을 높이는 데 도움이 된다.

```
struct bpf_map_def SEC("maps") my_map = {
    .type        = BPF_MAP_TYPE_HASH,
    .key_size    = sizeof(int),
    .value_size  = sizeof(int),
    .max_entries = 100,
```

```
        .map_flags   = BPF_F_NO_PREALLOC,
};
```

이런 식으로 맵을 정의할 때는 소위 섹션 특성(section attribute)이라는 것을 사용한다. 지금 예에서 SEC("maps")가 바로 섹션 특성이다. 이 매크로는 이 구조체가 하나의 BPF 맵임을(그리고 주어진 필드들에 맞게 맵을 생성해야 함을) 커널에 알려주는 역할을 한다.

그런데 새로운 맵 정의에는 파일 서술자 식별자가 연관되지 않음을 눈치챈 독자도 있을 것이다. 이 경우 커널은 map_data라는 전역 변수에 프로그램의 맵에 관한 정보를 저장한다. 이 변수는 구조체들의 배열(AoS)인데, 이 배열에는 프로그램이 정의한 맵들이 코드에 정의된 순서대로 들어 있다. 예를 들어 앞의 맵 정의가 프로그램 코드의 첫 번째 맵 정의라면, 이 배열의 첫 번째 요소(원소)에 해당하는 구조체에서 맵의 파일 서술자를 얻을 수 있다.

```
fd = map_data[0].fd;
```

이 구조체에는 맵의 이름과 구성에 관한 필드들도 있다. 디버깅과 추적 시 이런 정보가 종종 유용하다.

맵을 성공적으로 생성했다면, 이제 커널 안 코드와 사용자 공간 프로그램이 메시지를 주고받는 데 맵을 활용할 수 있다. 그럼 맵에 자료를 저장하고 조회하는 방법부터 살펴보자.

3.2 BPF 맵 다루기

커널과 사용자 공간 사이의 통신은 여러분이 작성할 모든 BPF 프로그램의 근본적인 요소라 할 수 있다. 커널에서 실행하는 코드이냐 사용자 공간 프로그램이냐에 따라 맵에 접근하는 데 사용하는 API가 다르다. 이번 절에서는 각 구현의 의미론과 구체적인 세부사항을 소개한다.

3.2.1 BPF 맵의 요소 갱신

맵을 생성한 후에는 당연히 뭔가를 맵에 채워야 할 것이다. 이를 위해 커널은 bpf_map_update_elem이라는 보조 함수를 제공한다. 이 함수의 서명(signature)은 이 함수를 커널에서 실행되는 프로그램이 호출할 것인지 아니면 사용자 공간에서 실행되는 프로그램이 호출할 것인지에 따라 다른데, 전자이면 *bpf/bpf_helpers.h*에 정의된 서명을 사용해야 하고 후자이면 *tools/lib/bpf/bpf.h*에 정의된 서명을 사용해야 한다. 두 경우의 서명이 다른 것은, 커널에서는 맵에 직접 접근할 수 있지만 사용자 공간에서는 파일 서술자를 통해서 맵에 접근해야 하기 때문이다. 또한, 두 버전의 작동 방식도 조금 다르다. 커널에서 실행되는 코드는 메모리 안의 맵에 직접 접근해서 맵의 요소를 원자적으로 갱신할 수 있다. 그러나 사용자 공간에서 실행되는 코드는 커널에 갱신 연산을 요청할 뿐이며, 커널은 요청된 새 값을 복사한 후 갱신을 시도한다. 즉, 이 경우 갱신 연산은 원자적이지 않다. 두 경우 모두, 갱신이 성공하면 함수는 0을 돌려주고 실패하면 음수를 돌려준다. 갱신 실패 시 전역 변수 errno에 실패 원인을 말해주는 값이 설정된다. 갱신에 실패하는 경우들은 이번 장에서 관련 주제가 나올 때 좀 더 구체적으로 이야기하겠다.

커널용 bpf_map_update_elem 함수는 네 개의 인수를 받는다. 첫 인수는 앞에서 정의한 맵을 가리키는 포인터이고 둘째 인수는 갱신하고자 하는 키의 포인터[2]이다. 커널은 갱신할 키의 형식(자료형)을 알지 못하므로, 이 인수는 그냥 무형식의 void 포인터이다. 셋째 인수는 새 값의 포인터로, 둘째 인수와 마찬가지 이유로 void 포인터이다. 이런 무형식 포인터 또는 '불투명 (opaque)' 포인터의 몇 가지 고급 용법을 이 책 전반에서 보게 될 것이다. 넷째 인수는 맵의 갱신 방법을 결정하는 정수인데, 지정할 수 있는 값은 다음 세 가지이다.

- 이 인수에 0을 지정하면 커널은 '갱신 또는 생성'을 수행한다. 즉, 해당 요소가 맵에 존재하면 값을 갱신하고, 없으면 새 요소를 만든다.

- 이 인수에 1을 지정하면 커널은 해당 요소가 없을 때만 새로 생성한다.

- 이 인수에 2를 지정하면 커널은 해당 요소가 있을 때만 갱신한다.

코드의 가독성을 위해서는 정수 리터럴 대신 미리 정의된 상수들을 사용하는 것이 바람직하다. 0은 BPF_ANY, 1은 BPF_NOEXIST, 2는 BPF_EXIST이다.

그럼 이전 절에서 정의한 맵을 이용하는 예제 몇 가지를 살펴보자. 첫 예제는 맵에 새 요소를 추가한다. 지금은 맵이 비어 있는 상태이므로, BPF_ANY 대신 BPF_NOEXIST를 사용해도 같은

---

2 이하, 특별히 혼동의 여지가 없는 한 "A를 가리키는 포인터"를 간결하게 'A의 포인터' 또는 'A 포인터'로 표기한다.

결과를 얻을 것이다.

```
int key, value, result;
key = 1, value = 1234;
result = bpf_map_update_elem(&my_map, &key, &value, BPF_ANY);

if (result == 0)
  printf("Map updated with new element\n");
else
  printf("Failed to update map with new value: %d (%s)\n",
      result, strerror(errno));
```

errno 변수에 설정된 오류 코드를 문자열로 변환하기 위해 strerror 함수를 사용한다는 점도 주목하기 바란다. 이 함수에 관해서는 해당 매뉴얼 페이지(man strerror)를 참고하기 바란다.

시험 삼아 같은 키로 새로이 요소를 생성해 보자.

```
int key, value, result;
key = 1, value = 5678;

result = bpf_map_update_elem(&my_map, &key, &value, BPF_NOEXIST);
if (result == 0)
  printf("Map updated with new element\n");
else
  printf("Failed to update map with new value: %d (%s)\n",
      result, strerror(errno));
```

맵에 이미 키가 1인 요소가 있는 상태에서 BPF_NOEXIST를 지정해서 키가 1인 새 요소를 만들려 했기 때문에 bpf_map_update_elem은 -1을 돌려주며, errno 변수에는 EEXIST가 설정된다. 결과적으로 이 프로그램은 다음과 같은 오류 메시지를 출력한다.

```
Failed to update map with new value: -1 (File  exists)
```

비슷한 맥락에서, 존재하지 않는 요소를 갱신해 보자.

```
int key, value, result;
key = 1234, value = 5678;
```

```
result = bpf_map_update_elem(&my_map, &key, &value, BPF_EXIST);
if (result == 0)
  printf("Map updated with new element\n");
else
  printf("Failed to update map with new value: %d (%s)\n",
      result, strerror(errno));
```

넷째 인수에 BPF_EXIST를 지정했으므로 커널은 갱신에 실패하며, 함수는 이번에도 -1을 돌려
준다. errno 변수에는 ENOENT가 설정되며, 프로그램은 다음 오류 메시지를 출력한다.

```
Failed to update map with new value: -1 (No such file or directory)
```

지금까지 살펴본 예제들은 커널 안 코드에서 맵을 갱신하는 방법에 관한 것이었다. 사용자
공간 프로그램에서도 맵을 갱신할 수 있으며, 사용하는 함수도 거의 같다. 유일한 차이는 맵 포
인터를 직접 사용하는 것이 아니라 파일 서술자를 통해서 맵에 접근한다는 것이다. 앞에서 언
급했듯이, 사용자 공간 프로그램은 항상 파일 서술자를 이용해서 맵에 접근한다. 따라서, 맵에
새 요소를 만드는 경우 앞의 해당 예제에서 인수 my_map을 전역 파일 서술자 map_data[0].fd
로 바꾸기만 하면 된다. 다음이 그러한 코드이다.

```
int key, value, result;
key = 1, value = 1234;

result = bpf_map_update_elem(map_data[0].fd, &key, &value, BPF_ANY);
if (result == 0)
  printf("Map updated with new element\n");
else
  printf("Failed to update map with new value: %d (%s)\n",
      result, strerror(errno));
```

맵에 저장할 수 있는 정보의 종류는 그 맵의 유형과 직접 연관되지만, 예제들에서 보듯이 정보
를 맵에 채우는 방법 자체는 정보의 종류와 관계없이 동일하다. 맵의 유형에 따라 다른 키와 값
의 형식들에 관해서는 이후에 좀 더 논의할 것이다. 그전에 맵에 담긴 정보를 조회하고 삭제하
는 방법부터 살펴보자.

3.2.2 BPF 맵 요소 읽기

맵에 새 요소들을 채웠으니, 그 요소들을 읽어보자. 맵을 읽는 API는 bpf_map_update_element와 크게 다르지 않다.

맵의 요소를 조회하는 BPF 보조 함수는 bpf_map_lookup_elem이다. 맵 갱신 함수처럼 맵 조회 함수도 어디에서 호출되느냐에 따라 그 서명이 다른데, 유일한 차이는 이전처럼 첫 인수이다. 커널용 버전은 맵에 대한 참조(맵 포인터)를 받지만, 사용자 공간용 버전은 파일 서술자를 받는다. 역시 마찬가지로, 두 버전 모두 읽기 연산의 성공 또는 실패를 뜻하는 정수를 돌려준다. 이 보조 함수들의 둘째 인수는 키 포인터이고 셋째 인수는 그 키에 해당하는 값이 저장될 변수의 포인터이다. 이전 절의 두 갱신 예제에 대응되는 두 가지 조회 예제를 제시하겠다.

첫 예제는 커널에서 실행되는 BPF 프로그램으로, 앞에서 맵에 삽입한 요소를 읽는다.

```
int key, value, result; // value는 맵 요소의 값을 담을 변수
key = 1;

result = bpf_map_lookup_elem(&my_map, &key, &value);
if (result == 0)
  printf("Value read from the map: '%d'\n", value);
else
  printf("Failed to read value from the map: %d (%s)\n",
      result, strerror(errno));
```

조회 연산에 실패하면 bpf_map_lookup_elem은 음수를 돌려주며, 전역 변수 errno 변수에 실패의 원인을 뜻하는 값이 설정된다. 예를 들어 존재하지 않는 요소를 읽으려 하면 "찾지 못했음" 또는 "그런 요소가 없음"을 뜻하는 ENOENT가 설정된다.

둘째 예제 역시 맵의 기존 요소를 읽지만, 이번에는 사용자 공간에서 실행되는 프로그램이다.

```
int key, value, result; // value는 맵 요소의 값을 담을 변수
key = 1;

result = bpf_map_lookup_elem(map_data[0].fd, &key, &value);
if (result == 0)
  printf("Value read from the map: '%d'\n", value);
else
```

```
    printf("Failed to read value from the map: %d (%s)\n",
        result, strerror(errno));
```

`bpf_map_lookup_elem`의 첫 인수가 맵 포인터에서 맵 파일 서술자로 바뀌었다는 점만 빼고는 이전 예제와 같으며, `bpf_map_lookup_elem`의 작동 방식도 동일하다.

BPF 프로그램에 담긴 정보에 접근하는 데는 이 정도만 알면 된다. 그러나 이후의 장들에서는 다양한 도구 모음(toolkit)을 이용해서 맵 자료 접근을 더욱 단순화하는 방법들도 소개한다. 다음으로, 맵의 자료를 삭제하는 방법을 살펴보자.

3.2.3 BPF 맵 요소 삭제

맵으로 할 수 있는 셋째 연산은 요소를 삭제하는 것이다. 요소를 삽입하거나 조회할 때와 마찬가지로, 요소 삭제를 위해 BPF가 제공하는 보조 함수는 두 가지이다. 둘 다 이름은 `bpf_map_delete_element`이지만, 커널에서 호출되느냐 사용자 공간에서 호출되느냐에 따라 맵을 직접 참조하거나 파일 서술자를 거친다.

첫 예제는 커널에서 실행되는 BPF 프로그램에서 맵의 기존 요소를 삭제하는 방법을 보여준다.

```
int key, result;
key = 1;

result = bpf_map_delete_element(&my_map, &key);
if (result == 0)
  printf("Element deleted from the map\n");
else
  printf("Failed to delete element from the map: %d (%s)\n",
      result, strerror(errno));
```

삭제하려는 요소가 존재하지 않으면 함수는 음수를 돌려주며, `errno` 변수에는 그런 요소가 없음을 뜻하는 `ENOENT`가 설정된다.

둘째 예제는 사용자 공간에서 실행되는 BPF 프로그램에서 맵의 요소를 삭제한다.

```
int key, result;
key = 1;

result = bpf_map_delete_element(map_data[0].fd, &key);
if (result == 0)
  printf("Element deleted from the map\n");
else
  printf("Failed to delete element from the map: %d (%s)\n",
      result, strerror(errno));
```

첫 인수가 파일 서술자로 바뀌었음을 알아챘을 것이다. 파일 서술자를 거친다는 점을 제외하면, 삭제 함수의 행동 방식은 첫 예제와 동일하다.

이렇게 해서 BPF 맵에 대한 소위 CRUD(create/read/update/delete; 생성/읽기/갱신/삭제) 연산을 모두 소개했다. 커널은 그 밖의 연산을 위한 보조 함수들도 제공하는데, 그중 몇 가지를 살펴보자.

3.2.4 BPF 맵의 요소 훑기(반복)

살펴볼 첫 연산은 BPF 프로그램에서 임의의 원소를 찾는 데 도움이 되는 훑기 또는 반복(iteration)이다. 읽거나 삭제할 요소의 키를 정확히 알지 못할 때도 있고, 또는 그냥 맵에 어떤 요소들이 있는지 전체적으로 살펴보고 싶을 때도 있다. 이를 위해 BPF는 bpf_map_get_next_key라는 함수를 제공한다. 앞에서 본 다른 보조 함수들과는 달리 이 함수는 오직 사용자 공간에서 실행되는 프로그램에서만 호출할 수 있다.

이 보조 함수는 맵의 요소들을 결정론적 방식으로 훑는 수단을 제공하는데, 안타깝게도 다른 대부분의 프로그래밍 언어가 제공하는 반복자(iterator)보다는 덜 직관적이다. 이 함수는 인수 세 개를 받는다. 첫 인수는 앞에서 본 다른 보조 함수들처럼 맵의 파일 서술자이다. 그다음 두 인수가 다소 까다로운데, 공식 문서화에 따르면 둘째 인수 key는 찾고자 하는 요소의 키이고 셋째 인수 next_key는 그 요소 다음에 있는 요소의 키이다. 그러나 이 책에서는 둘째 인수를 '조회용 키'라는 의미에서 lookup_key라고 부르기로 하겠다. 이 함수는 조회용 키(좀 더 구체적으로는, lookup_key가 가리키는 변수에 담긴 키)에 해당하는 요소를 맵에서 찾고, 그다음 요소의 키를 '다음 키' 변수(셋째 인수 next_key가 가리키는 변수)에 설정한다. 예를 들어 조회용 키를 1로 지정해서 함수를 호출하면 키가 1인 요소 다음에 있는 요소의 키를 얻게 된다.

bpf_map_get_next_key를 시험해 보려면 맵에 요소가 여러 개이어야 한다. 우선 먼저 맵에 요소들을 더 집어 넣자.

```c
int new_key, new_value, it;

for (it = 2; it < 6 ; it++) {
  new_key = it;
  new_value = 1234 + it;
  bpf_map_update_elem(map_data[0].fd, &new_key, &new_value, BPF_NOEXIST);
}
```

맵에 담긴 모든 요소를 출력하고 싶다면, 제일 먼저 맵에 존재하지 않는 조회용 키를 지정해서 bpf_map_get_next_key를 호출하면 된다. 그러면 BPF는 맵의 첫 요소를 돌려준다.

```c
int next_key, lookup_key;
lookup_key = -1;

while(bpf_map_get_next_key(map_data[0].fd, &lookup_key, &next_key) == 0) {
  printf("The next key in the map is: '%d'\n", next_key);
  lookup_key = next_key;
}
```

이 코드는 다음과 같은 결과를 출력한다.

```
The next key in the map is: '1'
The next key in the map is: '2'
The next key in the map is: '3'
The next key in the map is: '4'
The next key in the map is: '5'
```

루프의 끝에서 lookup_key에 다음 키를 설정함을 주목하기 바란다. 이렇게 하면 맵의 끝에 도달할 때까지 맵의 모든 요소를 차례로 훑게 된다. 맵의 끝에 도달하면 bpf_map_get_next_key는 음수를 돌려주며(다음 요소가 없으므로), errno 변수에 ENOENT가 설정된다. 그러면 while 루프의 조건이 거짓이 되어서 루프가 끝난다.

bpf_map_get_next_key를 이용해서 맵의 특정 지점에서부터 키들을 조회하는 것도 물론 가능하다. 키를 알고 있는 특정 요소의 다음 요소를 원한다면 이 예제처럼 맵을 처음부터 훑을 필요 없이 그 요소부터 시작하면 된다.

bpf_map_get_next_key로 할 수 있는 일이 이것이 전부가 아니다. 이와 관련해서 기억해야 할 이 함수의 행동 방식이 있다. 여러 프로그래밍 언어는 맵의 요소들을 훑기 전에 요소 값들을 어딘가에 복사해 둔다. 이는 맵을 훑는 동안 프로그램의 다른 코드가 맵을 수정해서 생기는 미지의 문제를 방지하기 위한 것이다. 그런 문제는 다른 코드가 맵의 요소들을 삭제할 때 특히나 심각해진다. 그런데 BPF는 bpf_map_get_next_key로 맵을 훑기 전에 맵의 값들을 복사해 두지 않는다. 따라서 프로그램의 한 부분이 맵을 훑는 동안 다른 부분이 맵의 한 요소를 삭제한다면, bpf_map_get_next_key는 삭제된 요소의 다음 요소를 찾으려 한다. 다음 예제를 보자.

```
int next_key, lookup_key;
lookup_key = -1;

while(bpf_map_get_next_key(map_data[0].fd, &lookup_key, &next_key) == 0) {
  printf("The next key in the map is: '%d'\n", next_key);
  if (next_key == 2) {
    printf("Deleting key '2'\n");
    bpf_map_delete_element(map_data[0].fd &next_key);
  }
  lookup_key = next_key;
}
```

이 프로그램은 다음을 출력한다.

```
The next key in the map is: '1'
The next key in the map is: '2'
Deleting key '2'
The next key in the map is: '1'
The next key in the map is: '3'
The next key in the map is: '4'
The next key in the map is: '5'
```

중간에 키가 2인 요소를 찾지 못했기 때문에 프로그램은 맵을 처음부터 다시 훑었다. 이런 행동은 그리 직관적이지 못하므로, bpf_map_get_next_key를 사용할 때는 이런 문제에 주의해야 할 것이다.

이번 장에서 다루는 대부분의 맵 유형은 배열처럼 행동하므로, 이런 식으로 맵을 훑으면 애초에 맵에 요소들을 저장한 순서와 같은 순서로 요소들을 얻게 된다. 다음으로는 맵의 특정 요소를 찾아서 삭제하는 연산을 살펴보자.

3.2.5 특정 요소를 찾아서 삭제

커널이 제공하는 맵 관련 보조 함수로 주목할 만한 것이 또 있는데, 바로 `bpf_map_lookup_and_delete_elem`이다. 이 함수는 주어진 키에 해당하는 요소를 찾아서 삭제한다. 또한, 그 요소의 값을 프로그램의 한 변수에 설정한다. 이 함수는 BPF 맵을 대기열(queue)이나 스택stack으로 사용할 때 유용하다. 대기열 맵과 스택 맵은 다음 절들에서 이야기하겠다. 물론 이 함수를 꼭 그런 유형의 맵들에만 사용할 수 있는 것은 아니다. 그럼 이전 예제들에서 사용한 맵에 대해 이 함수를 적용하는 예제를 보자.

```
int key, value, result, it;
key = 1;

for (it = 0; it < 2; it++) {
  result = bpf_map_lookup_and_delete_elem(map_data[0].fd, &key, &value);
  if (result == 0)
    printf("Value read from the map: '%d'\n", value);
  else
    printf("Failed to read value from the map: %d (%s)\n",
        result, strerror(errno));
}
```

이 예제는 맵에서 같은 요소를 두 번 조회한다. 첫 시도에서는 그 요소의 값이 출력되지만, 둘째 시도에서는 오류 메시지가 나온다. 이는 첫 `bpf_map_lookup_and_delete_elem` 호출에서 그 요소가 맵에서 삭제되기 때문이다. 둘째 호출에서는 없는 요소를 조회하려 하므로 함수가 음수를 돌려주며, errno에 "찾지 못했음" 오류 코드 **ENOENT**가 설정된다.

지금까지는 여러 프로그램(또는 프로그램의 서로 다른 부분들)이 BPF 맵의 동일한 정보에 동시에 접근할 때 생기는 문제에 그리 주의를 두지 않았는데, 그럼 그 문제를 좀 더 자세히 살펴보자.

3.2.6 맵 요소에 대한 동시 접근

BPF 맵을 다룰 때 어려운 점 하나는 다수의 코드가 같은 맵에 동시에 접근하는 상황을 처리하는 것이다. 이런 동시 접근 때문에 BPF 프로그램들에서 소위 경쟁 조건(race condition)이 발생할 수 있으며, 그러면 맵에 있는 자원에 대한 접근이 예측할 수 없는 방식으로 일어난다. 경쟁 조건을 방기하기 위해 BPF는 회전 자물쇠(spin lock)라는 개념을 도입했다. BPF의 회전 자물쇠는 코드의 한 부분이 맵 요소를 사용하는 도중에는 다른 부분이 그 요소에 접근하지 못하게 하는 역할을 한다. 회전 자물쇠는 배열, 해시, cgroup 저장소 맵만 지원한다.

회전 자물쇠를 다루는 BPF 보조 함수는 두 가지로, `bpf_spin_lock`은 하나의 요소를 잠그고 `bpf_spin_unlock`은 그 잠금을 푼다. 이 보조 함수들은 세마포semaphore 역할을 하는 구조체를 사용한다. 세마포를 잠근(또는 '획득한') 코드만 세마포와 연관된 요소에 접근할 수 있지만, 그 밖의 코드는 세마포의 잠금이 풀리기 전까지는 그 요소에 접근할 수 없다. 회전 자물쇠가 도입되면서 사용자 공간 프로그램이 회전 자물쇠의 상태를 변경하는 데 사용하는 새로운 플래그도 추가되었는데, `BPF_F_LOCK`이 바로 그 플래그이다.

회전 자물쇠를 사용하려면 먼저 동시 접근 제어가 가능한 요소를 만들고 그 요소의 한 필드에 세마포를 설정해야 한다. 동시 접근용 요소를 나타내는 구조체는 다음과 같다.

```
struct concurrent_element {
  struct bpf_spin_lock semaphore;
  int count;
}
```

이 구조체 형식의 요소들을 BPF 맵에 담고, 요소 안의 세마포를 이용해서 원치 않는 접근을 방지한다는 것이 핵심이다. 그럼 이 형식의 요소들을 담을 맵을 선언해 보자. 검증기가 맵의 유형을 파악할 수 있으려면 반드시 적절한 BTF 특성을 주해(annotation) 형태로 명시해 주어야 한다. 이에 따라 이진 객체들에 적절한 디버깅 정보가 추가되며, 커널이나 기타 도구들은 그러한 정보를 활용해서 해당 BPF 자료 구조를 좀 더 확실하게 파악하게 된다. 이 예제 코드는 커널 안에서 실행되므로, `libbpf`가 제공하는 커널용 매크로들을 이용해서 이 동시 접근 맵에 주해를 붙일 수 있다.

```
struct bpf_map_def SEC("maps") concurrent_map = {
    .type       = BPF_MAP_TYPE_HASH,
    .key_size   = sizeof(int),
    .value_size = sizeof(struct concurrent_element),
    .max_entries = 100,
};

BPF_ANNOTATE_KV_PAIR(concurrent_map, int, struct concurrent_element);
```

BPF 프로그램의 주 함수에서는 앞에서 언급한 두 가지 잠금 보조 함수들을 이용해서 해당 요소들에 대한 경쟁 조건을 방지한다. 일단 요소의 세마포를 잠그면, 프로그램은 다른 프로그램이 해당 요소를 삭제하거나 변경할 걱정 없이 안심하고 요소의 값을 변경할 수 있다.

```
int bpf_program(struct pt_regs *ctx) {
  int key = 0;
  struct concurrent_element init_value = {};
  struct concurrent_element *read_value;

  bpf_map_update_elem(&concurrent_map, &key, &init_value, BPF_NOEXIST);

  read_value = bpf_map_lookup_elem(&concurrent_map, &key);
  bpf_spin_lock(&read_value->semaphore);
  read_value->count += 100;
  bpf_spin_unlock(&read_value->semaphore);
}
```

이 예제는 우선 동시 접근 맵을 초기화하고 맵에 동시 접근용 요소를 하나 추가한다. 그런 다음 맵에서 그 요소의 값(동시 접근 구조체)을 조회하고, 자료 경쟁 조건을 피하기 위해 요소의 세마포를 잠근 후 요소 구조체의 count 필드를 증가한다. 그런 다음에는 다른 코드가 요소에 접근할 수 있도록 세마포의 잠금을 푼다.

사용자 공간 프로그램에서는 BPF_F_LOCK 플래그를 이용해서 동시 접근 맵의 한 요소에 대한 참조를 얻을 수 있다. bpf_map_update_elem 함수와 bpf_map_lookup_elem_flags 함수가 이 플래그를 지원한다. 이 플래그를 이용하면 자료 경쟁을 걱정하지 않고 제 자리에서 요소들을 갱신할 수 있다.

참고: 해시 맵을 갱신할 때와 배열 또는 cgroup 저장소 맵을 갱신할 때 BPF_F_LOCK의 행동 방식이 조금 다르다. 배열이나 cgroup 저장소 맵에서는 갱신이 제자리에서(in place) 일어난다. 이는 갱신할 요소가 반드시 맵에 이미 존재해야 한다는 뜻이다. 그러나 해시 맵의 경우에는 그런 제약이 없다. 존재하지 않는 요소를 갱신하려 하면 BPF는 그 요소에 대한 맵의 해싱용 버킷bucket을 잠근 후 새 요소를 삽입한다.

회전 자물쇠가 항상 필요한 것은 아니다. 맵에 담긴 값들을 취합(aggregating)하기만 하면 될 때는 굳이 잠금이 필요하지 않다. 회전 자물쇠는 여러분의 프로그램이 맵의 요소들에 대해 여러 가지 연산을 수행하는 동안 다른 프로그램들이 맵의 요소들을 절대로 변경하지 않는다는 보장이 필요할 때, 즉 다수의 연산을 "원자적으로" 수행해야 할 때 유용하다.

지금까지 BPF 맵으로 할 수 있는 여러 연산을 살펴보았다. 그런데 BPF 맵 자체는 한 종류밖에 나오지 않았다. BPF는 지금까지의 예제들에 나온 해시 맵(BPF_MAP_TYPE_HASH) 외에도 다양한 유형의 맵을 제공하며, 유형마다 그 용도가 다르다. 다음 절부터는 BPF에 정의된 모든 맵 유형을 살펴보고, 상황에 맞게 각 유형을 활용하는 예제들도 제시한다.

3.3 BPF 맵 유형

리눅스 문서화(*https://oreil.ly/XfoqK*)는 BPF 맵을 "여러 가지 형식의 자료를 저장하기 위한 범용 자료 구조"라고 정의한다. 그러나 시간이 흐르면서 커널 개발자들은 특정 용도에 좀 더 효율적인 특화된 자료 구조를 여럿 추가했다. 이번 절에서는 모든 BPF 맵 유형과 그 사용법을 살펴본다.

3.3.1 해시 테이블 맵

해시 테이블hash-table 맵은 BPF에 처음 추가된 범용 맵으로, 유형 식별자는 BPF_MAP_TYPE_HASH 이다. 이 맵의 구현 방식과 사용법은 다른 언어나 라이브러리에서 여러분이 사용해 보았을 해시 테이블과 비슷하다. 이 맵에는 임의의 형식, 임의의 크기의 키-값 쌍을 저장한다. 키-값 쌍들을 저장하는 데 필요한 공간을 할당하거나 해제하는 작업은 커널이 알아서 처리해 준다. 또한, 해시 테이블 맵에 대해 bpf_map_update_elem을 호출하면 커널은 요소를 원자적으로 갱신

(대체)한다.

해시 테이블 맵은 조회(lookup; 참조)가 아주 빠르도록 최적화된 자료 구조이므로 자주 읽어야 하는 자료를 담는 데 유용하다. 그럼 해시 테이블 맵을 이용해서 네트워크 IP들과 IP별 속도 한계(rate limit)들을 관리하는 예제를 보자. 우선, 다음은 맵을 정의하는 코드이다.

```
#define IPV4_FAMILY 1
struct ip_key {
  union {
    __u32 v4_addr;
    __u8 v6_addr[16];
  };
  __u8 family;
};

struct bpf_map_def SEC("maps") counters = {
    .type        = BPF_MAP_TYPE_HASH,
    .key_size    = sizeof(struct ip_key),
    .value_size  = sizeof(uint64_t),
    .max_entries = 100,
    .map_flags   = BPF_F_NO_PREALLOC
};
```

이 코드는 먼저 키로 사용할 구조체를 선언한다. 이 구조체는 IP 주소에 관한 정보를 담는다. 그런 다음 프로그램이 사용할 맵을 정의하는데, 키는 앞에서 선언한 구조체이고 값은 이 예제 BPF 프로그램이 해당 IP 주소로부터 받아들인 네트워크 패킷의 개수이다.

다음은 주어진 IP 주소의 패킷 수를 갱신하는 함수이다.

```
uint64_t update_counter(uint32_t ipv4) {
  uint64_t value;
  struct ip_key key = {};
  key.v4_addr = ip4;
  key.family = IPV4_FAMILY;

  bpf_map_lookup_elem(counters, &key, &value);
  (*value) += 1;
}
```

이 함수는 인수로 주어진 패킷에서 추출한 IP 주소를 키로 삼아서 맵에서 해당 요소를 조회한다. 이 예제 코드는 맵이 적절한 IP 주소들과 패킷 개수 0들로 이미 초기화되어 있다고 가정한다. 실제로는 `bpf_map_lookup_elem`이 음수를 돌려주지는 않는지 점검해서 적절한 오류 처리를 수행해야 할 것이다.

3.3.2 배열 맵

배열(array) 맵은 커널에 두 번째로 추가된 BPF 맵 유형으로, 식별자는 `BPF_MAP_TYPE_ARRAY`이다. 배열 맵을 정의할 때는 크기(요소 개수)를 지정해야 한다. 배열 맵을 초기화하면 그만큼의 요소들을 담을 수 있는 공간이 미리 할당되며, 모든 요소가 0으로 설정된다. 이 맵은 고정된 개수의 요소들을 순차적으로 담으므로 키는 정수 색인이다. 키(색인)의 크기는 정확히 4바이트어야 한다.

배열 맵의 단점은 실행 시점에서 맵의 요소들을 제거해서 배열의 크기를 줄일 수 없다는 것이다. 배열 맵에 대해 `map_delete_elem`을 호출하면 제거 연산이 실패하고 `errno` 변수에 `EINVAL`이 설정된다.

따라서 배열 맵은 값이 변하긴 하지만 제거되지는 않는 요소들을 저장하는 데 쓰인다. 예를 들어 사람들은 미리 정해진 배정(assignment) 규칙들에 따라 갱신되는 전역 변수들을 배열 맵에 담는다. 배열 맵에서는 요소들을 제거하지 못하므로, 특정 위치에 있는 요소는 항상 같은 요소라고 가정해도 안전하다.

해시 테이블 맵과는 달리 배열 맵에 대한 `map_update_elem`의 갱신 연산은 원자적이지 않다는 점도 기억해야 할 것이다. 즉, 한 프로그램이 배열 맵의 한 요소를 갱신하는 도중에 다른 프로그램이 그 요소의 값을 읽으려 들 수도 있다. 예를 들어 어떤 개수나 횟수를 나타내는 카운터들을 담는 용도로 배열 맵을 사용한다면, 그리고 카운터를 원자적으로 갱신해야 한다면, 원자적 덧셈 연산을 수행하는 커널 내장 함수 `__sync_fetch_and_add`를 사용하면 된다.

3.3.3 프로그램 배열 맵

프로그램 배열 맵은 특정 용도에 맞게 특화된 맵으로는 커널에 처음으로 추가된 유형으로, 식별자는 `BPF_MAP_TYPE_PROG_ARRAY`이다. 이 특수 맵에는 BPF 프로그램을 가리키는 파일 서술자들을 저장할 수 있다. 이 맵을 보조 함수 `bpf_tail_call`과 함께 사용해서 프로그램에서 프로그램으로 점프함으로써 한 BPF 프로그램이 수행할 수 있는 최대 명령 개수의 한계를 벗어날 수 있다. 그리고 여러 작은 프로그램을 그런 식으로 조합해서 복잡한 작업을 수행하는 것은 전체적인 구현 복잡도를 낮추는 데 도움이 된다.

이 특수 맵을 사용할 때 주의해야 할 점이 몇 가지 있다. 첫째로, 키와 값 모두 그 크기가 반드시 4바이트어야 한다. 둘째로, 프로그램 A에서 프로그램 B로 점프하는 경우 프로그램 B는 프로그램 A가 사용하던 메모리 스택을 재사용한다. 따라서 프로그램 A가 가용 메모리를 모두 소모하면 프로그램 B는 메모리 부족을 겪을 수 있다. 마지막으로, 맵에 없는 프로그램으로 점프하려 하면 꼬리 호출이 실패하며, 현재 프로그램이 계속 실행된다.

그럼 이 유형의 맵을 제대로 사용하는 방법을 이해하는 데 도움이 되는 예제를 하나 살펴보자. 우선 프로그램 배열 맵을 선언한다.

```
struct bpf_map_def SEC("maps") programs = {
    .type = BPF_MAP_TYPE_PROG_ARRAY,
    .key_size = 4,
    .value_size = 4,
    .max_entries = 1024,
};
```

앞에서 언급했듯이 키와 값이 둘 다 4바이트임을 주목하기 바란다. 다음으로, 점프할 다른 프로그램에 대한 정보를 맵에 추가한다.

```
int key = 1;
struct bpf_insn prog[] = {
  BPF_MOV64_IMM(BPF_REG_0, 0), // r0 = 0 배정
  BPF_EXIT_INSN(),  // r0을 돌려줌
};

prog_fd = bpf_prog_load(BPF_PROG_TYPE_KPROBE, prog, sizeof(prog), "GPL");
bpf_map_update_elem(&programs, &key, &prog_fd, BPF_ANY);
```

이 코드는 그냥 0을 돌려주기만 하는 BPF 프로그램 하나를 직접 정의하고 `bpf_prog_load`를 호출해서 커널에 적재한 후 해당 파일 서술자를 프로그램 배열 맵에 추가한다.

다음으로, 추가된 프로그램으로 점프할 또 다른 BPF 프로그램을 보자. 한 가지 주의할 점은, 프로그램에서 프로그램으로 점프하려면 두 프로그램의 유형이 동일해야 한다는 것이다. 앞의 `bpf_prog_load` 호출에서 kprobe 프로그램(제2장 참고)을 적재했으므로, 여기서도 kprobe 프로그램을 만들어야 한다.

```
SEC("kprobe/seccomp_phase1")
int bpf_kprobe_program(struct pt_regs *ctx) {
  int key = 1;
  /* 다음 BPF 프로그램으로 넘어간다. */
  bpf_tail_call(ctx, &programs, &key);

  /* 해당 프로그램 파일 서술자가 맵에 존재하지 않으면 계속해서
     아래 코드가 실행된다. */
  char fmt[] = "missing program in prog_array map\n";
  bpf_trace_printk(fmt, sizeof(fmt));
  return 0;
}
```

이런 식으로 `bpf_tail_call`과 `BPF_MAP_TYPE_PROG_ARRAY`를 이용하면 최대 32개의 프로그램을 연달아 실행할 수 있다. 이 32는 무한 루프와 메모리 소진을 방지하기 위한 명시적인 한계이다.

3.3.4 perf 이벤트 배열 맵

perf 이벤트 배열 맵은 버퍼 링^{buffer ring} 자료 구조에 `perf_events` 자료를 저장한다. 식별자가 `BPF_MAP_TYPE_PERF_EVENT_ARRAY`인 이 유형의 BPF 맵은 커널 안의 BPF 프로그램과 사용자 공간 프로그램이 실시간으로 소통하는 데 주로 쓰인다. 이 맵은 커널의 추적 도구들이 발생한 이벤트들을 BPF 프로그램이 사용자 공간 프로그램으로 전달해서 거기서 추가적인 처리를 수행하는 사용 패턴에 맞게 설계된 것이다. 이 맵은 이후의 장들에서 살펴볼 여러 관측 가능성 도구들의 기반이 된다는 점에서 중요하다. 사용자 공간 프로그램은 커널에서 오는 이벤트들을 기다리는 청취자(listener) 역할을 하므로, 사용자 공간 프로그램의 대기(청취)가 시작된 후에야 커널의 BPF 프로그램이 초기화되도록 신경 써야 한다.

그럼 시스템이 실행하는 모든 프로그램을 추적하는 예제를 살펴보자. 우선 커널이 이벤트를

통해서 사용자 공간에 보낼 정보(실행된 프로그램에 관한)를 대표하는 구조체를 선언한다.

```
struct data_t {
  u32 pid;
  char program_name[16];
};
```

다음으로, perf 이벤트들을 담을 맵을 정의한다.

```
struct bpf_map_def SEC("maps") events = {
  .type = BPF_MAP_TYPE_PERF_EVENT_ARRAY,
  .key_size = sizeof(int),
  .value_size = sizeof(u32),
  .max_entries = 2,
};
```

마지막으로, 프로그램 실행 이벤트를 감지해서 해당 정보를 사용자 공간 프로그램에 보내는 BPF 프로그램(주 함수)를 정의한다.

```
SEC("kprobe/sys_exec")
int bpf_capture_exec(struct pt_regs *ctx) {
  data_t data;
  // bpf_get_current_pid_tgid는 현재 프로세스 ID를 돌려준다.
  data.pid = bpf_get_current_pid_tgid() >> 32;
  // bpf_get_current_comm은 현재 실행 파일 이름을 첫 인수에 설정한다.
  bpf_get_current_comm(&data.program_name, sizeof(data.program_name));
  bpf_perf_event_output(ctx, &events, 0, &data, sizeof(data));
  return 0;
}
```

이 코드는 보조 함수 bpf_perf_event_output을 이용해서 실행 프로그램 정보를 맵에 추가한다. 이 맵은 실시간 버퍼이므로, BPF 프로그램은 요소의 키들을 신경 쓸 필요가 없다. 새 요소를 맵에 추가하는 작업과 사용자 프로그램이 이벤트를 처리한 후 해당 요소를 맵에서 제거하는 작업은 커널이 알아서 처리한다.

발생한 이벤트를 받아서 처리하는 사용자 공간 프로그램의 예는 제4장에 나온다. 제4장에서는 이 perf 이벤트 배열 맵 유형의 좀 더 본격적인 활용 방법들도 논의한다.

3.3.5 CPU별 해시 맵

CPU별(per-CPU) 해시 맵 유형은 해시 테이블 맵(`BPF_MAP_TYPE_HASH`)의 변형으로, 해당 식별자는 `BPF_MAP_TYPE_PERCPU_HASH`이다. 이 맵은 시스템에 있는 CPU마다 하나씩 개별적으로 만들어지므로 고성능 조회와 취합에 훨씬 더 효율적이다. 이 유형의 맵은 여러 측정치를 수집하고 취합하는 BPF 프로그램에 유용하다.

3.3.6 CPU별 배열 맵

앞의 유형과 비슷하게 CPU별 배열 맵은 배열 맵(`BPF_MAP_TYPE_ARRAY`)의 변형으로, 해당 식별자는 `BPF_MAP_TYPE_PERCPU_ARRAY`이다. 앞의 유형처럼 이 유형의 맵도 CPU마다 따로 만들어지므로 고성능 조회와 취합에 훨씬 효율적이다.

3.3.7 스택 추적 맵

이 유형의 맵은 실행 중인 프로세스의 스택 추적 정보(stack trace; 또는 스택 자취)를 담은 구조체(이하 간단히 '스택 추적')들을 저장한다. 해당 식별자는 `BPF_MAP_TYPE_STACK_TRACE`이다. 이 맵 유형을 커널에 추가하면서 커널 개발자들은 스택 추적들을 맵에 채우는 데 도움이 되는 `bpf_get_stackid`라는 보조 함수도 추가했다. 이 함수는 맵을 참조하는 인수와 함께 어떤 스택 추적들을 추가할 것인지를 결정하는 플래그 인수를 받는다. 이 플래그 인수를 이용해서, 커널에서 실행된 프로세스의 스택 추적들만 추가할 것인지, 사용자 공간 프로그램의 스택 추적들만 추가할 것인지, 또는 둘 다 모두 추가할 것인지 지정할 수 있다. 이 보조 함수는 맵에 추가된 요소의 키를 돌려준다.

3.3.8 cgroup 배열 맵

이 유형의 맵은 cgroup(제어 그룹) 참조들을 저장한다. 해당 식별자는 `BPF_MAP_TYPE_CGROUP_ARRAY`이다. 이 cgroup 배열 맵은 프로그램 배열 맵(`BPF_MAP_TYPE_PROG_ARRAY`)과 비슷하되, 프로그램이 아니라 cgroup을 가리키는 파일 서술자들을 담는다.

이 맵은 네트워크 소통량 제어나 디버깅, 프로그램 검사를 위해 여러 BPF 프로그램이

cgroup 참조를 공유하는 데 유용하다. 그럼 이 맵을 채우는 방법에 관한 예제를 살펴보자. 우선 맵을 정의한다.

```
struct bpf_map_def SEC("maps") cgroups_map = {
  .type = BPF_MAP_TYPE_CGROUP_ARRAY,
  .key_size = sizeof(uint32_t),
  .value_size = sizeof(uint32_t),
  .max_entries = 1,
};
```

맵에 추가할 cgroup 파일 서술자는 해당 cgroup의 정보를 담은 파일을 열어서 얻을 수 있다. 다음 코드는 도커Docker 컨테이너들을 위한 기본 CPU 분할을 제어하는 cgroup의 파일 서술자를 얻어서 맵에 추가한다.

```
int cgroup_fd, key = 0;
cgroup_fd = open("/sys/fs/cgroup/cpu/docker/cpu.shares", O_RDONLY);

bpf_update_elem(&cgroups_map, &key, &cgroup_fd, 0);
```

3.3.9 LRU 해시 맵과 LRU CPU별 해시 맵

이 두 맵 유형은 기본적으로 해시 테이블 맵이나, 내부적으로 LRU 캐시 정책이 적용된다는 점이 앞에서 본 해시 테이블 맵과 다르다. LRU는 least recently used(최근 최소 사용)를 줄인 용어로, 맵에 LRU를 적용한다는 것은 맵이 꽉 찬 경우 커널이 최근 가장 덜 쓰인 요소들을 삭제해서 새 요소들을 담을 공간을 마련한다는 뜻이다. 따라서, 최근 자주 사용하지 않은 요소들이 사라져도 상관없는 상황이라면 이 맵은 실제 한계보다 더 많은 요소를 담을 수 있다. 해당 식별자는 각각 BPF_MAP_TYPE_LRU_HASH와 BPF_MAP_TYPE_LRU_PERCPU_HASH이다.

LRU CPU별 해시 맵은 다른 CPU별 맵들과 조금 다른데, CPU마다 다른 LRU 해시 맵이 있는 것이 아니라 해시 테이블 맵 자체는 하나이되 CPU마다 다른 LRU 캐시를 사용한다. 따라서 CPU별로 가장 자주 사용한 요소들이 맵에 남게 된다.

3.3.10 LPM 트라이 맵

LPM 트라이^{trie} 맵은[3] LPM(longest prefix match; 최장 접두어 부합) 알고리즘을 이용해서 요소를 찾는다. 이름에서 짐작하겠지만 LPM 알고리즘은 조회 키와 가장 길게 부합한 키에 해당하는 요소를 선택한다. 이 알고리즘은 커널이나 기타 장치들에서 IP 주소들을 특정 통신 경로(route)와 부합시키기 위해 소통량 전달 테이블(traffic forwarding table)을 관리하는 데 흔히 쓰인다. 이 맵 유형의 식별자는 BPF_MAP_TYPE_LPM_TRIE이다.

이 맵의 키는 크기가 8의 배수이어야 하며, 최소 크기는 8(바이트), 최대 크기는 2,048이다. 따로 키 구조체를 정의할 필요가 없다면, 커널이 제공하는 bpf_lpm_trie_key라는 구조체를 키 형식으로 사용하면 된다.

그럼 전달 경로를 맵에 몇 개 추가하고 특정 IP 주소와 부합하는 경로를 찾는 예제를 보자. 우선 맵을 정의한다.

```
struct bpf_map_def SEC("maps") routing_map = {
  .type = BPF_MAP_TYPE_LPM_TRIE,
  .key_size = 8,
  .value_size = sizeof(uint64_t),
  .max_entries = 10000,
  .map_flags = BPF_F_NO_PREALLOC,
};
```

다음으로, 이 맵에 세 전달 경로 192.168.0.0/16, 192.168.0.0/24, 192.168.1.0/24를 맵에 추가한다.

```
uint64_t value_1 = 1;
struct bpf_lpm_trie_key route_1 = {.data = {192, 168, 0, 0},
                                   .prefixlen = 16};
uint64_t value_2 = 2;
struct bpf_lpm_trie_key route_2 = {.data = {192, 168, 0, 0},
                                   .prefixlen = 24};
uint64_t value_3 = 3;
struct bpf_lpm_trie_key route_3 = {.data = {192, 168, 1, 0},
```

---

3 이 맵이 검색 트리의 일종인 trie 자료 구조를 사용하는데, trie라는 이름은 조회 또는 검색을 뜻하는 영어 단어 betrieve에서 비롯된 것이다. betrieve의 발음에 따라 원래는 '트리'라고 불렀지만, 현재는 우리가 익히 아는 자료 구조 트리(tree)와 혼동을 피하고자 '트라이'라고 부르는 것이 일반적이다.

```
                                        .prefixlen = 24};

    bpf_map_update_elem(&routing_map, &route_1, &value_1, BPF_ANY);
    bpf_map_update_elem(&routing_map, &route_2, &value_2, BPF_ANY);
    bpf_map_update_elem(&routing_map, &route_3, &value_3, BPF_ANY);
```

이제 IP 주소 192.168.1.1과 가장 잘 부합하는 경로의 키를 조회해 보자.

```
    uint64_t result;
    struct bpf_lpm_trie_key lookup = {.data = {192, 168, 1, 1},
                                        .prefixlen = 32};

    int ret = bpf_map_lookup_elem(&routing_map, &lookup, &result);
    if (ret == 0)
      printf("Value read from the map: '%d'\n", result);
```

이 예에서 192.168.1.1과 부합할 수 있는 경로는 192.168.0.0/24와 192.168.1.0/24 두 개이다(둘 다 해당 범위 안에 있으므로). 그러나 이 맵은 LPM 알고리즘을 사용하므로, result 변수에는 키가 192.168.1.0/24인 요소의 값이 설정된다.

3.3.11 맵 배열과 맵 해시

BPF에는 다른 맵에 대한 참조를 담는 맵 유형이 두 개 있는데, 바로 BPF_MAP_TYPE_ARRAY_OF_MAPS와 BPF_MAP_TYPE_HASH_OF_MAPS이다. 이들은 간접 참조를 한 수준까지만 지원한다. 즉, 맵들의 맵만 가능할 뿐 맵들의 맵들의 맵은 불가능하다. 이러한 제한은 실수로 생긴 순환 참조 때문에 맵들이 무한히 연결되어서 메모리가 소진되는 사태를 방지하기 위한 것이다.

이런 유형의 맵은 실행 시점에서 맵 전체를 다른 것으로 바꿔야 할 때 유용하다. 프로그램이 사용할 맵들이 모두 어떤 전역 맵의 자식들이라면, 프로그램의 상태 전체를 담은 하나의 스냅숏을 생성하는 것도 가능하다. 부모 맵의 갱신을 요청하면 커널은 기존 자식 맵들에 대한 모든 참조가 사라질 때까지 기다렸다가 갱신을 수행한다(아무도 참조하지 않는 '고아' 맵이 생기지 않도록).

3.3.12 장치 맵 맵

장치 맵(device map) 맵은 네트워크 장치에 대한 참조를 저장한다. 해당 식별자는 `BPF_MAP_TYPE_DEVMAP`이다. 이 유형의 맵은 커널 수준에서 네트워크 소통량을 관리하고자 하는 네트워크 응용 프로그램에 유용하다. 특정 네트워크 장치들을 가리키는 가상 포트 맵을 만들고, 보조함수 `bpf_redirect_map`을 이용해서 패킷들을 해당 장치로 재지정할 수 있다.

3.3.13 CPU 맵 맵

식별자가 `BPF_MAP_TYPE_CPUMAP`인 CPU 맵 맵도 네트워크 소통량을 전달하는 데 사용할 수 있다. 이 맵은 호스트의 서로 다른 CPU들에 대한 참조를 저장한다. 앞의 장치 맵 맵처럼 `bpf_redirect_map` 보조 함수를 이용해서 패킷 재지정을 수행할 수 있다. 단, 이 맵의 경우에는 패킷을 다른 네트워크 장치가 아니라 다른 CPU로 보낸다. 이 특수 유형 맵은 규모가변성(scalability)이나 격리(isolation)를 위해 특정 CPU들을 네트워크 스택들에 배정하려 할 때 유용하다.

3.3.14 열린 소켓 맵

식별자가 `BPF_MAP_TYPE_XSKMAP`인 열린 소켓 맵은 이름 그대로 열린 소켓(open socket)에 대한 참조를 담는다. 앞의 두 맵 유형처럼 이 유형의 맵도 패킷들을 전달하는 데 유용한데. 이 경우 전달 대상이 다른 소켓이다.

3.3.15 소켓 배열 맵과 소켓 해시 맵

식별자가 각각 `BPF_MAP_TYPE_SOCKMAP`과 `BPF_MAP_TYPE_SOCKHASH`인 이 두 특수 목적 맵은 커널 안의 열린 소켓 참조들을 각각 배열과 해시 테이블에 담는다. 앞의 맵들처럼 이 맵들도 보조함수 `bpf_redirect_map`과 함께 사용한다. 단, 목적은 현재 XDP 프로그램에서 다른 소켓으로 소켓 버퍼들을 전달하는 것이다.

소켓 배열 맵과 소켓 해시 맵의 주된 차이점은 자료 구조이다. 전자는 소켓들을 배열에 담고 후자는 소켓들을 해시 테이블에 담는다. 해시 테이블은 키만 알면 맵 전체를 훑지 않고 해당 소켓에 직접 접근할 수 있다는 장점이 있다. 커널의 모든 소켓은 고유한 5값쌍(five-tuple) 키로 식별된다. 이 5값쌍은 양방향 네트워크 연결을 확립하는 데 꼭 필요한 다섯 가지 정보로 구성된다. 소켓 해시 맵의 경우 이 키를 맵 조회 키로 사용하면 된다.

3.3.16 cgroup 저장소 맵과 CPU별 cgroup 저장소 맵

이 두 유형은 cgroup에 부착된 BPF 프로그램의 작성을 돕기 위해 도입되었다. 제2장에서 보았듯이, `BPF_PROG_TYPE_CGROUP_SKB` 유형의 BPF 프로그램들을 특정 cgroup에 붙이거나 뗄 수 있으며, 해당 런타임들을 특정 cgroup로 국한(격리)할 수 있다. 식별자는 각각 `BPF_MAP_TYPE_CGROUP_STORAGE`와 `BPF_MAP_TYPE_PERCPU_CGROUP_STORAGE`이다.

개발자의 관점에서 이 두 유형은 해시 테이블 맵과 비슷하다. 커널은 이 맵을 위한 키를 생성하는 보조 함수 `bpf_cgroup_storage_key`를 제공한다. 이 맵의 키에는 cgroup 노드 식별자와 부착 유형에 관한 정보가 포함된다. 이 맵에는 어떤 값이라도 저장할 수 있다. 단, 이 맵의 값들에는 오직 부착된 cgroup에 속한 BPF 프로그램들만 접근할 수 있다.

이 맵들을 사용할 때는 다음 두 가지 제약을 주의해야 한다. 첫째로, 사용자 공간 프로그램은 이 두 유형의 맵에 새 요소를 추가할 수 없다. 커널 안의 BPF 프로그램은 `bpf_map_update_elem`으로 새 요소를 추가할 수 있지만, 사용자 공간에서 맵에 존재하지 않는 키로 `bpf_map_update_elem`을 호출하면 연산이 실패하고 `errno` 변수가 `ENOENT`로 설정된다. 둘째로, 이 두 유형의 맵에서는 요소들을 제거할 수 없다. `bpf_map_delete_elem` 호출은 항상 실패하며, `errno`가 `EINVAL`로 설정된다.

두 유형의 주된 차이는 'CPU별'이라는 단어가 말해준다. 즉, cgroup 저장소 맵과는 달리 CPU별 cgroup 저장소 맵은 CPU마다 다른 해시 테이블을 제공한다.

3.3.17 포트 재사용 소켓 맵

이 특수 유형 맵은 시스템에 열려 있는 포트들이 재사용할 수 있는 소켓에 대한 참조를 저장한다. 해당 식별자는 `BPF_MAP_TYPE_REUSEPORT_SOCKARRAY`이다. 이 포트 재사용 소켓(reuseport socket) 맵은 주로 `BPF_PROG_TYPE_SK_REUSEPORT` 유형의 BPF 프로그램에 쓰인다. 이 둘을 조합하면 네트워크 장치에서 온 패킷들을 거르고(필터링) 제공하는 방식을 제어할 수 있다. 예를 들어 어떤 패킷을 같은 포트에 붙어 있는 두 소켓 중 어떤 소켓으로 보낼 것인지 결정하는 BPF 프로그램이 가능하다.

3.3.18 대기열 맵

대기열(queue) 맵은 FIFO(first-in first-out), 즉 선입선출 방식으로 요소들을 관리하는 맵이다. 식별자는 `BPF_MAP_TYPE_QUEUE`이다. 선입선출 방식이므로, 맵에서 요소를 하나 뽑으면 맵의 가장 오래된(즉, 가장 일찍 추가된) 요소가 나온다.

BPF의 맵 보조 함수들은 이 맵에 대해 대기열의 특성에 맞는 방식으로 작동한다. `bpf_map_lookup_elem`은 항상 맵의 가장 오래된 요소를 돌려주고, `bpf_map_update_elem`은 항상 대기열의 제일 끝에 새 요소를 추가한다. 따라서 새로 추가한 요소를 읽으려면 기존의 모든 요소를 거쳐야 한다. `bpf_map_lookup_and_delete_elem`은 가장 오래된 요소를 돌려주되 맵에서 그 요소를 제거하는데, 그 두 연산은 원자적으로 일어난다. 이 맵은 `bpf_map_delete_elem`과 `bpf_map_get_next_key`를 지원하지 않는다. 이 두 보조 함수를 호출하면 연산이 실패하고 `errno` 변수에 `EINVAL`이 설정된다.

이 맵은 조회에 키를 사용하지 않으며, 맵 정의 시 키 크기를 반드시 0으로 설정해야 한다는 점도 기억하기 바란다. 맵에 새 요소를 추가할 때는 키를 반드시 널^{null} 값으로 설정해야 한다.

그럼 이 유형의 맵을 사용하는 예제를 살펴보자. 우선 맵을 정의한다.

```
struct bpf_map_def SEC("maps") queue_map = {
  .type = BPF_MAP_TYPE_QUEUE,
  .key_size = 0,
  .value_size = sizeof(int),
  .max_entries = 100,
  .map_flags = 0,
};
```

다음으로, 맵에 요소를 몇 개 추가하고 조회한다.

```
int i;
for (i = 0; i < 5; i++)
  bpf_map_update_elem(&queue_map, NULL, &i, BPF_ANY);
```

```
  int value;
  for (i = 0; i < 5; i++) {
    bpf_map_lookup_and_delete_elem(&queue_map, NULL, &value);
    printf("Value read from the map: '%d'\n", value);
  }
```

이 프로그램의 출력은 다음과 같다. 추가한 순서와 동일한 순서로 값들이 조회되었다.

```
Value read from the map: '0'
Value read from the map: '1'
Value read from the map: '2'
Value read from the map: '3'
Value read from the map: '4'
```

빈 맵에서 요소를 뽑으려 하면 bpf_map_lookup_and_delete_elem은 음수를 돌려주고 errno 변수가 ENOENT로 설정된다.

3.3.19 스택 맵

스택은 LIFO(last-in, first-out), 즉 후입선출 방식의 자료 구조이다. 스택 맵은 자료들을 후입선출 방식으로 관리하는 맵으로, 식별자는 BPF_MAP_TYPE_STACK이다. 대기열 맵과는 반대로, 스택 맵에서 요소를 뽑으면 가장 최근 추가된 요소가 나온다.

BPF의 맵 보조 함수들은 이 맵에 대해 스택의 특성에 맞는 방식으로 작동한다. bpf_map_lookup_elem은 맵의 가장 최근 요소를 돌려주고, bpf_map_update_elem은 항상 스택의 제일 위에 새 요소를 추가한다. 이 덕분에 조회 시 항상 가장 최근 추가된 요소가 조회된다. bpf_map_lookup_and_delete는 가장 최근 요소를 돌려주되 맵에서 그 요소를 제거하는데, 그 두 연산은 원자적으로 일어난다. 이 맵은 bpf_map_delete_elem과 bpf_map_get_next_key를 지원하지 않는다. 이 두 보조 함수를 호출하면 연산이 실패하고 errno 변수에 EINVAL이 설정된다.

그럼 이 유형의 맵을 사용하는 예제를 살펴보자. 우선 맵을 정의한다.

```
struct bpf_map_def SEC("maps") stack_map = {
  .type = BPF_MAP_TYPE_STACK,
```

```
    .key_size = 0,
    .value_size = sizeof(int),
    .max_entries = 100,
    .map_flags = 0,
};
```

다음으로, 맵에 요소를 몇 개 추가하고 조회한다. 이전 예제와는 달리 요소들이 추가한 순서와 반대 순서로 조회될 것이다.

```
int i;
for (i = 0; i < 5; i++)
  bpf_map_update_elem(&stack_map, NULL, &i, BPF_ANY);

int value;
for (i = 0; i < 5; i++) {
  bpf_map_lookup_and_delete_elem(&stack_map, NULL, &value);
  printf("Value read from the map: '%d'\n", value);
}
```

이 프로그램의 출력은 다음과 같다.

```
Value read from the map: '4'
Value read from the map: '3'
Value read from the map: '2'
Value read from the map: '1'
Value read from the map: '0'
```

빈 맵에서 요소를 뽑으려 하면 bpf_map_lookup_and_delete_elem은 음수를 돌려주고 errno 변수가 ENOENT로 설정된다.

이상으로 BPF 프로그램에서 사용할 수 있는 모든 맵 유형을 살펴보았다. 여러분에게 유용한 것도 있고 그렇지 않은 것도 있을 텐데, 어떤 유형의 맵이 유용한지는 BPF 프로그램의 유형에 따라 다르다. 이 유형들의 활용 방법을 확실하게 배우는 데 도움이 되는 예제들을 이 책 전반에서 만나게 될 것이다.

앞에서 언급했듯이 BPF 맵은 운영체제에 보통의 파일로 저장된다. 커널이 BPF 맵과 프로그램을 저장하는 데 사용하는 파일 시스템의 구체적인 특징은 아직 이야기하지 않았는데, 다음 절에서는 BPF를 위한 파일 시스템을 소개하고 그 파일 시스템에서 어떤 종류의 영속성(지속성)을 기대할 수 있는지 살펴본다.

3.4 BPF 가상 파일 시스템

BPF 맵이 파일로 존재한다는 점에서 파생되는 중요한 특징 하나는 BPF 맵 파일을 가리키는 파일 서술자가 닫히면 맵에 담긴 모든 정보도 사라진다는 것이다. BPF 맵의 첫 구현은 짧은 시간 동안 실행되며 다른 프로그램들과는 아무런 정보도 공유하지 않는 격리된 BPF 프로그램을 지원하는 데 초점을 두었다. 그런 시나리오에서는 파일 서술자가 닫히는 즉시 모든 자료를 삭제하는 것이 아주 당연하다. 그러나 좀 더 복잡한 유형의 맵이 도입되고 커널과 통합되면서 BPF 개발자들은 맵에 담긴 정보를 더 오래 보존하는 수단, 그러니까 프로그램이 종료되고 해당 파일 서술자가 닫힌 후에도 맵의 정보를 유지하는 수단이 필요함을 깨달았다. 리눅스 커널 버전 4.4에는 BPF 맵과 BPF 프로그램을 하나의 가상 파일 시스템에 저장하고 조회할 수 있는 새 시스템 호출 두 가지가 추가되었다. 이 파일 시스템에 저장된 BPF 맵과 프로그램은 그 맵이나 프로그램을 생성한 프로그램이 종료되어도 메모리 안에 유지된다. 그럼 이 가상 파일 시스템의 작동 방식을 간략하게나마 살펴보자.

기본적으로 BPF는 이 가상 파일 시스템이 */sys/fs/bpf*에 있다고 가정한다. 그런데 이 파일 시스템을 기본으로 마운트하지 않는(커널이 BPF를 지원하지 않는다는 가정하에서) 리눅스 배포판들도 있다. 그런 경우에는 다음과 같이 mount 명령으로 직접 마운트해야 한다.

```
# mount -t bpf /sys/fs/bpf /sys/fs/bpf
```

다른 모든 파일 위계구조(계통구조)와 마찬가지로, 이 파일 시스템의 영속적 BPF 객체들은 경로(path)로 식별된다. 이 경로는 프로그램의 목적에 맞게 임의로 구성할 수 있다. 예를 들어 프로그램들이 IP 정보를 공유하는 데 사용하는 맵이라면 */sys/fs/bpf/shared/ips* 같은 이름의 경로에 저장하면 될 것이다. 앞에서 언급했듯이 이 파일 시스템에 저장할 수 있는 객체는 두 종류로, 하나는 BPF 맵이고 다른 하나는 BPF 프로그램 자체이다. 둘 다 파일 서술자를 통해 접근할 수 있으므로, 둘을 다루는 인터페이스는 동일하다. 근본적으로 이 객체들은 오직 bpf 시스템 호출로만 다룰 수 있다. 이들을 좀 더 쉽게 다루기 위한 고수준 보조 함수들을 커널이 제공하긴 하지만, 예를 들어 통상적인 시스템 호출 open으로 이 파일들을 열 수는 없다.

이 파일 시스템에 BPF 객체를 저장 또는 '고정(pinning)'할 때는 BPF_PIN_FD라는 명령을 사용한다. 이 명령이 성공적으로 수행되면 파일 시스템 안에서 이 객체를 볼 수 있다(명령 시 지정한 경로에 있다). 명령이 실패하면 음수가 반환되며, 전역 변수 errno에는 실패 원인을 말해주는 오류 코드가 설정된다.

파일 시스템에 고정한 BPF 객체를 가져오는 명령은 BPF_OBJ_GET이다. 앞에서 객체를 고정할 때 사용한 경로를 지정해서 이 명령을 실행하면 된다. 명령이 성공하면 그 객체에 대한 파일 서술자가 반환되며, 실패하면 음수가 반환되고 전역 변수 errno에 적절한 오류 코드가 설정된다.

그럼 두 개의 프로그램이 이 파일 시스템을 활용하는 예제를 하나 살펴보자. 이 두 예제 프로그램은 커널이 제공하는 고수준 보조 함수들을 사용한다(앞의 두 명령과 bpf 시스템 호출을 직접 사용하는 대신).

첫 프로그램은 맵을 생성하고 요소들을 몇 개 채운 후 파일 시스템에 저장한다.

```
static const char * file_path = "/sys/fs/bpf/my_array";

int main(int argc, char **argv) {
  int key, value, fd, added, pinned;

  fd = bpf_create_map(BPF_MAP_TYPE_ARRAY, sizeof(int),          ❶
                      sizeof(int), 100, 0);
  if (fd < 0) {
    printf("Failed to create map: %d (%s)\n", fd, strerror(errno));
    return -1;
  }

  key = 1, value = 1234;
  added = bpf_map_update_elem(fd, &key, &value, BPF_ANY);
  if (added < 0) {
    printf("Failed to update map: %d (%s)\n", added, strerror(errno));
    return -1;
  }

  pinned = bpf_obj_pin(fd, file_path);          ❷
```

```
    if (pinned < 0) {
      printf("Failed to pin map to the file system: %d (%s)\n",
          pinned, strerror(errno));
      return -1;
    }

    return 0;
  }
```

❶ 이전 여러 예제 덕분에 이 부분은 이미 익숙할 것이다. 100개의 요소를 담는 고정 크기 배열 맵을 만들고, 거기에 요소 하나를 추가한다.

❷ 보조 함수 `pbf_obj_pin`을 이용해서 맵을 파일 시스템에 저장한다.

이 프로그램을 컴파일하고 실행한 후 파일 시스템을 살펴보면 실제로 맵이 BPF 가상 파일 시스템에 저장되었음을 확인할 수 있다.

```
# ls -la /sys/fs/bpf
total 0
drwxrwxrwt 2 root  root  0 Nov 24 13:56 .
drwxr-xr-x 9 root  root  0 Nov 24 09:29 ..
-rw------- 1 david david 0 Nov 24 13:56 my_array
```

둘째 프로그램은 파일 시스템에 저장된 맵을 조회해서 요소의 값을 출력한다. 첫 프로그램이 저장한 값(1234)이 출력되면 성공이다.

```
static const char * file_path = "/sys/fs/bpf/my_array";

int main(int argc, char **argv) {
  int fd, key, value, result;

  fd = bpf_obj_get(file_path);
  if (fd < 0) {
    printf("Failed to fetch the map: %d (%s)\n", fd, strerror(errno));
    return -1;
  }

  key = 1;
  result = bpf_map_lookup_elem(fd, &key, &value);
```

```
    if (result < 0) {
      printf("Failed to read value from the map: %d (%s)\n",
          result, strerror(errno));
      return -1;
    }

    printf("Value read from the map: '%d'\n", value);
    return 0;
```

BPF 객체를 파일 시스템에 저장하는 능력으로부터 여러 흥미로운 응용 방법이 파생된다. 이 능력 덕분에 BPF 프로그램과 자료가 하나의 실행 흐름에 국한될 필요가 없다. 이 기능을 통해 다수의 응용 프로그램이 정보를 공유할 수 있으며, BPF 프로그램을 생성한 응용 프로그램이 종료된 후에도 BPF 프로그램들이 계속해서 실행될 수 있다. 이 덕분에, BPF 파일 시스템이 없던 시절에는 불가능했던 수준의 가용성과 응용성을 얻을 수 있다.

3.5 결론

어떤 유형의 BPF 프로그램이든, BPF 프로그램을 최대한 활용하려면 커널과 사용자 공간 사이의 통신 채널을 확립할 필요가 있다. 이번 장에서 여러분은 BPF 맵을 만들어서 그러한 통신 채널을 확립하고 활용하는 방법을 배웠다. 또한, 이번 장에서는 BPF 프로그램에서 사용할 수 있는 여러 BPF 맵 유형들도 설명했다. 이후의 장들에서 좀 더 구체적인 맵 예제들을 만나게 될 것이다. 마지막으로, 이번 장에서는 맵 전체를 파일 시스템에 고정해서 프로그램들이 정보를 공유하는 방법도 이야기했다. 이러한 기능은 프로그램이 예기치 않게 폭주하거나 중지되어도 맵에 담긴 정보가 살아남게 하는 데에도 도움이 된다.

BPF 맵은 커널과 사용자 공간 사이의 주된 통신 통로이다. 이번 장에서 소개한 개념들은 이후의 장들에서 필수적으로 쓰이므로 잘 숙지할 필요가 있다. 다음 장에는 이 자료 구조들을 정보 공유를 위해 좀 더 본격적으로 활용하는 예제들이 나온다. 또한, 다음 장은 BPF 맵을 좀 더 효율적으로 다룰 수 있는 도구들도 소개한다.

다음 장의 예제를 구성하는 BPF 프로그램들과 BPF 맵들은 커널의 관점에서 시스템을 속속들이 파악하는 추적 능력을 제공한다. 커널의 여러 진입점 또는 추적점에 다양한 방식으로

BPF 프로그램들을 부착해 볼 것이다. 또한, 다음 장에서는 응용 프로그램의 디버깅과 관찰에 도움이 되도록 다수의 자료점들을 표현하는 방법도 살펴본다.

## 제4장

BPF를 이용한 실행 추적

소프트웨어 공학에서 추적(tracing)은 프로파일링과 디버깅을 위해 자료를 수집하는 한 방법이다. 추적은 시스템과 프로그램을 분석하는 데 유용한 자료를 실행 시점에서 수집하는 것을 목적으로 한다. BPF를 추적에 사용하는 것의 한 가지 장점은 리눅스 커널과 응용 프로그램에서 거의 모든 종류의 정보를 얻을 수 있다는 것이다. BPF가 시스템의 성능과 잠복지연(latency)에 미치는 추가 부담(overhead)은 다른 추적 기술에 비해 아주 작다. 특히, 응용 프로그램에 자료 수집용 코드(응용 프로그램의 실제 기능과는 무관한, 전적으로 자료 수집을 위한)를 전혀 추가하지 않고도 응용 프로그램에서 자료를 수집할 수 있다.

리눅스 커널은 BPF와 함께 사용할 수 있는 다양한 계측화(instrumentation; 또는 계장) 기능을 제공한다. 이번 장에서 그런 기능들을 살펴본다. 커널이 그런 기능을 운영체제에 노출하는 방식과 그런 기능들을 이용해서 BPF 프로그램이 사용할 수 있는 정보를 얻는 방법을 배우게 될 것이다.

추적의 최종 목표는 개발자가 시스템을 좀 더 깊게 이해할 수 있도록 시스템의 모든 가능한 자료를 수집하고 그것을 개발자가 활용하기 좋은 방식으로 표현하는 것이다. 이번 장에서는 다양한 자료 표현 방식과 그런 자료를 상황에 맞게 활용하는 방법도 이야기한다.

이번 장부터는 강력한 BPF 프로그램 작성 도구 모음인 BCC(BPF Compiler Collection)를 사용한다. BCC는 BPF 프로그램의 구축을 좀 더 예측 가능하게 만들어 주는 일단의 요소들로 이루어져 있다. Clang과 LLVM에 익숙한 독자라고 해도, BCC에 익숙해지면 BPF 검증기를 무사히 통과하는 프로그램을 좀 더 빠르게 작성할 수 있다. 특히 BCC는 흔히 쓰이는 프로그램 요소들(이를테면 perf 이벤트 맵 등)을 위한 재사용 가능한 구성요소를 제공하며, LLVM 뒷단(backend)과 잘 통합되기 때문에 디버깅도 편하다. 무엇보다, BCC는 여러 프로그래밍 언어에 대한 바인딩biding들도 제공한다. 이번 장에는 파이썬Python으로 작성된 예제들이 나온다. 이런 바인딩 덕분에 BPF 프로그램을 커널에 적재하는 사용자 공간 프로그램을 고수준 언어로 손쉽게 작성할 수 있다. 또한, 이 책에서 BCC는 예제 코드를 더욱 짧고 간결하게 만드는 목적으로도 쓰였다.

리눅스 커널 안에서 프로그램을 추적하기 위해 제일 먼저 할 일은 추적용 BPF 프로그램을 부착할 확장점(extension point)을 결정하는 것이다. 이런 확장점들을 흔히 탐침(probe프로브) 또는 탐사기라고 부른다.

4.1 탐침

탐침探針의 원문인 *probe*에는 '무인 우주 탐사선'이라는 뜻도 있다. 무인 우주 탐사선을 간단히 정의하자면 다음과 같다.

> 무인 우주 탐사선은 인간이 탑승하지 않고 스스로 또는 원격 조종으로 움직이면서 주변 환경에 관한 정보를 전송하는 우주선이다.

이런 정의를 보고 SF 영화나 NASA의 장대한 우주 탐사 프로젝트들을 떠올리는 독자도 있을 것이다. 추적 탐침(tracing probe)의 정의도 이런 무인 우주 탐사선의 정의와 비슷하다.

> 추적 탐침은 자신이 실행되는 환경에 관한 정보를 전송하도록 설계된 탐사용 프로그램이다.

추적 탐침은 시스템의 자료를 수집해서 개발자가 조사하고 분석할 수 있게 한다. 예전에는 리눅스에서 탐침을 사용하려면 커널 모듈 형태로 탐사용 프로그램을 작성하고 컴파일해야 했는데, 그런 커널 모듈은 현장의 실무용 시스템에서 끔찍한 재앙을 부를 여지가 있었다. 시간이 지나면서 그런 모듈을 실행하기가 좀 더 안전해지긴 했지만, 작성하고 검사하기가 번거롭다는 점은 여전했다. 다행히 SystemTap 같은 도구들이 탐침 작성을 위한 새로운 규약(protocol)들을 확립하고 리눅스 커널과 사용자 공간에서 실행되는 모든 프로그램에서 좀 더 풍부한 정보를 얻는 길을 닦았다.

BPF 프로그램도 디버깅과 분석을 위한 정보를 수집하는 탐침 역할을 할 수 있다. BPF 프로그램은 커널 안에서 안전하게 작동되므로, 여전히 커널의 재컴파일에 의존하는 다른 도구들보다 매력적이다. 외부 모듈을 추가해서 커널을 재컴파일하면, 외부 모듈의 잘못된 코드 때문에 커널이 폭주할 위험이 생긴다. BPF는 검증기로 프로그램을 분석해서 안전한 프로그램만 커널에 적재하므로 그런 위험이 없다. BPF 개발자들은 기존 탐침 정의들을 활용하기로 하고, 실행의 흐름이 그런 정의 중 하나에 도달했을 때 커널 모듈이 아니라 BPF 프로그램이 실행되도록 커널을 수정했다.

탐침을 이용해서 시스템 내부를 들여다보려면 우선 정의 가능한 탐침 유형들부터 알 필요가 있다. 먼저 여러 탐침 유형을 간단히 소개하고, 시스템 안에서 그 탐침들이 어디에 있으며 거기에 BPF 프로그램을 부착하려면 어떻게 해야 하는지 살펴보겠다.

이번 장에서 다루는 탐침 유형은 다음 네 가지이다.

커널 탐침

커널의 내부 구성요소에 대한 동적 접근을 제공한다.

추적점

커널의 내부 구성요소에 대한 정적 접근을 제공한다.

사용자 공간 탐침

사용자 공간에서 실행되는 프로그램에 대한 동적 접근을 제공한다.

사용자 정적 정의 추적점

사용자 공간에서 실행되는 프로그램에 대한 정적 접근을 제공한다.

'동적'과 '정적'의 의미는 차차 분명해 질 것이다. 그럼 커널 탐침부터 보자.

4.1.1 커널 탐침

커널 탐침(kernel probe)을 이용하면 최소한의 추가 부담으로 거의 모든 커널 명령에 대해 동적 플래그 또는 일시 정지 지점을 설정할 수 있다. 실행 흐름이 그런 플래그에 도달하면 커널은 해당 탐침에 부착된 코드를 실행하며, 그 코드가 종료되면 다시 보통의 실행 흐름으로 돌아온다. 커널 탐침은 시스템에서 일어난 모든 일에 관한 정보를 제공한다. 예를 들어 파일이 열리거나 이진 실행 파일이 실행될 때 그런 파일들에 대한 정보를 이 탐침으로 얻을 수 있다. 커널 탐침에 관해 주의해야 할 점 하나는, 커널 탐침에 대한 ABI(application binary interface; 응용 프로그램 이진 인터페이스)가 안정적이지 않다는 것이다. 즉, 커널의 버전이 바뀌면 커널 탐침 ABI도 변할 수 있으며, 따라서 한 시스템에서 잘 작동하는 코드가 다른 시스템(다른 버전의 커널을 사용하는)에서는 작동하지 않을 수 있다.

커널 탐침은 두 부류로 나뉘는데, 하나는 *kprobe*이고 다른 하나는 *kretprobe*이다. 둘의 차이는 실행 주기의 어디에 BPF 프로그램을 주입하느냐에 있으며, 이에 따라 그 용도도 달라진다. 그럼 kprobe부터 시작해서, 각 탐침에 BPF 프로그램을 어떻게 부착하는지, 그리고 커널에서 어떻게 정보를 추출하는지 살펴보자.

kprobe

kprobe를 이용하면 임의의 커널 명령이 실행되기 직전 지점에 BPF 프로그램을 주입할 수 있다. 이를 위해서는 진입하고자 하는 함수의 서명을 알아야 하는데, 앞에서 언급했듯이 관련 ABI가 안정적이지 않다. 따라서 기존 BPF 프로그램을 다른 버전의 커널을 사용하는 시스템에서 실행할 때는 ABI의 차이를 확인하고 코드를 적절히 수정할 필요가 있다. 실행의 흐름이 탐침을 설정한 명령에 도달하면 커널은 흐름을 바꾸어서 그 탐침에 삽입된 BPF 프로그램을 실행한 후 다시 원래의 명령으로 돌아온다.

그럼 간단한 예제 BPF 프로그램을 통해서 kprobe 사용법을 살펴보자. 이 BPF 프로그램은 시스템에서 실행된 모든 이진 실행 파일의 이름을 출력한다. 이 예제는 BCC 파이썬 바인딩을 사용하지만, 다른 BPF 도구로도 이 예제와 동일한 일을 하는 BPF 프로그램을 구현할 작성할 수 있다.

```
from bcc import BPF

bpf_source = """
int do_sys_execve(struct pt_regs *ctx, void filename, void argv, void envp) { ❶
  char comm[16];
  bpf_get_current_comm(&comm, sizeof(comm));
  bpf_trace_printk("executing program: %s\\n", comm);
  return 0;
```

```
}
"""

bpf = BPF(text = bpf_source)        ❷
execve_function = bpf.get_syscall_fnname("execve")        ❸
bpf.attach_kprobe(event = execve_function, fn_name = "do_sys_execve")        ❹
bpf.trace_print()
```

❶ 커널에 올릴 BPF 프로그램(BPF용 C 언어로 작성된 하나의 함수)의 소스 코드이다. 이 BPF 프로그램은 커널이 현재 실행하는 명령의 이름을 보조 함수 **bpf_get_current_comm**으로 얻어서 변수 comm이 가리키는 버퍼에 저장한다. 이 버퍼는 16바이트인데, 이는 커널 명령 이름이 16자를 넘지 않기 때문이다. 명령 이름을 얻은 후에는 디버그용 추적 로그에 그 이름을 기록한다. 이후 파이썬 스크립트는 이 로그의 내용을 화면에 출력한다.

❷ BPF 프로그램을 커널에 올린다.

❸ BPF 프로그램을 시스템 호출 **execve**와 연관시킨다. 이 시스템 호출에 대응되는 커널 함수의 이름은 커널의 버전에 따라 다를 수 있는데, 다행히 BCC가 제공하는 보조 함수 (**get_syscall_fnname**)를 이용하면 커널 버전에 따른 차이를 일일이 기억하지 않고도 해당 커널 함수 이름을 얻을 수 있다.

❹ 추적 로그의 내용을 화면에 출력한다. 결과적으로 이 파이썬 스크립트를 실행한 사용자는 앞의 BPF 프로그램이 포착한 모든 명령을 보게 된다.

kretprobe

kretprobe는 커널에서 한 명령이 실행되고 그 결과를 담은 값이 커널로 반환되는 지점에 BPF 프로그램을 주입하는 용도로 쓰인다. 따라서, kprobe와 kretprobe를 조합하면 각 명령의 실행 직전과 실행 직후의 상황을 완전히 파악할 수 있다.

그럼 앞의 예제와 비슷한 예제를 통해서 kretprobe의 작동 방식을 살펴보자.

```
from bcc import BPF

bpf_source = """
int ret_sys_execve(struct pt_regs *ctx) {        ❶
  int return_value;
  char comm[16];
```

```
    bpf_get_current_comm(&comm, sizeof(comm));
    return_value = PT_REGS_RC(ctx);

    bpf_trace_printk("program: %s, return: %d\\n", comm, return_value);
    return 0;
}
"""


bpf = BPF(text = bpf_source)                          ❷
execve_function = bpf.get_syscall_fnname("execve")
bpf.attach_kretprobe(event = execve_function, fn_name = "ret_sys_execve")  ❸
bpf.trace_print()
```

❶ 커널에 올릴 BPF 프로그램의 소스 코드이다. 커널은 추적 대상 명령(시스템 호출 execve)의 실행이 끝난 직후에 이 BPF 프로그램을 실행한다. PT_REGS_RC는 현재 BPF 프로그램 실행 문맥에 대한 BPF 레지스터의 값을 읽는 매크로이다. bpf_trace_printk 를 이용해서 그 값을 명령 이름과 함께 추적 로그에 기록한다.

❷ BPF 프로그램을 초기화하고 커널에 올린다.

❸ 이전 예제와는 달리 attach_kretprobe 함수를 이용해서 BPF 프로그램을 시스템 호출 execve와 연관시킨다.

문맥 인수 ctx

두 예제 모두, 커널에 올릴 BPF 프로그램 함수는 ctx라는 인수를 받는다. 문맥(context)을 뜻하는 이 인수는 현재 커널이 처리 중인 정보에 접근하는 통로이다. 따라서 이 문맥은 BPF 프로그램의 유형에 의존한다. 이 인수가 가리키는 구조체(pt_regs)에는 커널이 현재 실행 중인 작업에 관한 CPU 레지스터 값들이 담겨 있다. 따라서, 이 구조체의 구성은 시스템의 CPU 아키텍처에 의존한다. 예를 들어 ARM 프로세서의 레지스터 집합은 x64 프로세서의 레지스터 집합과 다르다. 프로그래머가 이런 차이를 일일이 기억할 필요가 없도록, 커널은 PT_REGS_RC 같은 여러 매크로를 제공한다.

커널 탐침은 커널에 접근하는 강력한 수단이다. 그러나 앞에서 언급했듯이 이 유형의 탐침은 버전에 따라 달라지는 커널 소스의 동적 지점들에 부착되기 때문에 안정적이지 못하다. 그럼 좀 더 안정적인 방식으로 프로그램을 커널에 부착하는 또 다른 방법을 살펴보자.

4.1.2 추적점

추적점은 커널 코드에 존재하는 정적 표식(static marker)이다. 커널 탐침처럼 이 추적점도 실행 중인 커널 안에 코드를 부착하는 데 쓰인다. 그러나 커널 탐침과는 달리 추적점은 커널 개발자가 커널의 구현을 변경할 때 소스 코드에 명시적으로 지정한다. 앞에서 추적점을 '정적'이라고 부른 것은 이 때문이다. 추적점은 정적이라서 해당 ABI가 좀 더 안정적이다. 추적점들은 커널의 버전이 올라가도 사라지지 않는다. 단, 추적점은 커널 개발자가 손수 지정하는 것이기 때문에, 커널을 구성하는 모든 하위 시스템을 위한 모든 추적점이 완전히 갖추어지지는 않을 수 있다.

제2장에서 언급했듯이, 시스템에 존재하는 추적점들은 */sys/kernel/debug/tracing/events*의 파일들로 나열된다. 예를 들어 BPF 자체에 대한 추적점들은 */sys/kernel/debug/tracing/events/ bpf* 디렉터리에서 볼 수 있다.

```
$ sudo ls -la /sys/kernel/debug/tracing/events/bpf
total 0
drwxr-xr-x  14 root root 0 Feb  4 16:13 .
drwxr-xr-x 106 root root 0 Feb  4 16:14 ..
drwxr-xr-x   2 root root 0 Feb  4 16:13 bpf_map_create
drwxr-xr-x   2 root root 0 Feb  4 16:13 bpf_map_delete_elem
drwxr-xr-x   2 root root 0 Feb  4 16:13 bpf_map_lookup_elem
drwxr-xr-x   2 root root 0 Feb  4 16:13 bpf_map_next_key
drwxr-xr-x   2 root root 0 Feb  4 16:13 bpf_map_update_elem
drwxr-xr-x   2 root root 0 Feb  4 16:13 bpf_obj_get_map
drwxr-xr-x   2 root root 0 Feb  4 16:13 bpf_obj_get_prog
drwxr-xr-x   2 root root 0 Feb  4 16:13 bpf_obj_pin_map
drwxr-xr-x   2 root root 0 Feb  4 16:13 bpf_obj_pin_prog
drwxr-xr-x   2 root root 0 Feb  4 16:13 bpf_prog_get_type
drwxr-xr-x   2 root root 0 Feb  4 16:13 bpf_prog_load
drwxr-xr-x   2 root root 0 Feb  4 16:13 bpf_prog_put_rcu
-rw-r--r--   1 root root 0 Feb  4 16:13 enable
-rw-r--r--   1 root root 0 Feb  4 16:13 filter
```

이 디렉터리의 모든 하위 디렉터리(위의 출력 참고)는 BPF 프로그램을 부착할 수 있는 추적점이다. 첫 파일 *enable*은 BPF 하위 시스템의 모든 추적점을 활성화하거나 비활성화한다. 이 파일의 내용이 0이면 모든 추적점이 비활성화되고, 이 파일의 내용이 1이면 모든 추적점이 활성화된다. 둘째 파일 *filter*는 커널의 추적 시스템이 이벤트들을 거르는 데 쓰이는 표현식을 담는다. BPF는 이 파일을 사용하지 않으므로 이 책에서 더 다루지 않겠다. 좀 더 자세한 사항은 커널의 추적 기능 문서화(*https://oreil.ly/miNRd*)를 보기 바란다.

추적점을 활용하는 BPF 프로그램은 커널 탐침을 위한 BPF 프로그램과 비슷하다. 다음은 임의의 BPF 프로그램을 적재하는 모든 응용 프로그램을 BPF 프로그램을 이용해서 추적하는 방법을 보여주는 예제이다.

```python
from bcc import BPF

bpf_source = """
int trace_bpf_prog_load(void ctx) {      ❶
  char comm[16];
  bpf_get_current_comm(&comm, sizeof(comm));

  bpf_trace_printk("%s is loading a BPF program", comm);
  return 0;
}
"""

bpf = BPF(text = bpf_source)
bpf.attach_tracepoint(tp = "bpf:bpf_prog_load",
                      fn_name = "trace_bpf_prog_load")  ❷
bpf.trace_print()
```

❶ 커널에 올릴 BPF 프로그램의 소스 코드이다. 이 BPF 프로그램은 이전 예제들과 거의 비슷하다. 특히, kprobe 예제와는 함수의 이름과 서명만 다를 뿐이다.

❷ 이전과는 달리 BPF 프로그램을 kprobe가 아니라 추적점에 부착한다. BCC의 추적점 이름은 추적할 하위 시스템을 나타내는 문자열과 콜론 하나, 하위 시스템의 특정 추적점을 나타내는 문자열로 구성된다. 지금 예에서 하위 시스템은 bpf이고 추적점은 bpf_prog_load이다. 이 추적점에 부착된 BPF 프로그램은 bpf_prog_load 함수가 호출될 때마다 실행된다. 이 BPF 프로그램은 그 함수를 호출한 응용 프로그램의 이름을 추적 로그에 기록한다.

커널 탐침과 추적점을 이용하면 커널의 활동을 완전히 파악할 수 있다. 가능하면 더 안정적인 추적점을 사용할 것을 권하지만, 그렇다고 추적점만 사용할 필요는 없다. 커널 탐침의 동적인 측면도 활용하기 바란다. 다음 절에서는 사용자 공간에서 실행되는 프로그램의 활동을 커널 탐침 및 추적점과 비슷한 수준으로 추적하는 방법을 논의한다.

4.1.3 사용자 공간 탐침

사용자 공간 탐침을 이용해서 사용자 공간에서 실행되는 프로그램에 동적인 플래그들을 설정할 수 있다. 사용자 공간 탐침은 커널 탐침의 개념을 커널 바깥에서 실행되는 프로그램들에 적용한 것에 해당한다. 사용자 공간 탐침을 정의하면 커널은 탐침과 연관된 명령 주변에 '덫(trap)'을 설치한다. 응용 프로그램의 실행이 그 명령에 도달하면 커널은 이벤트를 발생하며, 그러면 탐침에 부착된 BPF 프로그램이 콜백^{callback} 함수로서 실행된다. 사용자 공간 탐침을 이용해서 응용 프로그램에 링크된 임의의 라이브러리에 접근하는 것도 가능하다. 추적하고자 하는 명령의 정확한 이름을 알기만 한다면 라이브러리의 호출들도 추적할 수 있다.

커널 탐침처럼 사용자 공간 탐침도 BPF 프로그램을 실행 주기의 어느 지점에 주입하느냐에 따라 두 종류로 나뉘는데, 하나는 uprobe라고 부르고 다른 하나는 uretprobe라고 부른다. 그럼 이들을 예제와 함께 살펴보자.

uprobe

일반적으로 uprobe는 사용자 공간 프로그램에서 중 특정 명령이 실행되기 직전 위치에 커널이 삽입하는 훅^{hook}이다. uprobe를 위한 BPF 프로그램을 만들 때는, 같은 응용 프로그램이라도 버전에 따라 함수 서명이 다를 수 있다는 점을 주의해야 한다. 버전에 따라 함수 서명이 변하지 않았다는 보장이 없는 한, 한 BPF 프로그램이 서로 다른 두 버전에 대해 잘 작동하리라는 보장도 없다. 리눅스 ELF 형식의 목적 파일(object file)에 대해 nm 명령을 실행하면 그 파일에 있는 모든 기호(symbol)가 나열된다. 이를 이용하면 추적하고자 하는 명령이 여전히 프로그램에 존재하는지 확인할 수 있다. 다음 예를 보자.

```
package main
import "fmt"

func main() {
        fmt.Println("Hello, BPF")
}
```

이것은 간단한 Go 프로그램이다. 명령줄에서 `go build -o hello-bpf main.go`를 실행하면 *hello-bpf*라는 이름의 이진 실행 파일이 만들어진다.

이진 실행 파일에 대해 nm 명령을 실행하면 그 파일에 포함된 모든 기호(symbol)를 볼 수 있다. nm은 GNU 개발 도구 모음에 속한 유틸리티로, 주어진 목적 파일의 기호들을 나열해 준다. grep을 이용해서 main이라는 단어가 문구가 포함된 기호들만 걸러내면 다음과 같은 결과를 얻게 된다.

```
$ nm hello-bpf ¦ grep main
0000000004850b0 T main.init
00000000567f06 B main.initdone.
00000000485040 T main.main
000000004c84a0 R main.statictmp_0
00000000428660 T runtime.main
0000000044da30 T runtime.main.func1
00000000044da80 T runtime.main.func2
000000000054b928 B runtime.main_init_done
00000000004c8180 R runtime.mainPC
0000000000567f1a B runtime.mainStarted
```

이런 기호 목록을 보고 추적하고자 하는 함수가 실행 파일 안에 존재함을 확인하면 된다. 이번 예제에서 추적할 Go 프로그램 주 함수(main)에 대응되는 기호는 main.main이다. 함수의 기호만 알면, 같은 실행 파일을 실행하는 서로 다른 프로세스들 사이에서도 그 함수의 추적이 가능하다.

그럼 실제로 예제 Go 프로그램 주 함수가 실행되는 시점을 추적해 보자. 다음 파이썬 스크립트는 임의의 프로세스가 특정 명령(구체적으로는 Go 프로그램의 main)을 실행하기 직전에 발동되는 uprobe에 간단한 BPF 프로그램을 부착한다.

```
from bcc import BPF

bpf_source = """
int trace_go_main(struct pt_regs *ctx) {
  u64 pid = bpf_get_current_pid_tgid();          ❶
  bpf_trace_printk("New hello-bpf process running with PID: %d\\n", pid);
}
"""
```

```
bpf = BPF(text = bpf_source)
bpf.attach_uprobe(name = "./hello-bpf",
    sym = "main.main", fn_name = "trace_go_main")      ❷
bpf.trace_print()
```

❶ `bpf_get_current_pid_tgid` 함수를 이용해서 `hello-bpf` 프로그램(예제 Go 프로그램)을 실행 중인 프로세스의 식별자(PID)를 얻는다.

❷ BPF 프로그램을 uprobe에 부착한다. `name` 인수에는 추적할 이진 목적 파일(지금 예의 경우 `hello-bpf`)의 경로를 지정한다.[1] `sym` 인수에는 그 목적 파일 안에 있는, 추적하고자 하는 명령에 대응되는 기호 이름(지금 예에서는 `main.main`)을 지정한다. 마지막으로, `fn_name` 인수에는 해당 명령이 실행되기 전에 실행하고자 하는 BPF 프로그램(함수)의 이름을 지정한다. 이 호출이 성공하면, 이후 누군가가 `hello-bpf` 프로그램을 실행할 때마다 추적 로그에 새 항목이 기록된다.

uretprobe

uretprobe는 kretprobe의 사용자 공간 버전에 해당하는 탐침이다. uretprobe에 부착된 BPF 프로그램은 특정 명령의 실행이 끝난 직후에 실행된다. BPF 프로그램은 CPU 레지스터들에 접근해서 해당 명령의 반환값을 알아낼 수 있다.

uprobe와 uretprobe를 조합하면 좀 더 정교한 BPF 프로그램을 작성할 수 있다. 그 둘의 조합으로 시스템에서 실행되는 응용 프로그램들의 역사를 좀 더 전체적으로 파악할 수 있다. 이 둘을 이용해서 한 함수가 실행되기 직전과 실행을 마친 직후에 추적 코드를 주입하면 응용 프로그램의 행동을 좀 더 자세하고 풍부하게 관찰하고 측정할 수 있게 된다. 흔한 활용 방법 하나는 한 함수가 실행을 마치는 데 시간이 얼마나 오래 걸리는지 측정하는 것인데, 다른 시간 측정 방법들과는 달리 응용 프로그램의 코드 자체는 전혀 변경할 필요가 없다는 장점이 있다.

그럼 앞의 Go 프로그램에 uprobe와 uretprobe를 함께 적용해서 `main` 함수의 실행 시간을 측정해 보자. 앞의 예제보다 파이썬 스크립트가 훨씬 길기 때문에, 소스 코드를 나누어서 살펴보겠다. 첫 부분은 uprobe에 부착할 BPF 프로그램으로, 핵심은 ❷번 행과 ❸번 행이다.

----

[1] 여기서는(그리고 다음 절의 예제 파이썬 스크립트도) `hello-bpf` 실행 파일이 이 파이썬 스크립트와 같은 디렉터리에 있다고 가정하고 상대 경로를 사용했다. 이렇게 하는 대신 절대 경로를 지정할 수도 있다.

```
from bcc import BPF

bpf_source = """
BPF_HASH(cache, u64, u64);        ❶
int trace_start_time(struct pt_regs *ctx) {
  u64 pid = bpf_get_current_pid_tgid();
  u64 start_time_ns = bpf_ktime_get_ns();    ❷
  cache.update(&pid, &start_time_ns);        ❸
  return 0;
}
"""
```

❶ uprobe BPF 프로그램과 uretprobe BPF 프로그램이 자료를 공유하는 '캐시'로 사용할 BPF 해시 맵을 만든다. 해시 테이블의 키는 응용 프로그램의 PID이고 값은 추적할 함수의 시작 시간이다.

❷ 커널이 보는 현재 시스템 시간(나노초 단위)을 얻는다.

❸ 프로그램 PID를 키로 해서 현재 시스템 시간을 캐시에 저장한다. 이 시간을 응용 프로그램의 함수가 실행을 시작한 시간으로 간주한다.

그다음은 uretprobe에 부착할 BPF 프로그램이다. kretprobe 예제(p.83)의 BPF 프로그램처럼 이 BPF 프로그램은 함수의 실행이 끝나면 실행된다.

```
bpf_source += """
int print_duration(struct pt_regs *ctx) {
  u64 pid = bpf_get_current_pid_tgid();          ❶
  u64 *start_time_ns = cache.lookup(&pid);
  if (start_time_ns ==0) {
    return 0;
  }
  u64 duration_ns = bpf_ktime_get_ns() - *start_time_ns;
  bpf_trace_printk("Function call duration: %d\\n", duration_ns);   ❷
  return 0;        ❸
}
"""
```

❶ 응용 프로그램의 PID를 얻는다. 이 PID는 해당 함수의 시작 시간을 조회하기 위한 키로 쓰인다. 함수 실행 시작 시간을 프로세스별로 저장해 둔 해시 맵 cache에 대해 lookup

함수를 실행해서, 이 프로세스에 해당하는 함수 시작 시간을 얻는다.

❷ 현재 시스템 시간에서 함수 시작 시간을 빼서 함수의 실행 지속 시간(duration)을 얻는다.

❸ 실행 지속 시간을 추적 로그에 기록한다(이후 파이썬 스크립트가 이것을 화면에 출력한다).

나머지는 이 두 BPF 프로그램을 해당 탐침들에 부착하고 추적 로그를 화면에 출력한다.

```
bpf = BPF(text = bpf_source)
bpf.attach_uprobe(name = "./hello-bpf", sym = "main.main",
        fn_name = "trace_start_time")
bpf.attach_uretprobe(name = "./hello-bpf", sym = "main.main",
        fn_name = "print_duration")
bpf.trace_print()
```

uretprobe용 BPF 프로그램을 부착하는 함수는 `bpf.attach_uretprobe`이다. 함수 인수들의 의미는 이전 예제에서 본 `bpf.attach_uprobe`의 것들과 같다.

이상으로 사용자 공간에서 일어나는 연산들을 BPF를 이용해서 추적하는 방법을 살펴보았다. 응용 프로그램 수명 주기의 여러 지점에 적절한 BPF 함수를 부착하면 응용 프로그램에 관해 대단히 풍부한 정보를 얻을 수 있다. 그러나 이번 절 도입부에서 이야기했듯이 사용자 공간 탐침들은 강력하지만 안정적이지 않다. 예를 들어 누군가가 응용 프로그램의 함수 이름을 변경하면 BPF 프로그램은 더 이상 작동하지 않는다. 그럼 사용자 공간 프로그램을 좀 더 안정적으로 추적하는 방법을 살펴보자.

4.1.4 사용자 정적 정의 추적점

USDT라고 줄여서 표기하는 사용자 정적 정의 추적점(user statically defined tracepoint)은 사용자 공간 응용 프로그램에 대한 정적 추적점이다. BPF가 제공하는 추적 능력을 낮은 추가 부담으로 활용할 수 있다는 점에서, 사용자 정의 정적 추적점은 응용 프로그램을 측정하는 편리한 수단이다. 또한, 어떤 프로그래밍 언어로 만들었는가에 무관하게 기존 응용 프로그램의 실행을 추적하는 수단으로도 유용하다.

USDT는 DTrace 덕에 유명해졌다. DTrace는 원래 Sun Microsystems가 Unix 시스템의 계측화(계장)을 위해 개발한 도구로, 사용권 문제 때문에 얼마 전까지만 해도 리눅스에서는 사용할 수 없었다.[2] 그렇긴 했지만, 리눅스 커널 개발자들은 USDT를 구현할 때 원래 버전의 DTrace에서 많은 영감을 얻었다.

앞에서 본 정적 커널 추적점과 비슷하게, USDT를 사용하려면 개발자는 추적할 응용 프로그램 안에 커널이 BPF 프로그램을 실행할 지점을 명시적으로("정적으로") 지정해야 한다. 다음은 'Hello world'의 USDT 버전이라고 할 만한, 최소한의 USDT 응용 프로그램이다.

```
#include <sys/sdt.h>
int main() {
  DTRACE_PROBE("hello-usdt", "probe-main");
}
```

이 예제 코드는 리눅스가 제공하는 **DTRACE_PROBE** 매크로를 이용해서 하나의 사용자 정의 추적점을 정적으로 정의한다. 매크로 이름은 USDT를 구현한 커널 개발자들이 어디에서 영감을 얻었는지를 잘 말해준다. 이 매크로가 쓰인 위치에 커널이 BPF 프로그램을 콜백 함수로서 호출할 추적점이 만들어진다. 이 매크로의 첫 인수는 실행할(추적 정보를 받을) BPF 프로그램의 이름이고, 둘째 인수는 이 추적점의 이름이다.

시스템에 설치되는 응용 프로그램 중에는 외부에서 실행 시점 추적 자료에 안정적인 방식으로 접근할 수 있도록 이런 종류의 탐침을 미리 정의해 둔 것들이 많다. 예를 들어 유명 데이터베이스 시스템인 MySQL은 모든 종류의 정보를 정적 정의 추적점을 이용해서 노출한다. 서버에서 실행된 질의(query)가 기타 여러 연산에 관한 정보를 그런 추적점을 통해서 얻을 수 있다. 구글 크롬의 V8 엔진에 기반한 JavaScript 런타임인 Node.js도 실행 시점 정보를 추출할 수 있는 추적점들을 제공한다.

USDT에 부착할 BPF 프로그램을 작성하는 방법으로 넘어가기 전에, 응용 프로그램에 정의된 추적점들을 알아내는 방법을 잠깐 살펴보자. 이 추적점들은 실행 파일 안에 이진 형식으로 정의되어 있다. 실행 파일을 컴파일하는 데 사용한 소스 코드를 구해서 일일이 찾아보지 않고도 그런 추적점들을 파악할 수 있다면 좋을 것이다. 한 가지 방법은 ELF 이진 바이트들을 직접

---

2 Sun을 인수한 Oracle 사가 2017년에 DTrace의 커널 코드와 사용자 공간 코드를 GPL로 공개했다.

읽어서 해석하는 것이다. 그럼 앞의 Hello world USDT 예제에 이 방법을 적용해 보자. 우선, 명령줄에서 GCC 컴파일러를 이용해서 이진 실행 파일을 만든다.[3]

```
$ gcc -o hello_usdt hello_usdt.c
```

이 명령은 *hello_usdt*라는 이진 실행 파일을 생성한다. ELF 형식의 이 실행 파일에서 다양한 방식으로 정보를 뽑아보자. 리눅스 배포판들에는 ELF 파일에 관한 정보를 출력하는 readelf 라는 유틸리티가 포함되어 있다. 다음은 이 명령을 앞의 실행 파일에 적용하는 예이다.

```
$ readelf -n ./hello_usdt
```

명령의 출력을 살펴보면 USDT 관련 행들을 발견할 수 있다.

```
Displaying notes found in: .note.stapsdt
  Owner                 Data size     Description
  stapsdt               0x00000033    NT_STAPSDT (SystemTap probe descriptors)
    Provider: "hello-usdt"
    Name: "probe-main"
```

readelf는 이진 파일에 관해 많은 정보를 제공한다. 지금은 이진 파일이 작고 간단하기 때문에 출력이 그리 길지 않지만, 좀 더 복잡한 이진 파일이라면 감당하기 어려울 정도로 길고 복잡한 출력이 나왔을 것이다.

이진 파일에 정의된 추적점을 찾는 데는 BCC 도구 모음의 일부인 tplist가[4] 더 적합하다. 이 도구는 USDT뿐만 아니라 커널 추적점들도 보여준다. 이 도구의 주된 장점은 출력이 간결하다는 것이다. 이 도구는 실행 파일의 여러 정보를 생략하고 추적점 정의들만 보여준다. 사용법은 readelf와 비슷하다.

```
$ tplist -l ./hello_usdt
```

----

3 혹시 *sys/sdt.h*가 없다는 컴파일 오류가 발생하면 먼저 *systemtap-sdt-dev*(배포판에 따라서는 *systemtap-sdt-devel*) 패키지를 설치한 후 다시 시도해 보기 바란다.

4 참고로 리눅스 배포판이나 BCC 도구 모음의 버전에 따라서는 명령 이름이 tplist-bpfcc일 수도 있다. 또한, BCC 도구 모음의 경로가 자동으로 시스템 경로에 추가되지 않아서 tplist만으로는 실행이 되지 않을 수 있는데, 그런 경우 */usr/share/bcc/tools/* 디렉터리를 확인해 보기 바란다. BCC의 다른 도구들(제8장의 capable 등)도 마찬가지이다.

이 도구는 주어진 이진 파일에 정의된 모든 추적점을 각각의 줄로 표시한다. 지금 예에서는 probe-main 정의에 관한 줄 하나만 출력될 것이다.

```
b'./hello_usdt' b'"hello-usdt"':b'"probe-main"'
```

이진 파일에 USDT가 있음을 확인했으니, 그 USDT에 BPF 프로그램을 부착해 보자. 부착 방법 자체는 이전의 다른 여러 탐침에 대한 것과 거의 비슷하다.

```
from bcc import BPF, USDT

bpf_source = """
#include <uapi/linux/ptrace.h>
int trace_binary_exec(struct pt_regs *ctx) {
  u64 pid = bpf_get_current_pid_tgid();
  bpf_trace_printk("New hello_usdt process running with PID: %d", pid);
}
"""

usdt = USDT(path = "./hello_usdt")                              ❶
usdt.enable_probe(probe = "probe-main", fn_name = "trace_binary_exec")    ❷
bpf = BPF(text = bpf_source, usdt = usdt)  ❸
bpf.trace_print()
```

이전 예제들과 다른 부분만 설명하겠다.

❶ USDT 객체를 만든다. 이전 예제들에서는 이런 성격의 객체를 만들지 않았다. BPF VM을 거치지 않고도 직접 사용할 수 있다는 점에서, USDT는 BPF의 일부가 아니다. USDT와 BPF는 서로 독립적이므로, USDT를 사용하는 코드가 BPF 코드와 독립적인 것은 어쩌면 당연하다.

❷ 응용 프로그램의 실행을 추적하는 BPF 프로그램 함수(trace_binary_exec)를 hello_usdt 프로그램 안의 추적점(probe-main)에 부착한다.

❸ 앞에서 만든, 사용자 정적 정의 추적점과 BPF 프로그램에 관한 정보를 담은 USDT 객체를 지정해서 BPF 환경을 초기화한다. 이렇게 하면 BCC는 BPF 프로그램을 응용 프로그램 이진 파일 안의 추적점 정의와 연결하는 코드를 생성한다. 이제부터 hello_usdt 프로그램이 실행될 때마다 앞의 BPF 프로그램이 실행되어서 추적 로그에 실행 사실을 추가한다.

다른 언어를 위한 USDT 바인딩

C 이외의 프로그래밍 언어로 작성된 응용 프로그램에서도 USDT를 사용할 수 있다. 깃허브에는 파이썬, 루비Ruby, Go, Node.js 등 다양한 언어를 위한 바인딩들이 있다. 루비는 언어가 단순할 뿐만 아니라 Rails 같은 유명 프레임워크와 잘 연동된다는 점에서 매력적이다. 현재 Shopify에서 일하는 데일 해멀Dale Hamel은 USDT 활용에 관한 훌륭한 보고서를 자신의 블로그에 올렸다(*https://oreil.ly/7pgNO*). 그는 루비 응용 프로그램 및 Rails 응용 프로그램의 추적을 좀 더 수월하게 만들어 주는 *ruby-static-tracing*이라는 라이브러리(*https://oreil.ly/ge6cu*)의 개발 관리자이기도 하다.

해멀의 정적 추적 라이브러리를 이용하면 클래스 수준에서 추적 기능을 주입할 수 있다. 이 방법에서는 클래스의 모든 메서드에 일일이 추적 코드를 추가할 필요가 없다. 좀 더 복잡한 시나리오를 위해, 이 라이브러리는 전용 추적 종점(tacing endpoint)들을 직접 등록하는 편의용 수단들도 제공한다.

`ruby-static-tracing` 라이브러리를 사용하려면 우선 응용 프로그램이 추적점들을 활성화하는 시점을 설정해야 한다. 응용 프로그램 시작 시 자동으로 추적점들을 활성화하게 설정할 수도 있지만, 매번 관련 자료를 수집하느라 응용 프로그램이 느리게 시동되는 것이 싫다면 특정 신호를 받았을 때 활성화되게 할 수도 있다. 해멀은 그런 용도의 신호로 `SIGPROF`를 추천한다.

```
require 'ruby-static-tracing'

StaticTracing.configure do |config|
  config.mode = StaticTracing::Configuration::Modes::SIGNAL
  config.signal = StaticTracing::Configuration::Modes::SIGNALS::SIGPROF
end
```

이렇게 설정해서 응용 프로그램을 실행한 후, 필요할 때 `kill` 명령으로 신호를 보내서 응용 프로그램의 정적 추적점들을 활성화하면 된다. `kill`은 신호를 받을 프로세스의 ID를 요구하는데, 다음은 현재 시스템에 실행 중인 루비 프로세스가 딱 하나뿐이라는 가정하에서 `pgrep`을 이용해 그 프로세스의 PID를 지정하는 예이다.

```
kill -SIGPROF `pgrep -nx ruby`
```

다음으로, *ruby-static-tracing*이 제공하는 내장 추적 메커니즘들을 살펴보자. 이 글을 쓰는 현재 이 라이브러리는 잠복지연(latency) 측정용 추적점과 스택 추적 수집용 추적을 위한 모듈들을 제공한다. 이 내장 모듈들을 이용하면 함수 잠복지연 측정 같은 지루한 작업이 아주 간단해진다. 우선, 다음과 같이 잠복지연 추적을 초기화한다.

```
require 'ruby-static-tracing'
require 'ruby-static-tracing/tracer/concerns/latency_tracer'
StaticTracing.configure do |config|
  config.add_tracer(StaticTracing::Tracer::Latency)
end
```

그런 다음에는 추적할 공용(public) 메서드가 있는 클래스 안에 잠복지연 추적점을 정의한다. 추적이 활성화되면 그 추적점을 통해서 시간 측정 자료를 수집할 수 있다. 다음과 같이 find 라는 메서드 하나가 있는 UserModel이라는 클래스에 대해 ruby-static-tracing은 usdt:/proc/X/fd/Y:user_model:find라는 이름의 정적 추적점을 생성한다. 이 이름은 클래스 이름을 추적점의 이름공간으로 사용하고 메서드 이름을 추적점 이름으로 사용한다는 관례를 따른 것이다.

```
class UserModel
  def find(id)
  end

  include StaticTracing::Tracer::Concerns::Latency
end
```

이제 find 호출의 잠복지연 정보를 추출하는 BPF 프로그램을 살펴보자. 이를 위해 BPF 프로그램은 BCC 내장 함수 bpf_usdt_readarg와 bpf_usdt_readarg_p를 사용한다. 이 함수들은 BPF 프로그램에 전달된 추적점 인수들(응용 프로그램 메서드가 실행될 때마다 설정된다)을 읽는다. ruby-static-tracing은 항상 메서드 이름을 추적점의 첫 인수로 설정하고, 계산된 값(이 경우 잠복지연 시간)을 둘째 인수로 설정한다. 두 인수를 얻은 후에는 그것들을 하나의 로그 메시지로 만들어서 추적 로그에 기록한다.

```
bpf_source = """
#include <uapi/linux/ptrace.h>
int trace_latency(struct pt_regs *ctx) {
  char method[64];
  u64 latency;

  bpf_usdt_readarg_p(1, ctx, &method, sizeof(method));
  bpf_usdt_readarg(2, ctx, &latency);

  bpf_trace_printk("method %s took %d ms", method, latency);
}
"""
```

다음은 이 BPF 프로그램을 커널에 올리는 파이썬 스크립트이다. 이미 실행 중인 특정 응용 프로그램을 추적하는 것이므로, 이전과는 달리 실행 파일 경로가 아니라 프로세스 ID를 지정한다.

```
parser = argparse.ArgumentParser()
parser.add_argument("-p", "--pid", type = int, help = "Process ID")   ❶
args = parser.parse_args()

usdt = USDT(pid = int(args.pid))
usdt.enable_probe(probe = "latency", fn_name = "trace_latency")   ❷
bpf = BPF(text = bpf_source, usdt = usdt)
bpf.trace_print()
```

❶ 이 파이썬 스크립트의 인수로 주어진 프로세스 ID를 얻는다.

❷ USDT를 활성화하고, BPF 프로그램을 커널에 적재하고, 추적 로그를 출력한다. (이 부분은 이전 예제와 거의 같다.)

지금까지 정적으로 정의한 추적점이 있는 응용 프로그램을 조사하는 방법을 살펴보았다. 잘 알려진 라이브러리들과 응용 프로그램들에는 이런 종류의 탐침을 제공하는 것들이 많다. 이런 탐침들이 있으면 실무용 환경(production environment)에서 실행 중인 응용 프로그램의 디버깅 및 실행 시점 정보 수집이 편해진다. 그러나 이는 출발점일 뿐이다. 중요한 것은 수집한 자료를 분석하고 활용하는 것인데, 그럼 그 측면을 좀 더 자세히 살펴보자.

4.2 추적 자료의 시각화

지금까지의 예제들은 자료를 그냥 로그에 기록하고 로그 내용을 화면에 그대로 출력한다. 이는 실무용 환경에서 그리 유용하지 않다. 자료를 활용하려면 먼저 분석해야 한다. 그러나 길고 복잡한 로그를 분석하는 것은 다소 지루한 일이 아니다. 잠복지연과 CPU 사용량의 변화를 파악하고 싶다면, 파일 스트림에 나온 수치들을 취합하는 것보다는 시간의 흐름에 따른 그래프를 보는 것이 훨씬 쉽다.

이번 절에서는 BPF 추적 자료를 표현하는 여러 가지 방법을 살펴본다. BPF 프로그램에서 정보를 적절히 구조화하는 방법과 그러한 정보를 이식성 있는 형식으로 변환하고 기존 도구를 이용해서 좀 더 풍부한 형태로 표현하는 방법, 그리고 발견한 사실을 다른 사람과 공유하는 방법을 배우게 될 것이다.

4.2.1 불꽃 그래프

불꽃 그래프(flame graph)는 시스템이 소비한 시간을 파악하는 데 도움이 되는 도식이다. 불꽃 그래프는 응용 프로그램의 어떤 코드가 더 자주 실행되는지를 한 눈에 보여준다. 불꽃 그래프를 창안한 브렌던 그레그Brendan Gregg는 이런 형태의 시각화 결과를 좀 더 손쉽게 생성하기 위한 일단의 스크립트를 깃허브 저장소(*https://oreil.ly/3iiZx*)에서 관리하고 있다. BPF로 수집한 자료를 그 스크립트들을 이용해서 불꽃 그래프로 표현하는 예제를 이번 절에서 보게 될 것이다. [그림 4-1]에 불꽃 그래프의 예가 나와 있다.

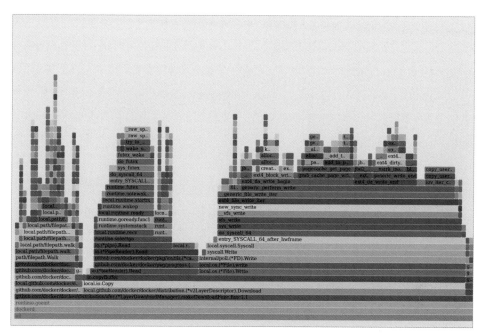

그림 4-1 CPU 불꽃 그래프

다음은 불꽃 그래프를 볼 때 기억해야 할 점 두 가지이다.

- x축은 알파벳순이다. 각 막대의 너비는 해당 스택 추적이 추적 자료에 얼마나 자주 등장하는지를 나타낸다. 이 빈도는 프로파일러가 활성화된 동안 해당 코드 경로(code path)가 얼마나 자주 방문되었는지와 상관된다.

- y축은 프로파일러가 스택 추적들을 읽은 순서에 해당하며, 추적 위계구조(trace hierarchy)를 반영한다(즉, 아래에서 위로 무엇이 무엇(들)을 호출했는지가 순서대로 나타난다).

가장 유명한 불꽃 그래프는 시스템에서 CPU를 가장 자주 소비한 코드를 보여주는 불꽃 그래프로, 흔히 온-*CPU* 그래프^{on-CPU graph}라고 부른다. 또 다른 흥미로운 불꽃 그래프 시각화로는 오프-*CPU* 그래프^{off-CPU graph}가 있는데, 이 불꽃 그래프는 CPU가 주어진 응용 프로그램과는 무관한 작업에 소비한 시간을 보여준다. 온-CPU 그래프와 오프-CPU 그래프를 조합하면 시스템이 CPU 주기(cycle)들을 어디에 소비했는지를 전체적으로 파악할 수 있다.

온-CPU 그래프와 오프-CPU 그래프 둘 다 스택 추적을 이용해서 시스템 소비 시간을 나타낸다. Go를 비롯한 몇몇 프로그래밍 언어는 자동으로 추적 정보를 이진 실행 파일에 포함시키지만, C++나 Java 같은 프로그래밍 언어로 만든 응용 프로그램에서 스택 추적들을 읽으려면 추가적인 작업이 필요하다. 자동으로 추가했든 개발자가 직접 추가했든, 응용 프로그램에 스택 추적 정보가 포함되어 있으면 BPF 프로그램은 그것을 이용해서 커널의 관점에서 가장 자주 실행되는 코드 경로를 취합할 수 있다.

> **참고:** 스택 추적 취합(stack trace aggregation)을 커널에서 수행하는 것에는 장단점이 있다. 장점은 스택 추적 빈도를 세는 작업이 아주 효율적으로 일어난다는 것이다. 취합이 커널 안에서 일어나므로 스택 정보를 사용자 공간으로 보낼 필요가 없으며, 커널과 사용자 공간 사이의 자료 교환이 최소화된다. 단점은 오프-CPU 그래프를 위해 처리하는 이벤트가 대단히 많아질 수 있다는 것인데, 이는 응용 프로그램의 문맥이 전환되는 동안 모든 이벤트를 추적해야 하기 때문이다. 따라서, 응용 프로그램을 너무 오랫동안 프로파일링하면 시스템의 추가 부담이 상당히 커진다. 불꽃 그래프를 다룰 때는 이러한 장단점을 염두에 두어야 한다.

BCC는 스택 추적의 취합 및 시각화를 돕는 여러 편의 수단을 제공하는데, 가장 중요한 것은 `BPF_STACK_TRACE` 매크로이다. 이 매크로로는 BPF 프로그램이 취합할 스택 정보를 담는 `BPF_MAP_TYPE_STACK_TRACE` 유형의 BPF 맵을 생성한다. 이 맵과 함께, BCC는 프로그램 문맥으로부터 스택 정보를 추출하는 보조 함수와 취합된 스택 추적들을 하나씩 훑는 보조 함수도 제공한다.

그럼 사용자 공간 응용 프로그램에서 스택 추적들을 수집하고 그것을 화면에 출력하는 간단한 BPF 프로파일러를 만들어 보자. 이후에 그 스택 추적들로 온-CPU 불꽃 그래프도 만들어 볼 것이다. 우선, 다음은 이 프로파일러의 측정 대상인 사용자 공간 응용 프로그램이다. 이 Go 프로그램은 그냥 CPU 자원을 소비하기 위해 의미 없는 곱셈을 반복 수행한다.

```
package main

import "time"

func main() {
    j := 3
    for time.Since(time.Now()) < time.Second {
        for i := 1; i < 1000000; i++ {
```

```
            j *= i
        }
    }
}
```

이 소스 코드를 *main.go*라는 파일로 저장하고 go run main.go로 실행하면 CPU 사용량이 상당히 올라갈 것이다. 키보드의 Ctrl+C를 눌러서 실행을 멈추면 CPU 사용량이 다시 정상 수준으로 돌아간다.

그럼 BPF 프로파일러로 넘어가자. 우선 프로파일링에 필요한 구조체를 정의하고 맵들을 초기화한다.

```
bpf_source = """
#include <uapi/linux/ptrace.h>
#include <uapi/linux/bpf_perf_event.h>
#include <linux/sched.h>

struct trace_t {          ❶
  int stack_id;
}

BPF_HASH(cache, struct trace_t);      ❷
BPF_STACK_TRACE(traces, 10000);       ❸
"""
```

❶ 프로파일러가 받은 각 스택 프레임의 참조 식별자를 저장할 구조체를 정의한다. 이후 이 식별자는 프로파일러가 호출된 시점에서 어떤 코드 경로가 실행 중인지 알아내는 데 쓰인다.

❷ 스택 프레임들의 빈도를 취합하는 데 사용할 BPF 해시 맵을 초기화한다. 나중에 이 맵의 자료를 이용해서 각 코드 경로의 호출 빈도를 나타내는 불꽃 그래프를 만들어 볼 것이다.

❸ BPF 스택 추적 맵을 초기화한다. 여기서는 맵에 담을 수 있는 최대 항목 개수를 10,000으로 설정했는데, 더 큰 프로그램을 추적한다면 이 개수를 더 크게 잡아야 할 것이다. 이 최대 크기를 변수로 두고 외부에서 지정하게 하면 좋을 것이다. 지금 예제에서는 Go 응용 프로그램이 그리 크지 않으므로 10,000이면 충분하다.

다음으로, 스택 추적들을 실제로 취합하는 BPF 프로그램 함수의 소스 코드는 다음과 같다.

```
bpf_source += """
int collect_stack_traces(struct bpf_perf_event_data *ctx) {
  u32 pid = bpf_get_current_pid_tgid() >> 32;              ❶
  if (pid != PROGRAM_PID)
    return 0;

  struct trace_t trace = {       ❷
    .stack_id = traces.get_stackid(&ctx->regs, BPF_F_USER_STACK)
  };

  cache.increment(trace);        ❸
  return 0;
}
"""
```

❶ 커널이 넘겨준 프로세스 ID가 추적 대상인 Go 응용 프로그램의 것인지 확인한다. 만일 그 프로그램의 프로세스 ID가 아니면 그냥 이번 이벤트를 무시한다. 대상 프로세스 ID를 나타내는 **PROGRAM_PID**는 나중에 파이썬 스크립트가 문자열 치환을 이용해서 실제 프로세스 ID로 치환한다. BCC가 BPF 프로그램을 초기화하는 과정이 아직 유연하지 않기 때문에 이처럼 다소 번거로운 방법을 사용해야 한다. 초기화 과정에서 사용자 공간 프로그램이 임의의 값을 BPF 프로그램에 넘겨주는 수단이 없기 때문에, 이처럼 초기화 전에 BPF 프로그램의 소스 코드 자체를 문자열 치환을 통해서 변경하는 방법이 흔히 쓰인다.

❷ 사용량 취합을 위한 추적 정보 구조체를 생성한다. 내장 함수 **get_stackid**를 이용해서 프로그램 문맥에서 스택 ID를 얻어서 해당 필드에 설정한다. 이 내장 함수는 스택 추적 맵을 위한 BCC의 여러 보조 함수 중 하나이다. 둘째 인수로 지정된 **BPF_F_USER_STACK** 플래그는 사용자 공간 응용 프로그램의 스택 ID를 조회하라는(그리고 커널 안에서 일어나는 일에는 관심이 없다는) 뜻이다.

❸ 이 스택 추적에 대한 카운터를 증가한다. 이 카운터는 해당 코드 경로가 얼마나 자주 방문되었는지를 나타낸다.

다음으로, 이 BPF 프로파일러를 커널의 모든 perf 이벤트에 부착한다.

```
program_pid = int(sys.argv[1])              ❶
bpf_source = bpf_source.replace('PROGRAM_PID', str(program_pid))    ❷
```

```
bpf = BPF(text = bpf_source)
bpf.attach_perf_event(ev_type = PerfType.SOFTWARE,               ❸
                      ev_config = PerfSWConfig.CPU_CLOCK,
                      fn_name = 'collect_stack_traces')
```

❶ 파이썬 스크립트에 주어진 첫 인수를 얻는다. 첫 인수는 반드시 프로파일링할 응용 프로그램(지금 예제에서는 앞에서 본 Go 응용 프로그램)의 프로세스 ID이어야 한다.

❷ 파이썬 내장 함수 **replace**를 이용해서 BPF 프로그램 소스 코드의 **PROGRAM_ID**를 앞의 프로세스 ID로 대체한다.

❸ 수정된 BPF 프로그램을 모든 소프트웨어 perf 이벤트에 부착한다. 이렇게 하면 하드웨어 이벤트를 비롯한 다른 종류의 이벤트들은 모두 무시된다. **ev_config** 인수에 설정한 값은 BPF 프로그램이 CPU 클록을 시간 출처로 사용하라는 뜻이다. 실행 시간을 측정하기 위해 이렇게 한 것이다.

마지막으로, 다음은 프로파일러가 중지되었을 때 스택 추적들을 화면에 출력하는 코드이다.

```
try:
  sleep(99999999)
except KeyboardInterrupt:
  signal.signal(signal.SIGINT, signal_ignore)

for trace, acc in sorted(cache.items(), key=lambda cache: cache[1].value): ❶
  line = []
  if trace.stack_id < 0 and trace.stack_id == -errno.EFAULT:              ❷
    line = ['Unknown stack']
  else:
    stack_trace = list(traces.walk(trace.stack_id))
    for stack_address in reversed(stack_trace):                          ❸
      line.extend(bpf.sym(stack_address, program_pid))                   ❹

  frame = b";".join(line).decode('utf-8', 'replace')                     ❺
  print("%s %d" % (frame, acc.value))
```

❶ 수집된 모든 추적을 차례로 훑는 루프이다.

❷ 코드의 특정 행과 연관시킬 수 있는 유효한 스택 식별자인지 확인한다. 유효하지 않은 식

별자는 모두 'Unknown stack'이라는 이름의 가짜 스택과 연관시킨다(이 이름이 이후 불꽃 그래프에 쓰인다).

❸ 스택 추적의 모든 항목을 역순으로 훑는다. 역순을 사용한 것은 가장 최근 실행된 코드 경로가 제일 위에 나타나게(스택 추적을 표시할 때 흔히 쓰이는 관례대로) 하기 위한 것이다

❹ BCC의 보조 함수 sym을 이용해서 스택 프레임의 메모리 주소에 대응되는 소스 코드 함수 이름을 얻는다.

❺ 앞에서 얻은 정보 조각들을 세미콜론으로 연결해서 하나의 스택 추적 행을 만든다. 나중에 불꽃 그래프 스크립트들은 세미콜론을 기준으로 각 정보 조각을 추출해서 그래프를 생성한다.

Go 응용 프로그램이 실행 중인 상태에서 관리자 계정으로 이 파이썬 스크립트(*profiler.py*라는 파일로 저장했다고 하자)를 실행하면 프로파일링이 시작된다. 스크립트 실행 시 반드시 Go 응용 프로그램의 프로세스 ID를 첫 인수로 지정해야 한다. 시스템에 실행 중인 다른 Go 응용 프로그램이 없다고 할 때, 다음처럼 pgrep을 이용해서 프로세스 ID를 지정하면 된다.

```
$ sudo ./profiler.py `pgrep -nx go` > /tmp/profile.out
```

pgrep은 실행 중인 프로세스 중 명령 이름에 go가 있는 프로세스의 PID를 출력한다. 이후 불꽃 그래프를 만드는 데 사용하기 위해 스크립트의 출력을 임시 파일에 저장한다는 점도 주목하기 바란다.

이제 앞에서 언급한 브렌던 그레그의 FlameGraph 스크립트들을 이용해서 SVG 형식의 불꽃 그래프 파일을 생성해 보겠다. FlameGraph 스크립트들이 있는 깃허브 저장소(*https://oreil.ly/orqcb*)를 지역 디렉터리에 복제하기 바란다. 불꽃 그래프 SVG 파일을 생성하는 스크립트는 flamegraph.pl이며, 생성된 파일은 웹 브라우저로 볼 수 있다. 다음은 불꽃 그래프 SVG 파일을 생성하고 파이어폭스Firefox로 여는 예이다.

```
$ ./flamegraph.pl /tmp/profile.out > /tmp/flamegraph.svg && \
  firefox /tmp/flamefraph.svg
```

이런 종류의 프로파일러는 시스템의 성능 문제를 조사하는 데 유용하다. BCC에는 여러분의

실무용 환경에 바로 사용할 수 있는, 이 예제보다 훨씬 발전된 프로파일러가 이미 포함되어 있다. 그 프로파일러 외에 BCC는 오프-CPU 불꽃 그래프를 생성하는 도구와 기타 시스템 분석에 도움이 되는 여러 시각화 도구를 제공한다.

불꽃 그래프는 성능 분석에 쓸모가 많다. 우리 필자들도 일상 업무에서 불꽃 그래프를 자주 사용한다. 자주 실행되는("뜨거운") 코드 경로를 시각화하는 것 외에, 시스템에서 자주 발생하는 이벤트들도 일목요연하게 볼 수 있으면 좋을 것이다. 다음 절의 주제가 바로 그것이다.

4.2.2 히스토그램

기둥그림표라고도 부르는[5] 히스토그램histogram은 일정 범위의 값들이 얼마나 자주 등장하는지를 보여준다. 히스토그램을 만들 때는 일단의 수치들을 그 범위에 따라 여러 '버킷bucket(양동이)'들에 나누어 담고, 각 버킷에 담긴 수치의 개수를 센다. 버킷의 범위는 히스토그램 막대의 너비가 되고 버킷의 수치 개수는 막대의 높이가 된다. 모든 막대의 너비가 동일하면(즉, 수치들을 동일 간격의 버킷들에 나누어 담은 경우) 그 높이가 곧 빈도(frequency; 또는 도수)이고, 그렇지 않을 때는 너비와 높이를 곱한 것을 빈도로 간주한다.

히스토그램은 시스템 성능 분석의 필수 요소 중 하나이다. 히스토그램은 측정 가능한 사건(명령의 잠복지연 등)들의 분포를 아주 잘 보여준다. 평균 같은 다른 단순 통계량에서 얻는 것보다 좀 더 정확한 정보를 히스토그램에서 얻을 수 있다.

BPF 프로그램으로 얻을 수 있는 측정치 중에도 히스토그램으로 표현하기에 적합한 것들이 많다. BPF 프로그램이 수집해서 BPF 맵에 저장한 수치들을 일정 범위로 나누어서 빈도를 구하면 히스토그램을 만들 준비가 끝난다. 그런 BPF 프로그램을 구현하기란 그리 어렵지 않지만, 프로그램의 출력을 분석할 일이 생길 때마다 매번 비슷한 코드를 작성하려면 조금 지겨울 것이다. 다행히 BCC는 매번 일일이 버킷들을 만들고 빈도를 계산하는 코드를 작성할 필요 없이 언제라도 재사용할 수 있는 히스토그램 생성 함수를 제공한다. 또한, 커널 소스 코드의 BPF 예제들에도 멋진 구현이 있으니 한 번 살펴보기 바란다.

재미 삼아 이번 예제에서는 임의의 응용 프로그램이 임의의 BPF 프로그램을 적재하는 과정에서 생기는 잠복지연들을 히스토그램으로 시각화해 본다. 이 예제는 kprobe와 kretprobe에

---

5 참고로 히스토그램의 어원인 그리스어 단어 histos에는 돛대, 즉 돛을 다는 기둥이라는 뜻이 있다.

BPF 프로그램들을 부착해서 `bpf_prog_load` 명령의 완료 시간을 측정하고 BPF 맵에 저장한다. 이후 사용자 공간에서 그 맵의 자료로 히스토그램을 만들어서 출력한다. 그럼 전체 예제 코드를 부분별로 살펴보자.

첫 부분은 kprobe에 부착할 BPF 프로그램의 소스 코드이다.

```
bpf_source = """
#include <uapi/linux/ptrace.h>

BPF_HASH(cache, u64, u64);          ❶
BPF_HISTOGRAM(histogram);           ❷

int trace_bpf_prog_load_start(void *ctx) {
  u64 pid = bpf_get_current_pid_tgid();          ❸
  u64 start_time_ns = bpf_ktime_get_ns();
  cache.update(&pid, &start_time_ns);
  return 0;
}
"""
```

❶ 매크로를 이용해서 BPF 해시 맵을 생성한다. 여기에는 `bpf_prog_load` 명령의 실행이 시작된 시간을 저장한다.

❷ 또 다른 매크로를 이용해서 BPF 히스토그램 맵을 생성한다. 히스토그램 맵은 BPF의 기본 맵 유형이 아니라, BCC가 히스토그램 생성을 돕기 위해 제공하는 커스텀 맵이다. 내부적으로 히스토그램 맵은 배열 맵에 정보를 저장한다. 히스토그램 맵은 버킷 분류와 최종 그래프 생성을 돕는 보조 함수(메서드)들도 제공한다.

❸ 프로그램의 PID를 명령 실행 시작 시간을 담는 해시 맵의 키로 사용한다. (`bpf_get_current_pid_tgid` 함수는 uprobe 예제(p.87)를 비롯해 여러 예제에 나왔으므로 익숙할 것이다.)

그다음 부분은 `bpf_prog_load` 명령이 완료되기까지의 시간을 계산하는 BPF 프로그램의 소스 코드이다. uretprobe 예제(p.89)에 쓰인 것과 거의 같다.

```
bpf_source += """
int trace_bpf_prog_load_return(void *ctx) {
```

```
    u64 *start_time_ns, delta;
    u64 pid = bpf_get_current_pid_tgid();
    start_time_ns = cache.lookup(&pid);
    if (start_time_ns == 0)
      return 0;

    delta = bpf_ktime_get_ns() - *start_time_ns;          ❶
    histogram.increment(bpf_log2l(delta));                ❷
    return 0;
  }
  """
```

❶ 현재 시간과 명령 실행 시작 시간의 차이를 계산한다. 이 차이를 명령의 완료에 걸린 시간으로 간주한다.

❷ `delat` 변수에 담긴 시간 차이를 히스토그램 맵에 저장한다. 이 줄은 두 가지 연산을 수행한다. 우선, 내장 함수 `bpf_log2l`을 이용해서 이 시간 차이에 대한 버킷 색인을 구한다. 이 함수로 색인을 구하면 시간 차이들이 안정적으로 분포된다.[6] 그런 다음, 그 버킷 색인으로 `increment` 함수를 호출한다. `increment`는 주어진 색인에 해당하는 버킷의 값을 1 증가한다. 이 함수는 주어진 색인에 해당하는 버킷이 없으면 버킷을 새로 만들어서 1을 설정하므로, 미리 버킷 존재 여부를 점검할 필요가 없다.

마지막으로, BCC 파이썬 바인딩을 이용해서 앞의 두 BPF 프로그램을 적절한 kprobe와 kretprobe에 부착하고, 스크립트 중지 신호가 올 때까지 기다렸다가 그때까지 수집한 자료로 히스토그램을 생성해서 출력한다.

```
bpf = BPF(text = bpf_source)                              ❶
bpf.attach_kprobe(event = "bpf_prog_load",
    fn_name = "trace_bpf_prog_load_start")
bpf.attach_kretprobe(event = "bpf_prog_load",
    fn_name = "trace_bpf_prog_load_return")

try:                                                       ❷
  sleep(99999999)
except KeyboardInterrupt:
```

---

6 이름에서 짐작했겠지만 이 함수는 주어진 정수의 기수 2 로그를 돌려주는데, 이는 곧 그 정수의 비트수이다. 결과적으로 비트수가 같은 시간 차이들은 같은 버킷에 들어간다.

```
    print()

  bpf["histogram"].print_log2_hist("msecs")    ❸
```

❶ BPF를 초기화하고 앞의 두 BPF 프로그램들을 부착한다.

❷ 시스템이 발생한 BPF 프로그램 적재 이벤트들을 최대한 많이 수집하기 위해 충분한 시간
    을 두고 기다린다.

❸ 대기 시간이 다 지나가거나 사용자가 실행을 강제로 중지하면 이 줄에 도달한다. 이 줄은 히
    스토그램 맵에 담긴 자료로 히스토그램을 생성해서 터미널 창에 출력한다. `print_log2_`
    `hist`는 BCC의 히스토그램 맵을 위해 추가된 보조 함수이다.

히스토그램은 측정치들의 분포를 한 눈에 보여주므로, 시스템의 어떤 비정상적인 활동을 잡아
내는 데에도 유용하다. BCC에는 히스토그램으로 자료를 표현하는 스크립트들이 많이 있다.
여러분이 시스템의 활동을 조사하기 위해 도구를 만들 때 그런 스크립트들의 자료 표현 방식을
참고하기 바란다.

4.2.3 perf 이벤트

BPF를 이용한 추적에 통달하려는 사람이 익혀야 할 가장 중요한 통신 수단은 아마도 perf 이
벤트일 것이다. BPF에 perf 이벤트를 위한 배열 맵 유형이 따로 있을 정도로 perf 이벤트는
중요하다. §3.3.4에서 보았듯이 이 맵은 사용자 공간과 실시간으로 동기화되는 버퍼 링 자료
구조이다. 이 perf 이벤트 배열 맵은 BPF 프로그램에서 대량의 자료를 수집하며, 그 자료의 처
리 및 시각화에 따르는 부담을 사용자 공간 프로그램에 맡기고자 할 때 유용하다. 그렇게 하면
BPF VM의 BPF 프로그램 구현 제약에서 벗어날 수 있으므로 좀 더 정교하고 복잡한 자료 처
리와 시각화가 가능해진다. 현재 통용되는 BPF 추적 프로그램들은 대부분 단지 이런 목적으로
perf 이벤트를 사용한다.

   그럼 실행된 이진 파일에 관한 정보를 수집해서 시스템에서 가장 자주 실행된 이진 파일을
출력하는 예제를 통해서 perf 이벤트의 활용 방법을 살펴보자. 이전처럼, 이해를 돕기 위해 이
전처럼 예제 파이선 소스 코드를 두 부분으로 나누어서 제시하겠다. 첫 부분은 이진 파일 실행
추적을 위한 BPF 프로그램의 소스 코드와 그것을 kprobe에 부착하는 코드이다.

```
bpf_source = """
#include <uapi/linux/ptrace.h>

BPF_PERF_OUTPUT(events);              ❶

int do_sys_execve(struct pt_regs *ctx, void filename, void argv, void envp) {
  char comm[16];
  bpf_get_current_comm(&comm, sizeof(comm));

  events.perf_submit(ctx, &comm, sizeof(comm));        ❷
  return 0;
}
"""

bpf = BPF(text = bpf_source)      ❸
execve_function = bpf.get_syscall_fnname("execve")
bpf.attach_kprobe(event = execve_function, fn_name = "do_sys_execve")
```

❶ BCC가 제공하는 편의용 매크로 **BPF_PERF_OUTPUT**을 이용해서 perf 이벤트 배열 맵을 생성한다. 맵의 이름은 *events*로 했다.

❷ 커널이 실행한 프로그램 이름을 **perf_submit** 함수를 이용해서 맵에 추가한다. **perf_submit**은 perf 이벤트 맵을 갱신하며, 갱신된 맵은 사용자 공간 프로그램에서도 볼 수 있다.

❸ BPF 프로그램을 컴파일하고 kprobe에 부착한다. 이제 시스템에서 임의의 프로그램이 실행될 때마다 이 BPF 프로그램이 실행된다.

예제의 나머지 부분은 사용자 공간에서 자료를 취합하고 출력하는 일을 담당한다. 이전 예제들보다 복잡하지만, 번호 붙은 주요 행들의 설명을 보면 그리 어렵지 않게 이해할 수 있을 것이다.

```
from collections import Counter
aggregates = Counter()          ❶

def aggregate_programs(cpu, data, size):        ❷
  comm = bpf["events"].event(data)
  aggregates[comm] += 1
```

```
bpf["events"].open_perf_buffer(aggregate_programs)        ❸
while True:
    try:
        bpf.perf_buffer_poll()          ❹
    except KeyboardInterrupt:
        break

for (comm, times) in aggregates.most_common():          ❺
    print("Program {} executed {} times".format(comm, times))
```

❶ 파이썬 표준 라이브러리에서 들여온 Counter 클래스를 이용해서 프로그램별 실행 횟수
  를 저장할 카운터 객체를 만든다.

❷ aggregate_programs 함수는 프로그램 이름을 키로 해서 해당 카운터를 증가한다. 프
  로그램 이름은 BPF 프로그램이 갱신한 perf 이벤트 맵에서 얻는다. 이 함수에서 보듯이,
  BCC 바인딩 덕분에 BPF 맵에 아주 간단하게 접근할 수 있다.

❸ open_perf_buffer 함수를 이용해서, BPF 프로그램이 perf 이벤트 맵을 갱신할 때마다
  aggregate_programs 함수가 호출되게 한다.

❹ perf_buffer_poll 함수는 주기적으로 버퍼 링(perf 이벤트 맵)을 점검해서 갱신 시
  해당 콜백 함수(open_perf_buffer 함수로 설정한)를 호출한다. 기본적으로 perf_
  buffer_poll 함수는 무한 루프이므로, 사용자가 강제로 파이썬 스크립트의 실행을 중지
  해야 실행이 다음 부분으로 넘어간다.

❺ 이제 카운터 객체의 most_common 메서드를 이용해서 빈도의 역순으로(즉, 가장 자주 실
  행된 것부터) 항목들을 훑으면서 프로그램 이름과 실행 횟수를 출력한다.

perf 이벤트는 BPF가 노출하는 모든 종류의 자료를 참신하고 놀라운 방식으로 처리하는 길
로 나아가는 문이라 할 수 있다. 여러분이 커널에서 얻은 자료를 수집하고 처리해야 할 때 이 예
제가 좋은 출발점이 될 것이다. 그리고 BCC가 제공하는 여러 추적 도구도 좋은 참고 자료이다.

4.3 결론

이번 장에서는 BPF를 이용한 추적을 살펴보았다. 이번 장은 사실 수박 겉핥기였다. 리눅스 커널은 다양한 정보를 노출하지만, 그런 정보에 접근하기가 항상 쉬운 것은 아니다. BPF는 커널 자료 접근에 대한 공통의 인터페이스를 제공하기 때문에, BPF를 이용하면 커널 정보 획득 과정이 좀 더 예측 가능해진다. 이번 장에서 소개한 기법 중 일부는 이후 장들의 여러 예제에서도 쓰인다. BPF 프로그램을 추적점에 부착하는 등. 그 예제들을 보면 이번 장에서 배운 내용이 좀 더 단단해질 것이다.

이번 장의 예제들은 대부분 BCC 프레임워크를 사용했다. 이 예제들을 제2장이나 제3장에서처럼 C만으로 구현하는 것도 가능하지만, BCC가 제공하는 여러 보조 수단들을 이용하면 C로 구현할 때보다 훨씬 편하게 추적용 BPF 프로그램을 작성할 수 있다. 도전을 즐기는 독자라면 이 예제들을 C로 다시 작성해 보기 바란다.

다음 장에서는 시스템 프로그래밍 공동체가 BPF를 기반으로 만든 몇 가지 성능 분석 및 추적 도구를 소개한다. 필요한 프로그램을 스스로 만드는 것도 멋진 일이지만, 미리 만들어진 이 전용 도구를 이용하면 이번 장에서 본 예제들보다 훨씬 풍부한 정보에 접근할 수 있다. 필요한 정보를 제공하는 기존 도구가 있다면, 그런 도구를 굳이 직접 만들 필요는 없다.

## 제5장

BPF 유틸리티

지금까지는 시스템의 내부를 좀 더 잘 들여다보기 위해 BPF 프로그램을 작성하는 방법을 이야기했다. 여러 해 동안 많은 개발자가 바로 그런 목적으로 BPF를 이용해 도구들을 만들었다. 이번 장에서는 여러분이 일상적으로 사용할 만한 고품질 BPF 기반 도구 몇 가지를 살펴본다. 이번 장의 도구들은 대부분 제4장까지 본 몇몇 예제 BPF 프로그램을 좀 더 개선한 형태이다. 또한, 여러분이 BPF 프로그램 자체를 조사하는 데 도움이 되는 도구들도 있다.

이번 장에서는 먼저 BPF 프로그램에 대한 정보를 얻기 위한 BPFTool이라는 명령줄 유틸리티를 살펴본다. 그런 다음에는 간결한 DSL(domain-specific language; 영역 특화 언어 또는 도메인 특화 언어)을 이용해서 BPF 프로그램을 좀 더 수월하게 작성하는 데 도움이 되는 BPFTrace와 `kubectl-trace`를 설명한다. 마지막으로는 BPF를 Prometheus와 통합하는 eBPF Exporter라는 오픈소스 프로젝트를 소개한다.

5.1 BPFTool

BPFTool은 BPF 프로그램과 BPF 맵을 조사하는 커널 유틸리티이다. 아직 이 도구를 기본으로 설치하는 리눅스 배포판은 없다. 또한 이 도구는 활발하게 갱신되고 있다. 따라서 여러분의 리눅스 커널 버전에 맞는 버전의 소스 코드를 직접 컴파일하는 것이 바람직하다. 이 책에서는 리눅스 커널 버전 5.1과 함께 배포되는 BPFTool을 기준으로 한다.

명령줄에서 BPFTool을 이용해서 BPF 프로그램과 BPF 맵의 행동을 관찰하고 변경하는 방법을 설명하기 전에, 먼저 이 BPFTool을 여러분의 시스템에 설치하는 방법부터 살펴보자.

5.1.1 설치

BPFTool을 설치하려면 커널 소스 코드가 필요하다. 리눅스 배포판에 따라서는 패키지 관리자를 이용해서 BPFTool을 설치할 수도 있지만, 소스 코드를 직접 컴파일하는 것도 그리 어렵지 않으므로 여기서는 소스 코드로부터 직접 도구를 빌드하는 방법을 소개하겠다

1. 리눅스 커널 깃허브 저장소를 적당한 디렉터리에 복제한다.[1]

```
$ git clone https://github.com/torvalds/linux
```

2. 커널 버전 5.1을 체크아웃한다.

```
$ git checkout v5.1
```

3. BPFTool의 소스가 있는 디렉터리로 들어간다.

```
$ cd tools/bpf/bpftool
```

4. 소스 코드를 컴파일하고 설치한다.

```
$ make && sudo make install
```

다음과 같이 도구의 버전 정보를 출력해 보면 설치가 잘 되었는지 확인할 수 있다.

```
# bpftool --version
bpftool v5.1.0
```

---

1 디스크 용량이나 시간이 부족하다면, 그동안의 모든 변경 사항이 포함된 깃허브 저장소를 통째로 복제하는 대신 *https://cdn.kernel.org/pub/linux/kernel/v5.x/*에서 독자의 시스템에 맞는 5.x대 커널의 tar.gz를 내려받아서 압축을 푼 후 3번으로 넘어가는 방법도 있다.

5.1.2 기능 표시

BPFTool로 할 수 있는 기본 작업 중 하나는 시스템을 탐색해서 접근 가능한 BPF 기능들을 나열해 보는 것이다. 이는 예를 들어 특정 프로그램 유형이 리눅스 커널의 어떤 버전에서 도입되었는지 기억나지 않거나 BPF JIT 컴파일러가 활성화되어 있는지 확인하고 싶을 때 유용하다. 다음 명령은 그런 의문을 비롯한 여러 의문에 대한 답을 제공한다.

```
# bpftool feature
```

이 명령은 시스템이 지원하는 모든 BPF 기능들에 관한 자세한 정보를 출력하기 때문에 출력이 꽤 길다. 다음은 필자의 시스템에서 얻은 출력의 일부이다.

```
Scanning system configuration...
bpf() syscall for unprivileged users is enabled
JIT compiler is enabled
...
Scanning eBPF program types...
eBPF program_type socket_filter is available
eBPF program_type kprobe is NOT available
...
Scanning eBPF map types...
eBPF map_type hash is available
eBPF map_type array is available
```

이 출력에 따르면 필자의 시스템은 특권 없는 사용자에게도 시스템 호출 bpf를 허용하지만, bpf의 일부 연산은 지원하지는 않는다. 또한 JIT 컴파일러가 활성화되었음도 출력에서 확인할 수 있다. JIT 컴파일러는 BPF 프로그램을 컴파일하는 데 큰 도움이 되며, 최신 커널 버전들은 JIT를 기본으로 활성화한다. 여러분의 시스템에 JIT 컴파일러가 활성화되어 있지 않다면, 다음 명령으로 활성화하면 된다.

```
# echo 1 > /proc/sys/net/core/bpf_jit_enable
```

기능 출력에는 시스템에 활성화된 BPF 프로그램 유형들과 BPF 맵 유형들도 포함되어 있다. 그리고 앞의 출력 예에는 나와 있지 않지만, 프로그램 유형별 BPF 보조 함수들과 여러 구성 설정 항목들도 볼 수 있다. 자세히 살펴보면 시스템에 관해 많은 것을 알 수 있을 것이다.

이처럼 사용 가능한 기능들을 확인하는 것은 시스템을 조사할 때, 특히 처음 접한 시스템을 조사할 때 유용하다. 사용 가능한 기능들을 확인해 보았으니, 이제 적재된 BPF 프로그램 조사 같은 좀 더 본격적인 작업으로 넘어가자.

5.1.3 BPF 프로그램 조사

BPFTool은 커널에 있는 BPF 프로그램들에 관한 직접적인 정보를 제공한다. 예를 들어 시스템에 현재 실행 중인 BPF 프로그램들을 이 도구로 파악할 수 있다. 또한, 명령줄에서 미리 컴파일해 둔 BPF 프로그램을 이 도구로 커널에 적재하고 고정(pinning)하는 것도 가능하다.

BPF 프로그램 조사를 위한 BPFTool 활용법을 배우기에 가장 좋은 출발점은 현재 시스템에서 실행 중인 BPF 프로그램들을 나열해 보는 것이다. 해당 명령은 `bpftool prog show`이다. systemd가 init 프로세스인 리눅스 배포판이라면 몇 가지 BPF 프로그램이 몇몇 cgroup에 이미 부착되어 있을 것이다. 이들에 관해서 나중에 좀 더 이야기하겠다. 다음은 앞 명령의 출력 예이다.

```
52: cgroup_skb  tag 7be49e3934a125ba
        loaded_at 2019-03-28T16:46:04-0700  uid 0
        xlated 296B  jited 229B  memlock 4096B  map_ids 52,53
53: cgroup_skb  tag 2a142ef67aaad174
        loaded_at 2019-03-28T16:46:04-0700  uid 0
        xlated 296B  jited 229B  memlock 4096B  map_ids 52,53
54: cgroup_skb  tag 7be49e3934a125ba
        loaded_at 2019-03-28T16:46:04-0700  uid 0
        xlated 296B  jited 229B  memlock 4096B  map_ids 54,55
```

제일 왼쪽의, 콜론 앞에 있는 번호는 프로그램 ID이다. 나중에 이 ID 번호를 이용해서 해당 프로그램을 좀 더 조사해 볼 것이다. 이 출력은 시스템에서 어떤 유형의 BPF 프로그램들이 실행 중인지도 보여준다. 지금 예의 경우 세 개의 BPF 프로그램이 cgroup 소켓 버퍼들에 부착되어 실행 중이다. `loaded_at` 다음에는 해당 프로그램이 적재된 일시(날짜와 시각)가 있다. systemd가 이 프로그램들을 시작했다면, 이 일시는 시스템이 부팅된 일시와 일치할 것이다. `memlock` 다음은 해당 프로그램이 사용 중인 메모리양이고, 그다음 항목은 해당 프로그램과 연관된 맵의 ID들이다. 딱 봐도 모두 유용한 정보이다. 특히, 프로그램 ID는 해당 프로그램을 좀 더 자세히 살펴보는 수단이 된다.

앞의 명령에 id와 프로그램 ID를 추가하면 해당 프로그램에 관한 정보만 표시된다. 예를 들어 bpftool prog show id 52를 실행하면 52번 프로그램에 관한, 앞에서와 동일한 종류의 정보만 표시된다. 이 방법은 관심 없는 프로그램들에 관한 정보를 생략하는 데 유용하다. 또한, --json을 지정하면 해당 정보가 JSON 형식으로 출력된다. 출력을 좀 더 처리해야 할 때는 이 JSON 형식의 출력이 아주 편리하다. 다만, 이 명령의 JSON 출력은 줄 바꿈이나 들여쓰기가 되어 있지 않아서 사람이 보기에는 조금 불편한데, 다음처럼 jq 명령과 연동하면 좀 더 보기 좋게 출력할 수 있다.

```
# bpftool prog show --json id 52 | jq
{
  "id": 52,
  "type": "cgroup_skb",
  "tag": "7be49e3934a125ba",
  "gpl_compatible": false,
  "loaded_at": 1553816764,
  "uid": 0,
  "bytes_xlated": 296,
  "jited": true,
  "bytes_jited": 229,
  "bytes_memlock": 4096,
  "map_ids": [
    52,
    53
  ]
}
```

jq 명령은 좀 더 정교한 필터링 기능도 제공한다. 다음은 BPF 프로그램의 ID와 프로그램 유형, 커널에 적재된 시간만 추출하는 예이다.

```
# bpftool prog show --json id 52 | jq -c '[.id, .type, .loaded_at]'
[52,"cgroup_skb",1553816764]
```

프로그램 ID를 알고 있다면 해당 프로그램의 코드 전체를 BPFTool로 출력할 수 있다. 이는 컴파일러가 생성한 BPF 바이트코드를 디버깅해야 할 때 유용하다. 다음은 systemd가 커널에 적재한 52번 프로그램의 코드를 출력하는 예이다.

```
# bpftool prog dump xlated id 52
   0: (bf) r6 = r1
   1: (69) r7 = *(u16 *)(r6 +192)
   2: (b4) w8 = 0
   3: (55) if r7 != 0x8 goto pc+14
   4: (bf) r1 = r6
   5: (b4) w2 = 16
   6: (bf) r3 = r10
   7: (07) r3 += -4
   8: (b4) w4 = 4
   9: (85) call bpf_skb_load_bytes#7151872
   ...
```

코드에서 보듯이, 이 BPF 프로그램은 bpf_skb_load_bytes 함수를 이용해서 패킷 자료를 조사한다.

조건 분기나 점프를 포함해서 프로그램 코드를 좀 더 본격적으로 시각화하고 싶다면 visual 이라는 키워드를 추가해 보자. 그러면 dotty 같은 그래프 생성 도구에 사용할 형식의 출력이 나온다. 다음은 이를 이용해서 PNG 형식의 그래프 이미지 파일을 생성하는 예이다.

```
# bpftool prog dump xlated id 52 visual &> output.out
# dot -Tpng output.out -o visual-graph.png
```

[그림 5-1]은 간단한 Hello World 프로그램을 이런 식으로 시각화한 예를 보여준다.

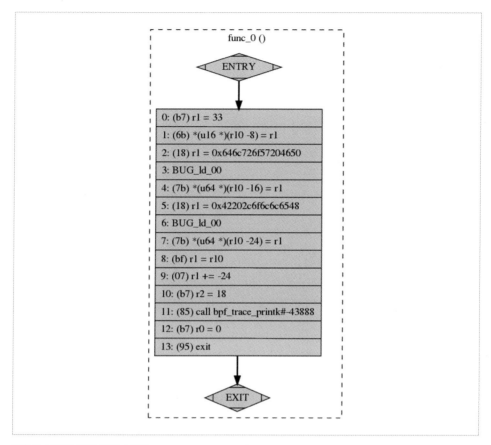

그림 5-1 BPF 프로그램의 시각화

커널 버전 5.1부터는 실행 시점 통계치도 제공한다. 이 통계치에는 예를 들어 커널이 BPF 프로그램의 실행에 얼마만큼의 시간을 소비했는지도 포함되어 있다. 배포판에 따라서는 커널의 실행 시점 통계치 제공이 기본으로 활성화되어 있지 않을 수도 있는데, 그럴 때는 다음 명령으로 활성화하면 된다.

```
# sysctl -w kernel.bpf_stats_enabled=1
```

커널이 실행 시점 통계치를 지원한다면, 그리고 그 기능이 활성화되어 있으면, 앞에서처럼 BPFTool을 실행했을 때 두 종류의 정보가 더 나올 것이다. 하나는 커널 안에서 BPF 프로그램이 실행된 전체 시간(run_time_ns)이고 다른 하나는 전체 실행 횟수(run_cnt)이다.

```
52: cgroup_skb  tag 7be49e3934a125ba  run_time_ns 14397 run_cnt 39
        loaded_at 2019-03-28T16:46:04-0700  uid 0
        xlated 296B  jited 229B  memlock 4096B  map_ids 52,53
```

BPFTool로 할 수 있는 일이 현재 실행 중인 프로그램들에 관한 정보를 얻는 것만은 아니다. BPFTool은 새 프로그램을 커널에 적재하고 소켓이나 cgroup에 부착하는 기능도 제공한다. 예를 들어 다음은 컴파일된 BPF 프로그램을 커널에 적재하고 BPF 파일 시스템에 고정하는 명령이다.

```
# bpftool prog load bpf_prog.o /sys/fs/bpf/bpf_prog
```

프로그램이 파일 시스템에 고정되었으므로, 실행이 끝나도 사라지지 않는다. 앞의 show 명령을 실행하면 프로그램이 여전히 커널에 적재되어 있음을 확인할 수 있다.

```
# bpftool prog show
52: cgroup_skb  tag 7be49e3934a125ba
        loaded_at 2019-03-28T16:46:04-0700  uid 0
        xlated 296B  jited 229B  memlock 4096B  map_ids 52,53
53: cgroup_skb  tag 2a142ef67aaad174
        loaded_at 2019-03-28T16:46:04-0700  uid 0
        xlated 296B  jited 229B  memlock 4096B  map_ids 52,53
54: cgroup_skb  tag 7be49e3934a125ba
        loaded_at 2019-03-28T16:46:04-0700  uid 0
        xlated 296B  jited 229B  memlock 4096B  map_ids 54,55
60: perf_event  name bpf_prog  tag c6e8e35bea53af79
        loaded_at 2019-03-28T20:46:32-0700  uid 0
        xlated 112B  jited 115B  memlock 4096B
```

이상에서 보듯이 BPFTool은 커널에 적재된 프로그램들에 관해 많은 정보를 제공한다. 이 과정에서 우리는 코드를 작성하고 컴파일할 필요가 전혀 없었다. 다음 절에서는 BPF 맵을 조사하는 방법을 이야기한다.

5.1.4 BPF 맵 조사

BPFTool로는 BPF 프로그램뿐만 아니라 BPF 프로그램이 사용하는 BPF 맵들도 조사할 수 있다. BPF 맵을 조사하려면 BPFTool의 첫 매개변수로 **prog** 대신 **map**을 지정해야 한다. 여기에 하위 명령[2] **show**를 붙이면 현재 사용 중인 맵들의 정보가 출력된다.

```
# bpftool map show
52: lpm_trie  flags 0x1
        key 8B  value 8B  max_entries 1  memlock 4096B
53: lpm_trie  flags 0x1
        key 20B  value 8B  max_entries 1  memlock 4096B
54: lpm_trie  flags 0x1
        key 8B  value 8B  max_entries 1  memlock 4096B
55: lpm_trie  flags 0x1
        key 20B  value 8B  max_entries 1  memlock 4096B
```

왼쪽 콜론 앞 번호는 해당 맵의 ID이다. BPF 프로그램을 조사할 때와 마찬가지로, 맵들도 이 **id** 키워드와 ID를 이용해서 걸러낼 수 있다.

BPFTool로 맵을 생성, 갱신하거나 맵에 담긴 모든 항목을 나열하는 것도 가능하다. 새 맵을 생성할 때는 프로그램 안에서 맵을 초기화할 때 지정하는 것과 같은 종류의 정보를 지정해야 한다. 좀 더 구체적으로, **create** 명령과 함께 맵의 유형, 키의 크기와 값의 크기, 맵 자체의 크기(항목 개수), 맵의 이름을 각각 **type, key, value, name_entries** 매개변수로 지정해야 한다. 또한, 특정 프로그램과 연관해서 맵을 만드는 것이 아니므로, 맵을 나중에 사용하려면 BPF 파일 시스템 안에 맵을 고정해야 한다. 해당 경로는 **create** 다음에 지정한다.

```
# bpftool map create /sys/fs/bpf/counter \
    type array key 4 value 4 entries 5 name counter
```

위의 명령을 실행한 후 다시 **map show**로 시스템의 BPF 맵들을 나열하면 제일 아래에 새 맵이 보일 것이다.

```
52: lpm_trie  flags 0x1
        key 8B  value 8B  max_entries 1  memlock 4096B
53: lpm_trie  flags 0x1
        key 20B  value 8B  max_entries 1  memlock 4096B
54: lpm_trie  flags 0x1
```

---

2 BPFTool 명령의 첫 매개변수는 조사 또는 조작 대상을 뜻하고 둘째 매개변수는 그 대상에 대한 어떤 연산 또는 동작을 뜻한다. 이 둘째 매개변수처럼 어떤 명령(도구)이 수행할 좀 더 구체적인 작업을 지정하는 명령줄 매개변수를 하위 명령(subcommand)이라고 부른다.

```
         key 8B   value 8B   max_entries 1   memlock 4096B
 55: lpm_trie   flags 0x1
         key 20B   value 8B   max_entries 1   memlock 4096B
 56: lpm_trie   flags 0x1
         key 8B   value 8B   max_entries 1   memlock 4096B
 57: lpm_trie   flags 0x1
         key 20B   value 8B   max_entries 1   memlock 4096B
 58: array   name counter   flags 0x0
         key 4B   value 4B   max_entries 5   memlock 4096B
```

일단 맵을 생성했다면, BPF 프로그램 안에서 했던 것처럼 항목들을 갱신하거나 삭제할 수
있다.

> **팁** 기억하겠지만, 고정 크기 배열에서는 항목을 삭제할 수 없고 기존 항목을 갱신할 수만 있다. 해시 맵 같은 다른 맵에서는 물론 항목들을 삭제할 수 있다.

맵에 새 항목을 추가하거나 기존 항목을 갱신할 때는 map update 명령을 사용한다. 다음 예에서 보듯이 맵 ID(map show로 얻은)와 키, 값의 바이트들을 지정하면 된다.

```
# bpftool map update id 58 key 1 0 0 0 value 1 0 0 0
```

유효하지 않은 키나 값으로 항목을 갱신하려 들면 BPFTool은 오류 메시지를 출력한다.

```
# bpftool map update id 58 key 1 0 0 0 value 1 0 0
Error: value expected 4 bytes got 3
```

BPFTool의 dump 명령은 맵의 모든 요소를 출력한다. 다음은 앞의 맵을 출력한 예로, 앞에서 갱신한 값을 확인할 수 있으며 고정 크기 배열 맵을 생성한 경우 BPF가 모든 요소를 0으로 초기화한다는 점도 알 수 있다.

```
# bpftool map dump id 58
key: 00 00 00 00   value: 00 00 00 00
key: 01 00 00 00   value: 01 00 00 00
key: 02 00 00 00   value: 00 00 00 00
key: 03 00 00 00   value: 00 00 00 00
key: 04 00 00 00   value: 00 00 00 00
```

BPF 맵과 관련한 BPFTool의 아주 강력한 기능 중 하나는 새로 만든 맵을 기존 BPF 프로그램과 연관시키거나 BPF 프로그램에 연관된 기존 맵을 다른 맵으로 대체하는 것이다. 이런 기능을 이용하면 애초에 BPF 파일 시스템에서 특정 맵을 가져오도록 작성되지 않은 BPF 프로그램이라도 실행 초기에 기존 맵에 저장된 자료에 접근하게 만들 수 있다. 방법은 간단하다. BPFTool의 **prog load** 명령으로 BPF 프로그램을 적재할 때 원하는 맵을 지정하면 된다. 원하는 맵은 프로그램이 직접 적재했다면 사용했을 색인 번호(첫 맵은 0, 둘째 맵은 1 등)로 지정할 수도 있고, 다음처럼 이름으로 지정할 수도 있다.

```
# bpftool prog load bpf_prog.o /sys/fs/bpf/bpf_prog_2 \
    map name counter pinned /sys/fs/bpf/counter
```

지금 예에서는 맵의 이름을 이미 알고 있으므로 **name** 키워드를 이용해서 맵 이름 **counter**를 지정했다. 맵 일련번호(색인)가 더 편하다면 **idx** 키워드를 사용하면 된다(**idx 0** 등).[3]

이상에서 보듯이, BPFTool을 이용하면 별 어려움 없이 BPF 맵에 직접 접근할 수 있다. 이처럼 명령줄에서 BPF 맵에 직접 접근하는 것은 실시간으로 메시지 전달을 디버깅할 때 유용하다. BPF 프로그램이나 BPF 맵을 다루는 것 외에, 커널에서 풍부한 정보를 뽑아내는 용도로도 BPFTool을 사용할 수 있다. 그럼 BPFTool을 이용해서 커널의 특정 인터페이스에 접근하는 방법을 살펴보자.

5.1.5 특정 인터페이스에 부착된 BPF 프로그램 조사

종종 특정 인터페이스에 부착된 프로그램들을 알고 싶을 때가 있다. BPF 프로그램들은 흔히 cgroup이나 perf 이벤트, 네트워크 패킷과 연관해서 작동한다. BPFTool 명령의 첫 매개변수(조작 대상)로 cgroup이나 perf, net을 지정하면 이 인터페이스에 부착된 프로그램들을 조사할 수 있다.

perf 키워드는 kprobe나 uprobe, 커널 추적점 같은 시스템 추적점들에 부착된 프로그램에 접근하는 수단이다. 예를 들어 **bpftool perf show**는 그런 모든 프로그램을 나열한다.

---

3 name *맵이름* 또는 idx *색인* 구문으로 지정하는 맵 이름 또는 맵 색인은 BPF 프로그램 "안에서" 맵을 지칭하는 데 사용하는 맵 이름 또는 색인임을 주의하기 바란다. 그것을 미리 만들어 둔 해당 맵과 연관시키는 구문은 그다음의 **pinned** *파일경로*이다. 파일 경로 대신 맵 ID(map show 명령으로 알아낸)로 맵을 지정하려면 id *맵ID* 구문을 사용한다.

net 키워드는 XDP와 TC(Traffic Control)에 부착된 프로그램들을 위한 것이다. 소켓 필터나 포트 재사용 프로그램 같은 다른 부착물들은 iproute2를 통해서만 접근할 수 있다. perf나 기타 BPF 조작 대상들과 비슷하게, XDP와 TC에 부착된 프로그램들은 show 명령으로 볼 수 있다(bpftool net show).

마지막으로, cgroup은 cgroup들에 부착된 모든 프로그램에 접근하는 수단이다. 이 조작 대상은 앞의 것들과는 조금 다르다. 예를 들어 bpftool cgroup show만으로는 해당 프로그램들이 나열되지 않으며, 조사하고자 하는 cgroup의 경로를 추가로 지정해 주어야 한다. 시스템의 모든 cgroup에 부착된 항목들을 나열하고 싶다면 다음 예처럼 bpftool cgroup tree 명령을 사용하면 된다.

```
# bpftool cgroup tree
CgroupPath
ID          AttachType      AttachFlags      Name
/sys/fs/cgroup/unified/system.slice/systemd-udevd.service
    5           ingress
    4           egress
/sys/fs/cgroup/unified/system.slice/systemd-journald.service
    3           ingress
    2           egress
/sys/fs/cgroup/unified/system.slice/systemd-logind.service
    7           ingress
    6           egress
```

이처럼 BPFTool을 이용하면 프로그램이 커널의 특정 인터페이스에 제대로 부착되었는지 확인할 수 있으며, cgroup과 perf 이벤트, 네트워크 인터페이스에 부착된 항목들도 손쉽게 확인할 수 있다.

지금까지 터미널에서 명령줄 유틸리티를 이용해서 BPF 프로그램을 조사하는 다양한 방법을 살펴보았다. 그런데 이 모든 명령과 옵션을 일일이 기억하는 것은 다소 부담스러운 일이다. 다수의 명령을 보통의 텍스트 파일에 담아 두고 그 파일을 하나의 스크립트로 취급해서 일괄 실행한다면 여러 명령과 옵션을 기억해야 하는 부담을 덜 수 있을 것이다. 그럼 다수의 명령을 일괄적으로 실행하는 방법으로 넘어가자.

5.1.6 다수의 명령을 일괄 실행

하나 또는 여러 시스템의 행동을 분석하다 보면 다수의 명령을 거듭해서 실행해야 할 때가 많다. 경험이 쌓이다 보면, 자주 사용하는 일단의 명령들로 이루어진 일종의 '도구 모음'이 만들어질 것이다. BPFTool은 자주 실행하는 명령들을 매번 일일이 입력할 필요 없이 일괄적으로 실행해 주는 일괄 모드(batch mode; 또는 배치 모드)를 제공한다.

BPFTool의 일괄 모드는 텍스트 파일에 나열된 명령들을 차례로 실행한다. 이 파일에서 # 기호로 시작하는 행은 주석(comment)으로 간주된다. 그런데 이 일괄 모드 실행이 원자적이지는 않음을 주의하기 바란다. BPFTool은 그냥 주어진 파일의 명령들을 한 줄씩 실행할 뿐이며, 한 명령의 실행이 실패하면 나머지 명령들은 실행하지 않고 일괄 모드를 끝낸다. 그러면 시스템은 마지막으로 성공한 명령이 실행된 이후의 상태로 남을 뿐, 첫 명령을 실행하기 이전의 상태가 자동으로 복원되지는 않는다.

다음은 일괄 모드용 텍스트 파일의 간단한 예이다.

```
# 새 해시 맵을 생성한다.
map create /sys/fs/bpf/hash_map type hash key 4 value 4 entries 5 name hash_map
# 시스템의 모든 맵을 나열한다.
map show
```

이 텍스트를 */tmp/batch_example.txt*라는 파일로 저장했다고 할 때, 명령줄에서 `bpftool batch file /tmp/batch_example.txt`를 실행하면 이 텍스트에 담긴 두 명령이 차례로 실행된다. 이것을 처음 실행하면 다음과 비슷한 결과가 출력되지만, 두 번째로 실행하면 `hash_map`이라는 이름의 맵이 이미 있으므로 첫 명령이 실패해서 일괄 모드가 종료되며, 따라서 아무것도 출력되지 않는다.

```
# bpftool batch file /tmp/batch_example.txt
2: lpm_trie  flags 0x1
    key 8B  value 8B  max_entries 1  memlock 4096B
3: lpm_trie  flags 0x1
    key 20B  value 8B  max_entries 1  memlock 4096B
18: hash  name hash_map  flags 0x0
    key 4B  value 4B  max_entries 5  memlock 4096B
processed 2 commands
```

일괄 모드는 필자들이 즐겨 사용하는 BPFTool의 기능 중 하나이다. 이 일괄 모드 텍스트 파일들도 버전 관리 시스템으로 관리하길 권한다. 그러면 여러분이 구축한 도구 모음을 팀원들과 손쉽게 공유할 수 있다. 그럼 BPFTool에 관한 사항 하나만 더 이야기하고 필자들이 자주 사용하는 또 다른 유틸리티로 넘어가겠다. BPFTool의 마지막 주제는 BTF 형식의 정보를 좀 더 쉽게 파악하는 것이다.

5.1.7 BTF 정보 표시

제2장에서 보았듯이, BTF(BPF Type Format)는 디버깅 편의를 위해 프로그램의 자료 형식들에 메타자료 정보를 추가하는 수단이다. BPFTool은 주어진 임의의 이진 객체에 대한 BTF를 표시하는 기능도 갖추고 있다.

예를 들어 `prog dump` 명령에 `linum` 키워드를 추가하면 BPF 프로그램의 각 명령에 해당하는 소스 코드 파일 행 번호가 출력된다.

더 나아가서, 최근 버전의 BPFTool에는 BTF 정보의 표시를 좀 더 본격적으로 지원하기 위해 `btf`라는 조작 대상(첫 매개변수)이 추가되었다. 현재 이 명령의 초점은 구조체 형식의 시각화이다. 예를 들어 `bpftool btf dump id 54`는 커널에 적재된, ID가 54인 BPF 프로그램이 가진 모든 BTF 정보를 출력한다.

이상의 논의에서 보듯이 BPFTool은 여러모로 쓸모가 많다. 이 도구는 임의의 시스템에 대한 마찰력 낮은 진입점이라 할 수 있다. 특히, 매일 다루는 손에 익은 시스템이 아닌 생소한 시스템을 조사할 때 이 도구가 대단히 유용할 것이다.

5.2 BPFTrace

BPFTrace는 BPF를 위한 고수준 추적 언어이다. 간결한 DSL인 BPFTrace 언어의 문법에 따라 BPF 프로그램을 작성해서 스크립트 파일로 저장해 두면 복잡한 컴파일 및 커널 적재 명령을 실행하지 않고 언제라도 BPF 프로그램을 커널에 적재할 수 있어서 아주 편하다. BPFTrace 언어는 awk나 DTrace 같은 잘 알려진 도구들에서 영감을 받았다. DTrace에 익숙하다면, 그

리고 리눅스에서 DTrace를 사용하지 못하는 것이 불만이었다면, BPFTrace가 좋은 대안이
될 것이다.

BCC나 기타 BPF 도구로 직접 프로그램을 작성하는 대신 BPFTrace를 사용하는 것의 장
점 중 하나는, 정보 취합이나 히스토그램 생성 등 자주 필요한 기능이 BPFTrace에 이미 구현
되어 있기 때문에 여러분이 일일이 구현할 필요가 없다는 것이다. 그렇긴 하지만 BPFTrace
의 언어는 편리한 대신 제약이 많기 때문에, 좀 더 복잡하고 정교한 프로그램을 구현할 때는
오히려 방해될 수 있다는 점도 기억해 두어야 할 것이다. 이번 절에서는 이 언어의 가장 중요
한 측면들을 제시한다. BPFTrace를 좀 더 자세히 배우고 싶다면 해당 깃허브 저장소(*https://
github.com/iovisor/bpftrace*)를 참고하기 바란다.

5.2.1 설치

BPFTrace를 설치하는 방법은 여러 가지이지만, BPFTrace 개발자들이 권장하는 방법은 여
러분이 사용하는 리눅스 배포판에 맞게 미리 빌드된 패키지를 사용하는 것이다. 자세한 사항이
해당 깃허브 저장소의 설치 문서(*https://oreil.ly/h9Pha*)에 있다.

5.2.2 언어 기초

BPFTrace 스크립트를 작성하는 데 쓰이는 언어의 문법은 상당히 간결하다. 하나의 스크립트
는 크게 헤더header 블록, 동작action 블록들, 푸터footer 블록으로 구성된다. 헤더는 스크립트가 정
의하는 BPF 프로그램을 BPFTrace가 커널에 적재할 때 실행되는 명령들로 구성된 특별한 블
록이다. 반대로 푸터 블록의 명령들은 그 BPF 프로그램의 실행이 종료될 때 실행된다. 헤더 블
록과 푸터 블록 모두 생략할 수 있다. 커널에 올릴 BPF 프로그램 자체는 동작 블록들로 정의되
는데, 하나의 BPFTrace 스크립트에는 동작 블록이 적어도 하나는 있어야 한다. 동작 블록에서
는 추적할 탐침을 정의하거나, 커널이 그 탐침에 대한 이벤트를 발생했을 때 수행할 '동작'을 정
의한다. 다음은 이 세 종류의 블록을 모두 갖춘 기본적인 BPFTrace 스크립트의 예이다.

```
BEGIN
{
  printf("starting BPFTrace program\n")
```

```
}

kprobe:do_sys_open
{
  printf("opening file descriptor: %s\n", str(arg1))
}

END
{
  printf("exiting BPFTrace program\n")
}
```

헤더 블록은 항상 **BEGIN**이라는 키워드로 시작하고, 푸터 블록은 항상 키워드 **END**로 시작한다. 이 키워드들은 BPFTrace의 예약어들이다. 동작 블록은 BPF 동작을 부착하고자 하는 탐침과 이벤트를 정의하는 식별자로 시작한다. 그다음의 블록(중괄호 쌍) 안에 해당 이벤트가 발생했을 때 실행할 동작(명령문들)을 서술하면 된다. 지금 예에서는 커널이 파일을 열 때마다 파일 서술자를 포함한 텍스트 한 줄을 화면에 출력하는 BPF 동작을 정의했다.

앞의 예제는 스크립트의 전체적인 구조 외에, BPFTrace가 제공하는 몇 가지 보조 수단들도 보여준다. BPFTrace 내장 함수 printf는 내부적으로 C 표준 라이브러리 함수 printf를 이용해서 텍스트를 출력한다. 또 다른 내장 함수 str는 커널이 BPF 프로그램으로 넘겨준 C 문자열 포인터를 해당 문자열로 변환해 준다. 커널 함수 중에는 문자열 포인터를 인수로 받는 것들이 많은데, 이 보조 함수는 그런 포인터를 해당 문자열로 변환해 준다.

커널이 넘겨주는 인수들의 개수가 BPFTrace 스크립트의 동작 블록에 명시적으로 주어지지 않는다는 점에서, BPFTrace는 일종의 동적 언어라 할 수 있다. 그래서 BPFTrace는 커널이 처리하는 정보에 접근하기 위한 인수 관련 보조 수단들을 제공한다. BPFTrace는 해당 동작 블럭이 받은 인수들의 개수에 따라 동적으로 그런 보조 수단들을 생성한다. 앞의 예에서 arg1은 시스템 호출 open의 둘째 인수(파일 경로)를 가리킨다.

앞의 BPFTrace 스크립트를 하나의 파일로 저장한 후 그 파일의 경로를 첫 인수로 지정해서 명령줄 BPFTrace 도구를 실행하면 해당 BPF 프로그램이 컴파일, 적재된다.

```
# bpftrace /tmp/example.bt
```

BPFTrace의 언어는 스크립팅용으로 설계된 것이다. 앞의 예는 BPFTrace 스크립트의 전체적인 구조를 보여주기 위해 헤더와 푸터를 생략하지 않았다. 그러나 실무에서는 한 줄짜리 BPFTrace 스크립트를 사용할 때도 많다. 그런 경우 BPFTrace 스크립트를 군이 파일에 저장할 필요 없이, -e 옵션을 이용해서 코드를 직접 지정할 수도 있다. 다음은 앞의 예제에 나온 파일 열기 추적 동작 블록을 한 줄로 만들어서 직접 실행하는 예이다.

```
# bpftrace -e "kprobe:do_sys_open { \
    printf(\"opening file descriptor: %s\n\", str(arg1)) }"
```

BPFTrace와 그 언어의 기본을 익혔으니, 좀 더 구체적인 활용 방법으로 넘어가자.

5.2.3 필터링

시스템은 배경에서 다양한 파일을 열고 닫는다. 앞의 예제는 커널이 연 모든 파일의 경로를 출력하므로, Ctrl+C를 눌러서 종료할 때까지 다양한 파일 경로가 계속해서 화면에 출력될 것이다. 모든 파일 대신 특정 조건에 맞는 파일들만 출력하는 것이 더 유용할 때도 있다. 이를 위해 BPFTrace는 필터링filtering 기능을 제공한다.

각 동작 블록에 하나의 필터를 부착할 수 있다. BPFTrace 언어에서 필터는 하나의 조건식으로, 해당 동작 블록이 실행되기 직전에 평가된다. 만일 필터의 조건식이 거짓으로 평가되면 그 동작 블록은 실행되지 않는다. 동작 블록처럼 필터에서도 탐침 인수나 보조 함수 등 언어의 나머지 부분을 사용할 수 있다. 다음 예에서 보듯이 필터는 동작 블록 식별자 바로 다음에, 두 개의 슬래시 사이에 지정한다.

```
kprobe:do_sys_open /str(arg1) == "/tmp/example.bt"/
{
  printf("opening file descriptor: %s\n", str(arg1))
}
```

이 예의 필터 때문에, 커널이 연 파일이 예제 BPFTrace 스크립트 파일(§5.2.2)일 때만 동작 블록이 실행된다. 예제 스크립트(*/tmp/example.bt*)의 동작 블록을 위와 같이 변경한 후 다시 실행하면 헤더 블록의 문구만 출력될 뿐 더 이상의 출력은 없을 것이다. 이는 필터가 예제 스크립트 파일이 아닌 다른 모든 파일에 대해서는 동작 블록의 실행을 막기 때문이다. cat 등으로 커널이 예제 스크립트 파일을 열게 만들면 비로소 해당 항목이 출력된다.

```
# bpftrace /tmp/example.bt
Attaching 3 probes...
starting BPFTrace program
opening file descriptor: /tmp/example.bt
opening file descriptor: /tmp/example.bt
opening file descriptor: /tmp/example.bt
^Cexiting BPFTrace program
```

이처럼 BPFTrace의 필터링 기능은 필요 없는 자료를 숨기고 관심 있는 정보에만 집중하는 데 크게 도움이 된다.

다음 절에서는 BPFTrace를 이용해서 BPF 맵을 좀 더 수월하게 다루는 방법을 살펴본다.

5.2.4 동적 매핑

BPFTrace의 동적 맵 연관 기능도 BPF 프로그램 작성에 대단히 유용하다. BPFTrace 언어를 이용하면 이 책에서 지금까지 살펴본 여러 맵 연산에 사용할 수 있는 BPF 맵을 동적으로 생성할 수 있다. BPFTrace 언어에서 맵 연관(map association)은 @ 기호와 맵 이름으로 구성된다. 해당 이름의 맵이 없으면 자동으로 생성된다. 대괄호 구문을 이용해서 특정 항목의 값을 갱신할 수도 있다.

그럼 앞의 예제를 확장해서, 파일이 열린 횟수를 파일별로 세는 BPF 프로그램을 BPFTrace로 구현해 보자. 시스템 호출 open을 검출하되, 주어진 파일 경로를 맵 항목의 키로 사용해서 열린 횟수를 누적하면 된다. 이를 위한 BPFTrace 동작 블록은 다음과 같다.

```
kprobe:do_sys_open
{
  @opens[str(arg1)] = count()
}
```

*/tmp/example.bt*의 동작 블록을 위와 같이 변경해서 스크립트를 다시 실행하고 잠시 기다린 후 실행을 종료하면(Ctrl+C) 다음과 비슷한 출력이 나올 것이다.

```
# bpftrace /tmp/example.bt
Attaching 3 probes...
starting BPFTrace program
^Cexiting BPFTrace program

@opens[/var/lib/snapd/lib/gl/haswell/libdl.so.2]: 1
@opens[/var/lib/snapd/lib/gl32/x86_64/libdl.so.2]: 1
...
@opens[/usr/lib/locale/en.utf8/LC_TIME]: 10
@opens[/usr/lib/locale/en_US/LC_TIME]: 10
@opens[/usr/share/locale/locale.alias]: 12
@opens[/proc/8483/cmdline]: 12
```

이 예에서 보듯이, BPFTrace 도구는 BPF 프로그램의 실행이 끝나면 맵의 내용을 출력한다. 출력을 보면 커널이 어떤 파일을 몇 번 열었는지 알 수 있다. BPFTrace는 기본으로 맵의 내용을 출력하므로, 맵을 출력하기 위해 특별한 옵션을 지정할 필요는 없다. 맵의 내용이 출력되지 않게 하려면, 푸터(END 블록)에서 내장 함수 clear를 이용해서 맵을 완전히 비워야 한다. 이 방법이 통하는 것은, 맵이 항상 푸터가 실행된 다음에 출력되기 때문이다.

　　BPFTrace는 일상 작업에 사용할 수 있는 강력한 도구이다. BPFTrace의 유연한 스크립팅 언어를 이용하면 복잡한 과정을 거쳐 BPF 프로그램을 손수 컴파일하고 적재하는 수고를 덜 수 있으며, 그러면서도 시스템의 거의 모든 측면에 접근할 수 있는 충분히 강력한 BPF 프로그램을 만들 수 있다. 결과적으로 시스템의 문제점을 추적하고 디버깅하는 작업이 아주 수월해진다. 자동 히스토그램 생성이나 스택 추적 취합을 비롯해 이번 절에서 이야기하지 않은 여러 내장 기능을 활용하는 방법이 BPFTrace 깃허브 저장소의 문서들에 나오니 참고하기 바란다.

　　다음 절에서는 쿠버네티스 안에서 BPFTrace를 사용하는 방법을 살펴본다.

5.3 kubectl-trace

kubectl-trace는 쿠버네티스Kubernetes의 명령줄 도구 kubectl을 위한 멋진 플러그인이다. 이 플러그인을 이용하면 추가적인 패키지나 모듈을 설치하지 않고도 쿠버네티스 클러스터 안에서의 BPFTrace 스크립트 실행을 예약할 수 있다. kubectl-trace는 BPF 프로그램을 실행하는 데 필요한 모든 것이 미리 설치된 컨테이너 이미지에 대해 하나의 쿠버네티스 작업(job)을 예약함으로써 BPFTrace 스크립트 실행 일정을 관리한다. 그 이미지의 이름은 trace-runner이며, 공개 도커 저장소(Docker registry)에도 등록되어 있다.

5.3.1 설치

kubectl-trace는 Go 언어로 구현된 프로그램이다. 개발자들이 이진 패키지를 제공하지 않기 때문에 깃허브 저장소에서 소스를 가져와서 직접 컴파일해야 하는데, 다행히 별로 어렵지 않다. 다음 명령을 실행하면 된다.

```
go get -u github.com/iovisor/kubectl-trace/cmd/kubectl-trace
```

Go 도구 모음이 프로그램을 컴파일하고 경로에 추가하면 kubectl의 플러그인 시스템이 자동으로 새 플러그인을 검출해서 등록한다. 또한, 클러스터에서 실행할 도커 이미지는 첫 실행 시 kubectl-trace가 자동으로 내려받는다.

5.3.2 쿠버네티스 노드 조사

kubectl-trace를 컨테이너가 실행되는 노드와 포드pod를 대상으로 사용할 수도 있고, 컨테이너 안에서 실행되는 프로세스를 대상으로 사용할 수도 있다. 전자는 거의 모든 BPF 프로그램 유형을 지원하지만, 후자는 해당 프로세스의 사용자 공간 탐침에 부착되는 BPF 프로그램만 가능하다.

특정 노드에 대해 BPF 프로그램을 실행할 때는, 우선 쿠버네티스가 작업을 적절한 장소에 예약하는 데 사용할 유효한 식별자를 지정해야 한다. 식별자 다음에는 이전에 BPFTrace 도구에서 했던 것처럼 BPFTrace 스크립트를 지정하면 된다. 다음은 동작 블록을 명령줄에서 직접 지정하는 예이다.

```
# kubectl trace run node/node_identifier -e \
  "kprobe:do_sys_open { @opens[str(arg1)] = count() }"
```

BPF 프로그램(동작 블록) 자체는 이전 예제(§5.2.4)와 정확히 같다. 다만 bpftrace로 BPF 프로그램을 바로 실행하는 대신, kubectl trace run을 이용해서 특정 클러스터 노드에 대해 BPF 프로그램의 실행을 예약한다는 점이 다를 뿐이다. node/... 구문은 실행 예약 대상이 노드임을 뜻한다. 포드를 대상으로 할 때는 node/ 대신 pod/를 사용해야 한다.

컨테이너에서 실행되는 특정 프로세스를 대상으로 할 때는 명령 구문이 좀 더 길어진다. 우선 예제부터 보자.

```
# kubectl trace run pod/pod_identifier -n application_name -e <<PROGRAM
uretprobe:/proc/$container_pid/exe:"main.main" {
  printf("exit: %d\n", retval)
}
PROGRAM
```

이 예제에서 주목할 점이 두 가지 있다. 첫째로, 이 경우에는 컨테이너에서 실행되는 응용 프로그램의 이름을 -n 옵션으로 지정해야 한다는 것이다. 이 예에서는 application_name으로 했지만, 실제로는 nginx나 memcached 등 실행하고자 하는 응용 프로그램의 실행 파일 이름을 지정해야 할 것이다. 일반적으로 쿠버네티스 컨테이너는 프로세스 하나만 실행하므로 굳이 이렇게 할 필요가 없을 것 같지만, 그래도 이렇게 하는 것이 BPF 프로그램을 엉뚱한 프로세스에 붙이는 사고를 피하는 데 도움이 된다. 둘째로, BPFTrace 스크립트 코드 안에 $container_pid 라는 문구가 있다. 이것은 BPFTrace 자체의 어떤 보조 수단이 아니고 kubectl-trace가 실제 프로세스 ID를 집어넣을 위치를 나타내는 하나의 자리표(placeholder)이다. BPFTrace 스크립트를 실행하기 전에 kubectl-trace는 이 자리표를 -n 옵션으로 지정한 응용 프로그램의 실제 프로세스 ID로 대체한다. 결과적으로 BPF 프로그램이 정확한 프로세스에 부착된다.

실무에서 쿠버네티스를 사용한다면, 컨테이너의 행동을 조사할 때 kubectl-trace가 크게 도움이 될 것이다.

이번 절까지는 BPF 프로그램을 좀 더 효율적으로 실행하는(심지어 컨테이너 안에서도) 데 도움이 되는 도구들에 초점을 두었다. 다음 절에서는 BPF 프로그램으로 수집한 자료를 유명 오픈소스 감시(모니터링monitoring) 시스템인 프로메테우스Prometheus와 통합하는 멋진 도구 하나를 소개한다.

5.4 eBPF Exporter

eBPF Exporter는 커스텀 BPF 추적 수치들을 프로메테우스에 맞게 변환해 주는 도구이다. 프로메테우스는 고도로 규모가변적인(scalable) 감시 및 경고(alerting) 시스템으로, 클라이언트가 측정치들을 밀어 넣길(push) 기다리는 대신 자신이 측정치들을 끌어오는(pull) 전략을 사용한다는 점에서 다른 감시 시스템들과 차별화된다. 이런 전략 덕분에 사용자는 임의의 시스템에서 측정치들을 수집하는 커스텀 익스포터exporter를 자신의 요구에 맞게 작성할 수 있다. 프로메테우스는 잘 정의된 API 스키마를 이용해서 그 측정치들을 끌어온다. eBPF Exporter는 BPF 프로그램에서 수집한 추적 측정치들을 이 API에 맞게 가공해서 내보냄으로써 프로메테우스가 BPF 추적 자료를 활용하게 만든다.

5.4.1 설치

미리 빌드된 eBPF Exporter 이진 패키지들도 있지만, 새 릴리스가 자주 나오므로 소스 코드를 이용해서 직접 설치하는 것이 바람직하다. 소스 코드를 직접 빌드하면 BCC(BPF Compiler Collection)의 최신 버전에 기반한 새 기능을 바로 사용할 수 있다는 장점이 있다.

소스 코드로 eBPF Exporter를 설치하려면 BCC와 Go 도구 모음이 시스템에 설치되어 있어야 한다. 그 두 가지가 갖춰졌다고 할 때, 다음 명령을 실행하면 소스 코드 내려받기와 이진 파일 빌드 및 설치가 자동으로 진행된다.

```
$ go get -u github.com/cloudflare/ebpf_exporter/...
```

5.4.2 BPF 측정치 내보내기

eBPF Exporter는 YAML 형식의 설정 파일에 따라 작동한다. 예를 들어 수집할 측정치들과 그 측정치들을 생성하는 BPF 프로그램, 그리고 측정치들을 프로메테우스에 맞게 변환하는 방법 등을 설정 파일로 지정할 수 있다. 프로메테우스가 측정치들을 요청하면 eBPF Exporter는 BPF 프로그램이 수집한 수치들을 프로메테우스에 맞게 변환해서 제공한다. 다행히 eBPF Exporter에는 IPC(instructions per cycle; 주기당 명령 수)나 CPU 캐시 적중률 같은 아주 유용한 정보를 시스템에서 수집하는 여러 프로그램이 포함되어 있어서 설치 즉시 유용하게 활용할 수 있다.

eBPF Exporter를 위한 설정 파일은 기본적으로 세 부분으로 구성된다. 첫 부분은 `metrics` 섹션인데, 여기서는 프로메테우스에게 제공할 측정치들을 정의한다. 특히, BPF 맵에 담긴 자료를 프로메테우스가 이해하는 형식의 측정치로 변환하는 방법이 여기서 결정된다. 다음은 측정치 하나를 정의하는 `metrics` 섹션의 예이다.

```
programs:
  - name: timers
    metrics:
      counters:
        - name: timer_start_total
          help: Timers fired in the kernel
          table: counts
          labels:
            - name: function
              size: 8
              decoders:
                - name: ksym
```

이 예는 커널이 타이머를 시작한 횟수를 뜻하는, `timer_start_total`이라는 측정치를 정의한다. 또한, 타이머 시작 횟수를 `counts`라는 BPF 맵에서 수집한다는 점도 명시되어 있다. 마지막으로, `decoders:` 항목은 측정치를 변환하는 방식을 정의한다. 여기서는 BPF 맵 키를 변환하는 함수를 지정했다. 일반적으로 BPF 맵의 키는 해당 정보(이 경우 함수 이름)에 대한 포인터인데, 프로메테우스에게는 포인터 대신 실제 정보를 전달해야 한다.

설정 파일의 둘째 부분에서는 이 설정 파일이 정의하는 BPF 프로그램을 부착할 대상을 지정한다. 지금 예는 타이머 시작 호출을 추적하므로, `timer:timer_start`라는 추적점을 지정한다.

```
tracepoints:
  timer:timer_start: tracepoint__timer__timer_start
```

이 예는 BPF 함수 `tracepoint__timer__timer_start`를 이 추적점에 부착하라는 뜻이다.

설정 파일의 마지막 부분은 부착할 BPF 프로그램 자체를 정의한다.

```
code: |
  BPF_HASH(counts, u64);
  // Generates function tracepoint__timer__timer_start
  TRACEPOINT_PROBE(timer, timer_start) {
      counts.increment((u64) args->function);
      return 0;
  }
```

이 예에서 보듯이, BCC로 컴파일할 BPF 프로그램 소스 코드 자체를 code: 섹션에 지정한다.
YAML은 들여쓰기와 공백 문자들에 민감한 형식이라 이처럼 YAML 파일에 소스 코드를 직접
내장하는 것이 아주 바람직하지는 않지만, 지금 예처럼 작은 프로그램이라면 큰 문제가 되지
않는다. 이 예는 TRACEPOINT_PROBE 매크로를 이용해서 추적점에 부착할 함수를 정의하는데,
결과적으로 tracepoint__timer__timer_start라는 이름의 함수가 만들어진다.

eBPF Exporter를 만든 Cloudflare 사는 실제로 eBPF Exporter를 이용해서 모든 데이터
센터의 측정치들을 감시한다. Cloudflare는 시스템에서 흔히 추출하는 측정치들을 위한 예제
설정 파일들을 제공한다(소스 코드 examples 디렉터리 참고). 또한, 다른 측정치에 맞게 설정
파일을 새로 만드는 것도 그리 어렵지 않다.

5.5 결론

이번 장에서는 필자들이 시스템 분석 작업에 즐겨 사용하는 도구 몇 가지를 소개했다. 이 도구
들은 충분히 범용적이므로, 여러분의 시스템이 보이는 다양한 종류의 비정상적인 행동을 디버
깅하는 데에도 유용할 것이다. 이번 장에서 보았듯이 이 도구들은 모두 제4장까지 살펴본 개념
들을 추상화한 것이며, 따라서 생소한 환경에서도 이 도구들이 있으면 BPF를 좀 더 수월하게
활용할 수 있다. 이는 다른 분석 도구보다 BPF가 우월한 점 중 하나이다. 요즘 쓰이는 리눅스
커널들은 모두 BPF VM을 포함하고 있으므로, 그 어떤 리눅스 시스템에서도 BPF의 강력한
기능에 기반한 새로운 도구를 작성할 수 있다.

이번 장에서 소개한 도구들과 비슷한 목적으로 BPF를 활용하는 도구들은 많이 있다. 이를

테면 Cilium과 Sysdig가 그러한 예인데, 그런 도구들도 한 번 시험해 보기 바란다.

　　제4장과 이번 장은 주로 시스템 분석과 추적에 BPF를 활용하는 방법에 초점을 두었지만, BPF로 할 수 있는 일은 그 외에도 많이 있다. 다음 장부터는 BPF의 네트워크 관련 기능을 살펴본다. BPF를 이용해서 네트워크 소통량을 분석하는 방법과 메시지 전달을 제어하는 방법을 배우게 될 것이다.

## 제6장

리눅스 네트워킹과 BPF

네트워크의 관점에서 BPF 프로그램의 용도는 두 가지이다. 하나는 패킷 갈무리(capturing)이고 다른 하나는 패킷 필터링이다.

BPF를 패킷 갈무리와 패킷 필터링에 사용할 수 있다는 것은, 사용자 공간 프로그램이 임의의 소켓에 필터를 부착하고 그 소켓을 오가는 패킷의 정보를 추출할 수 있으며 특정 조건에 맞는 패킷을 차단하거나 다른 곳으로 보낼 수 있다는 뜻이다.

이번 장에서는 리눅스 커널 네트워크 스택 안에서 네트워크 자료가 흘러가는 경로의 여러 단계에서 BPF 프로그램으로 소켓 버퍼 구조체와 상호작용하는 방법을 설명한다. 네트워킹과 관련해서 흔히 쓰이는 BPF 프로그램은 크게 다음 두 부류로 나뉜다.

• 소켓과 관련된 프로그램.

• *TC* 분류기(classfier)로 쓰이는 프로그램.

> **참고:** SKB나 **sk_buff**라고도 부르는 소켓 버퍼Socket Buffer 구조체는 전송 또는 수신된 모든 패킷에 대해 커널이 생성해서 사용하는 구조체이다. BPF 프로그램은 이 SKB를 읽어서 패킷 전달 여부를 결정하거나, 현재 소통량에 관한 통계치와 측정치를 BPF 맵에 추가한다.
>
> 또한, 이 책에서 이야기하는 확장 BPF는 SKB의 수정도 가능하다. 최종 패킷의 대상 주소를 변경함으로써 패킷을 다른 곳으로 재지정할 수 있으며, 심지어 근본적인 구조를 바꿀 수도 있다. 이런 능력을 활용하면, 예를 들어 IPv6 전용 시스템이 받은 모든 패킷을 IPv4에서 IPv6으로 변환하는 것도 가능하다.

여러 프로그램 유형의 차이를 파악하고 서로 다른 프로그램 유형이 같은 목표를 어떤 식으로 달성하는지 이해하는 것은 네트워크를 위한 BPF(고전적 BPF와 확장 BPF 모두)를 이해하는 데 관건이다. 다음 절에서는 소켓 수준에서 패킷을 필터링하는 두 가지 방법을 소개한다. 하나는 고전적 BPF 프로그램을, 다른 하나는 확장 BPF 프로그램을 소켓에 필터로 부착한다.

6.1 BPF와 패킷 필터링

네트워크 패킷 필터링은 BPF의 여러 용도 중 하나이다. 그러나 Barkely Packet Filter라는 이름에서 알 수 있듯이, 애초에 BPF는 패킷 필터링을 위해 만들어진 것이며, 예전에는 BPF 프로그램이 곧 패킷 필터였다.

물론 예나 지금이나 패킷 필터링은 BPF의 아주 중요한 용도이다. 게다가, 고전적 BPF(cBPF)에서 현대적인 확장 BPF(eBPF)로 넘어가는 기점이 된 리눅스 커널 버전 3.19에서 소켓 필터 프로그래밍 유형(`BPF_PROG_TYPE_SOCKET_FILTER`)에 맵 관련 기능들이 추가되면서 필터링 능력이 더욱 강력해졌다.

필터는 주로 다음 세 가지 상황에 쓰인다.

- 실시간으로 소통량을 차단한다(이를테면 UDP 소통량만 허용하고 나머지 모두는 폐기하는 등).

- 필터링된 패킷들이 실행 중(live) 시스템으로 흘러 들어가는 상황을 실시간으로 관찰한다.

- 실행 중 시스템이 갈무리한 네트워크 소통량을 나중에 분석한다(이를테면 *pcap* 형식을 이용해서).

> **참고:** *pcap*이라는 용어는 packet capture를 줄인 것이다. pcap 형식은 Packet Capture Library(*libpcap*)라는 라이브러리에서 패킷 갈무리를 위한 영역 특화 API로 구현되어 있다. 실행 중 시스템이 갈무리한 일단의 패킷들을 특정 형식의 파일로 저장해 두고 나중에 오프라인에서 분석할 때 흔히 쓰이는 것이 바로 이 pcap 형식이다.

다음 절들에서는 BPF를 이용해서 패킷 갈무리를 수행하는 두 가지 방법을 소개한다. 우선 `tcpdump` 같은 널리 쓰이는 도구를 필터 역할을 하는 BPF 프로그램에 대한 고수준 인터페이스로 활용하는 방법을 이야기하고, 그런 다음에는 소켓 필터 프로그램 유형(`BPF_PROG_TYPE_SOCKET_FILTER`)의 BPF 프로그램을 직접 작성하고 적재하는 방법을 이야기한다.

6.1.1 tcpdump와 BPF 표현식

실시간 소통량 분석과 관찰이라고 하면 누구나 떠올릴 만한 명령줄 도구로 `tcpdump`가 있다. 사실상 `libpcap` 라이브러리의 앞단(frontend)인 이 도구는 사용자 정의 필터 표현식도 지원한다. 기본적으로 `tcpdump`가 하는 일은 간단하다. 이 도구는 지정된 네트워크 인터페이스(또는 임의의 인터페이스)에서 패킷들을 읽고, 그 패킷들의 내용을 표준 출력(stdout)이나 파일에 기록한다. 추가로, 패킷 스트림에 대해 pcap 필터 구문에 따라 작성된 패킷 필터를 적용할 수 있다. pcap 필터 구문은 일단의 기본 요소들로 이루어진 고수준 표현식들을 이용해서 패킷 필터를 정의할 수 있는 일종의 DSL(영역 특화 언어)이다. 대체로 pcap 필터 구문의 기본 요소들을 기억하는 것이 BPF 어셈블리를 일일이 기억하기보다 쉽다. pcap 필터 구문의 모든 기본 요소와 표현식을 설명하는 것은 이 책의 주제를 벗어나는 일이다. 자세한 사항은 해당 매뉴얼 페이지(`man 7 pcap-filter`)를 참고하기 바란다. 여기서는 pcap 필터의 위력을 실감할 수 있는 예제 몇 개만 제시하겠다.

이런 시나리오를 생각해 보자. 8080번 포트로 웹 서버를 노출하는 리눅스 시스템이 있으며, 그 웹 서버 자체는 클라이언트들의 요청을 따로 기록하지 않는다. 웹 서버에서 돌아가는 응용 프로그램의 한 고객이 제품 페이지를 열람하려는데 웹 서버가 아무런 반응도 없다는 불만을 보고했기 때문에, 웹 서버가 어떤 요청을 받으며 그 요청들이 어떻게 웹 서버로 들어오는지 살펴보려고 한다. 이 상황에서 우리가 아는 것은 웹 서버에서 실행되는 웹 응용 프로그램의 한 제품 페이지에 고객이 접속하려 했다는 것뿐이다. 항상 그렇듯이 고객은 그냥 불만을 표현할 뿐이며, 최종 사용자가 우리를 대신해서 서비스를 디버깅해 주길 기대할 수는 없다. 그러나 해당 웹 서버 자체에는 로그 기능이나 오류 보고 기능이 없기 때문에, 지금으로서는 분석할 자료가 전혀 없다. 다행히 자료를 얻을 최소한의 수단은 가지고 있는데, 바로 `tcpdump`이다. 이 도구를 이용하면 TCP(Transmission Control Protocol; 전송 제어 프로토콜) 포트 8080을 통해 시스템으로 흘러들어온 IPv4 패킷들만 필터링할 수 있다. 웹 서버(HTTP 서버)는 TCP에 기초하므로, 이 도구로 웹 서버의 소통량을 분석해 보면 문제가 되는 요청을 찾아낼 수 있을 것이다.

다음은 앞에서 언급한 필터링을 tcpdump로 수행하는 명령이다.

```
# tcpdump -n 'ip and tcp port 8080'
```

이 명령을 좀 더 자세히 살펴보자.

- -n은 주소를 해당 이름으로 변환하지 말라는 뜻이다. 지금 목적에서는 원본 주소와 대상(목적지) 주소가 그대로 표시되어야 한다.

- 작은따옴표로 감싼 ip and tcp port 8080이 바로 pcap 필터를 정의하는 표현식이다. tcpdump는 이 필터를 이용해서 패킷들을 걸러낸다. 이 표현식에서 ip는 IPv4를 뜻하고, and는 앞의 조건이 충족될 때만 표현식의 나머지 부분을 적용하라는 뜻이다. 이런 논리 연산자를 이용하면 복잡한 조건을 정의할 수 있다. 그다음의 tcp port 8080은 TCP 포트 8080으로 들어오거나 나간 패킷만 선택하라는 뜻이다. 지금 예에서는 웹 서버가 받은 요청들이 관심 대상이므로, 나가는 패킷은 생략하고 들어온 패킷만 선택하도록 dst를 추가해서 tcp dst port 8080을 지정하는 것이 더 나을 것이다.

다음은 이 명령의 출력 예이다(TCP 핸드셰이크 과정 같은 불필요한 부분은 생략했다).

```
tcpdump: verbose output suppressed, use -v or -vv for full protocol decode
listening on wlp4s0, link-type EN10MB (Ethernet), capture size 262144 bytes
12:04:29.593703 IP 192.168.1.249.44206 > 192.168.1.63.8080: Flags [P.],
    seq 1:325, ack 1, win 343,
    options [nop,nop,TS val 25580829 ecr 595195678],
    length 324: HTTP: GET / HTTP/1.1
12:04:29.596073 IP 192.168.1.63.8080 > 192.168.1.249.44206: Flags [.],
    seq 1:1449, ack 325, win 507,
    options [nop,nop,TS val 595195731 ecr 25580829],
    length 1448: HTTP: HTTP/1.1 200 OK
12:04:29.596139 IP 192.168.1.63.8080 > 192.168.1.249.44206: Flags [P.],
    seq 1449:2390, ack 325, win 507,
    options [nop,nop,TS val 595195731 ecr 25580829],
    length 941: HTTP
12:04:46.242924 IP 192.168.1.249.44206 > 192.168.1.63.8080: Flags [P.],
```

```
        seq 660:996, ack 4779, win 388,
        options [nop,nop,TS val 25584934 ecr 595204802],
        length 336: HTTP: GET /api/products HTTP/1.1
    12:04:46.243594 IP 192.168.1.63.8080 > 192.168.1.249.44206: Flags [P.],
        seq 4779:4873, ack 996, win 503,
        options [nop,nop,TS val 595212378 ecr 25584934],
        length 94: HTTP: HTTP/1.1 500 Internal Server Error
    12:04:46.329245 IP 192.168.1.249.44234 > 192.168.1.63.8080: Flags [P.],
        seq 471:706, ack 4779, win 388,
        options [nop,nop,TS val 25585013 ecr 595205622],
        length 235: HTTP: GET /favicon.ico HTTP/1.1
    12:04:46.331659 IP 192.168.1.63.8080 > 192.168.1.249.44234: Flags [.],
        seq 4779:6227, ack 706, win 506,
        options [nop,nop,TS val 595212466 ecr 25585013],
        length 1448: HTTP: HTTP/1.1 200 OK
    12:04:46.331739 IP 192.168.1.63.8080 > 192.168.1.249.44234: Flags [P.],
        seq 6227:7168, ack 706, win 506,
        options [nop,nop,TS val 595212466 ecr 25585013],
        length 941: HTTP
```

이제 상황이 상당히 명확해졌다. 다른 요청들은 모두 잘 처리되어서 상태 코드 200 OK가 반환되었지만, /api/products에 대한 요청은 500 Internal Server Error가 반환되었다. 항상 그렇듯이 고객이 옳았고, 우리 제품이 문제였다!

이상의 예에서 tcpdump와 pcap 필터링의 위력을 실감했을 것이다. 그러나 이처럼 자신만의 구문을 가진 도구가 BPF 프로그램과는 무슨 상관이 있는지는 아직 명확하지 않다. 답은, 리눅스의 pcap 필터는 다름 아닌 BPF 프로그램으로 컴파일된다는 것이다. tcpdump는 필터링에 pcap 필터를 사용하므로, pcap 필터 구문을 적용해서 tcpdump를 실행할 때마다 내부적으로 해당 필터링 기능을 가진 BPF 프로그램이 컴파일되고 커널에 적재된다. -d 플래그를 지정해서 tcpdump를 실행하면 실제로 필터링용 BPF 프로그램의 어셈블리 명령문들을 볼 수 있다.

```
# tcpdump  -d  'ip and tcp port 8080'
```

필터 자체는 앞의 예제에 사용한 것과 같지만, -d 플래그 때문에 이번에는 일련의 BPF 어셈블리 명령문이 출력된다.

출력은 다음과 같다.

```
(000) ldh      [12]
(001) jeq      #0x800            jt 2    jf 12
(002) ldb      [23]
(003) jeq      #0x6              jt 4    jf 12
(004) ldh      [20]
(005) jset     #0x1fff           jt 12   jf 6
(006) ldxb     4*([14]&0xf)
(007) ldh      [x + 14]
(008) jeq      #0x1f90           jt 11   jf 9
(009) ldh      [x + 16]
(010) jeq      #0x1f90           jt 11   jf 12
(011) ret      #262144
(012) ret      #0
```

이 어셈블리 코드를 좀 더 분석해 보자.

ldh [12]

ldh 명령은 "load(ld) half-word(h)"를 뜻하며, 누산기(accumulator)의 특정 오프셋에서 반워드(half-word; 16비트)를 적재한다. 이 예에서는 누산기 오프셋 12에서 반워드를 적재하는데, [그림 6-1]에서 보듯이 그 반워드는 이더넷 프로토콜의 종류를 뜻하는 Ethertype 필드이다.

jeq #0x800 jt 2 jf 12

jeq는 "jump(j) if equal(eq)", 즉 "상등 시 점프" 명령이다. 지금 예에서는 방금 적재한 Ethertype 필드의 값이 0x800과 같으면 2번 주소로 점프하고(jt 2) 같지 않으면 12번 주소로 점프한다(jf 12). 0x800은 다름 아닌 IPv4 프로토콜을 나타내는 식별자이다. 따라서 이 명령은 패킷의 프로토콜이 IPv4이면 다음 명령으로 넘어가고 그렇지 않으면 프로그램의 끝으로 가서 0을 돌려주는(따라서 패킷을 폐기하는) 효과를 낸다.

ldb [23]

ldb는 load byte, 즉 1바이트 적재를 뜻한다. 지금 예에서는 오프셋 23의 바이트를 적재하는데, 이 23이라는 오프셋은 데이터 링크 계층(OSI 모형의 제2 계층) 이더넷 프레임의 헤더 길이 14(그림 6-1 참고)에 IPv4 헤더에 있는 전송 계층 프로토콜 ID의 시작 위치 9를 더한 것이다.

jeq #0x6 jt 4 jf 12

또 다른 상등 시 점프 명령인데, 이번에는 전송 계층 프로토콜 ID를 0x6과 비교한다. 0x6은 다름 아닌 TCP이다. 둘이 같으면 다음 명령(4번 주소)으로 넘어가고, 그렇지 않으면 프로그램 끝(12번 주소)으로 넘어가서 패킷을 폐기한다.

ldh [20]

또 다른 반워드 적재 명령으로, 이번에는 패킷 오프셋 14에 IPv4 헤더의 프래그먼트fragment 오프셋 6을 더한 오프셋 20에서 절반의 워드를 적재한다.

jset #0x1fff jt 12 jf 6

jset은 "jump if set"을 뜻한다. 지금 예에서 이 명령은 프래그먼트 오프셋에 있는 자료 중 하나라도 설정(1)되었으면 프로그램의 끝(12번 주소)으로, 그렇지 않으면 다음 명령(6번 주소)으로 넘어가는 효과를 낸다. 명령 다음의 0x1fff는 비트마스크이다. 이 값은 이진수로 0001 1111 1111 1111이므로, 결과적으로 jset은 현재 적재된 값의 마지막 비트 13개만 점검한다.

ldxb 4*([14]&0xf)

ldxb는 레지스터 x에 하나의 바이트 (b)를 적재하는(ld) 명령이다. 지금 예에서는 IP 헤더 길이를 x에 적재한다.

ldh [x + 14]

이 반워드 적재 명령은 오프셋 x+14의 16비트 값을 적재한다. 현재 x는 IP 헤더의 길이이므로 이 명령은 IP 헤더가 끝난 곳에서 14바이트 나아간 곳의 반워드를 적재하는데, 그 반워드는 바로 패킷의 원본 포트 번호이다.

jeq #0x1f90 jt 11 jf 9

오프셋 x+14의 16비트 값이 0x1f90과 같은지에 따라 분기한다. 0x1f90은 십진수로 8080이므로, 이 명령은 만일 포트 번호가 8080이면 11번 주소로 넘어가고 그렇지 않으면 다음 명령(9번 주소)으로 넘어가는 효과를 낸다.

ldh [x + 16]

이번에는 오프셋 x+16의 반워드를 적재한다. 그 반워드는 패킷의 목적지 포트 번호이다.

```
jeq #0x1f90 jt 11 jf 12
```

목적지 포트 번호가 8080이면 다음 명령(11번 주소)으로 가고 그렇지 않으면 프로그램 끝(12번 주소)으로 가서 패킷을 폐기한다.

```
ret #262144
```

실행이 이 명령에 도달했다면 패킷이 필터를 잘 통과한 것이다. 이 경우 해당 기본 스냅snap 길이인 262,144를 돌려준다. 이 스냅 길이(바이트 수)는 tcpdump의 -s 옵션으로 변경할 수 있다.

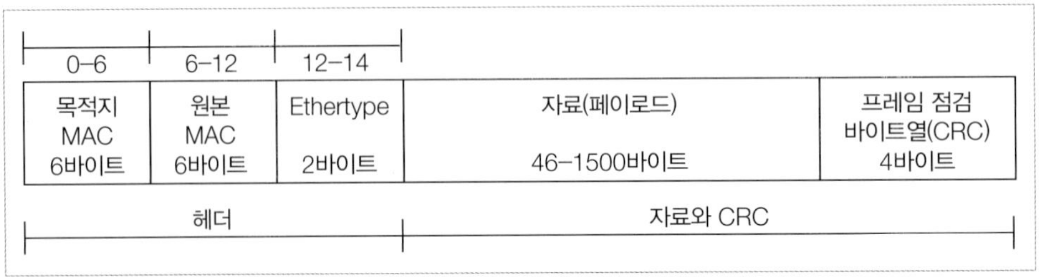

0–6	6–12	12–14		
목적지 MAC 6바이트	원본 MAC 6바이트	Ethertype 2바이트	자료(페이로드) 46–1500바이트	프레임 점검 바이트열(CRC) 4바이트
헤더			자료와 CRC	

그림 6-1 이더넷 프레임 구조

그런데 지금 시나리오에서 우리의 관심사는 웹 서버가 "받는" 요청들이므로, 8080번 포트에서 나오는 패킷들은 굳이 검사할 필요가 없다. 목적지가 8080인 패킷들만 보면 된다. 앞에서 잠깐 언급했듯이, 목적지만 점검하려면 필터 구문에 다음처럼 dst를 추가하면 된다.

```
# tcpdump -d 'ip and tcp dst port 8080'
```

어셈블리 출력은 이전과 비슷하지만, 원본 포트가 8080인지 점검하는 부분이 사라졌다. ldh [x + 14]와 해당 jeq #0x1f90 jt 11 jf 9가 없음을 주목하자.

```
(000) ldh      [12]
(001) jeq      #0x800           jt 2    jf 10
(002) ldb      [23]
(003) jeq      #0x6             jt 4    jf 10
(004) ldh      [20]
(005) jset     #0x1fff          jt 10   jf 6
(006) ldxb     4*([14]&0xf)
```

```
(007) ldh      [x + 16]
(008) jeq      #0x1f90           jt 9    jf 10
(009) ret      #262144
(010) ret      #0
```

여러분이 직접 작성한 pcap 필터가 의도한 대로 작동하지 않아서 디버깅할 때, 이처럼 tcpdump가 출력한 어셈블리를 조사하는 것이 도움이 될 것이다. 그러나 어셈블리를 눈으로 읽으면서 디버깅하기가 그리 쉽지 않을 수 있다. 그런 경우라면 커널 소스의 *tools/bpf* 디렉터리에 있는 bpf_dbg.c를 참고하기 바란다. 이것은 BPF 프로그램이나 .pcap 파일을 적재해서 개별 명령 단위로 실행을 추적할 수 있는 사실상의 디버거이다.

팁 tcpdump도 .pcap 파일을 직접 읽어서 BPF 필터를 적용하는 기능을 갖추고 있다.

6.1.2 소켓 패킷 필터링

소켓에 부착할 수 있는 BPF 프로그램 유형으로 소켓 필터 프로그램(BPF_PROG_TYPE_SOCKET_FILTER)이 있다. 소켓에 부착된 프로그램은 해당 소켓을 오가는 모든 패킷을 받아서 각 패킷 전달 여부를 결정한다. 패킷 정보는 sk_buff 구조체로 주어진다. 이 유형의 프로그램은 BPF 맵도 조회하거나 갱신할 수 있다.

그럼 이 유형의 BPF 프로그램을 활용하는 방법에 관한 예제를 살펴보자.

이번 예제의 목적은 특정 네트워크 인터페이스를 거쳐 가는 모든 TCP, UDP, ICMP(Internet Control Message Protocol) 패킷의 수를 각각 세는 것이다. 이 예제는 다음 세 요소로 구성된다.

- 패킷들을 조사하는 BPF 프로그램.

- BPF 프로그램을 적재하고 네트워크 인터페이스에 부착하는 적재용 프로그램(loader; 적재기).

- BPF 프로그램을 컴파일하고 적재용 프로그램을 띄우는 셸 스크립트.

이미 알고 있겠지만, BPF 프로그램을 만드는 방법은 크게 두 가지이다. 하나는 C 코드를 작성해서 *ELF* 형식의 목적 파일로 컴파일하는 것이고, 다른 하나는 BPF 어셈블리를 직접 사용하는 것이다. 이 책의 다른 여러 예제처럼 이번 예제에서도 고수준 추상과 Clang을 활용할 수 있도록 C로 BPF 프로그램을 작성한다. 컴파일을 위해서는 리눅스 커널의 헤더들과 보조 수단들이 필요하므로, 혹시 아직 하지 않았다면 원서 깃허브 저장소의 *README.md*를 참고해서 리눅스 커널 소스 트리를 설치하기 바란다. 필자는 다음과 같은 과정으로 커널 소스를 설치했다. 이하의 예제들은 환경 변수 $KERNEL_SRCTREE가 여러분의 상황에 맞는 커널 소스 디렉터리로 설정되어 있다고 가정한다.

```
$ export KERNEL_SRCTREE=/tmp/linux-stable
$ git clone git://git.kernel.org/pub/scm/linux/kernel/git/stable/\
linux-stable.git $KERNEL_SRCTREE
$ cd $KERNEL_SRCTREE
$ git checkout 4b3c31c8d4dda4d70f3f24a165f3be99499e0328
```

팁 Clang은 버전 3.4.0부터, LLVM은 버전 3.7.1부터 BPF를 지원한다. llc -version의 출력에서 빌드 대상에 BPF가 있다면 BPF를 지원하는 것이다.

BPF 프로그램

이 예제의 BPF 프로그램은 주어진 패킷의 프로토콜이 TCP나 UDP, ICMP 중 하나이면 프로토콜 이름을 키로 해서 맵의 해당 카운터를 증가한다.

이 BPF 프로그램은 커널 소스 트리의 *samples/bpf/bpf_load.c*에 있는 보조 함수들을 이용해서 BPF가 제공하는 ELF 파일 파싱 기능을 활용한다. 보조 함수 중 하나인 load_bpf_file은 BPF 프로그램 소스 코드를 컴파일해서 얻은 ELF 파일의 특정 섹션에 있는 헤더들을 인식해서 그에 대응되는 프로그램 유형을 선택하는데, 이와 관련해서 *samples/bpf/bpf_load.c* 파일에 다음과 같은 코드가 있다.

```
bool is_socket = strncmp(event, "socket", 6) == 0;
bool is_kprobe = strncmp(event, "kprobe/", 7) == 0;
bool is_kretprobe = strncmp(event, "kretprobe/", 10) == 0;
bool is_tracepoint = strncmp(event, "tracepoint/", 11) == 0;
bool is_raw_tracepoint = strncmp(event, "raw_tracepoint/", 15) == 0;
bool is_xdp = strncmp(event, "xdp", 3) == 0;
bool is_perf_event = strncmp(event, "perf_event", 10) == 0;
```

```
bool is_cgroup_skb = strncmp(event, "cgroup/skb", 10) == 0;
bool is_cgroup_sk = strncmp(event, "cgroup/sock", 11) == 0;
bool is_sockops = strncmp(event, "sockops", 7) == 0;
bool is_sk_skb = strncmp(event, "sk_skb", 6) == 0;
bool is_sk_msg = strncmp(event, "sk_msg", 6) == 0;
```

이 코드는 SEC 매크로가 섹션 헤더에 삽입하는 특정 문자열에 의존한다. 예를 들어 BPF 프로그램에 SEC("socket")이 있으면 결과적으로 bool is_socket=true가 된다.

같은 파일에는 위의 코드에서 설정된 부울 변수들에 기초해서 헤더를 실제 프로그램 유형 (prog_type)과 연관시키는 다음과 같은 일련의 if 문들이 있다. 예를 들어 is_socket이 참이면 prog_type은 BPF_PROG_TYPE_SOCKET_FILTER가 된다.

```
if (is_socket) {
        prog_type = BPF_PROG_TYPE_SOCKET_FILTER;
} else if (is_kprobe || is_kretprobe) {
        prog_type = BPF_PROG_TYPE_KPROBE;
} else if (is_tracepoint) {
        prog_type = BPF_PROG_TYPE_TRACEPOINT;
} else if (is_raw_tracepoint) {
        prog_type = BPF_PROG_TYPE_RAW_TRACEPOINT;
} else if (is_xdp) {
        prog_type = BPF_PROG_TYPE_XDP;
} else if (is_perf_event) {
        prog_type = BPF_PROG_TYPE_PERF_EVENT;
} else if (is_cgroup_skb) {
        prog_type = BPF_PROG_TYPE_CGROUP_SKB;
} else if (is_cgroup_sk) {
        prog_type = BPF_PROG_TYPE_CGROUP_SOCK;
} else if (is_sockops) {
        prog_type = BPF_PROG_TYPE_SOCK_OPS;
} else if (is_sk_skb) {
        prog_type = BPF_PROG_TYPE_SK_SKB;
} else if (is_sk_msg) {
        prog_type = BPF_PROG_TYPE_SK_MSG;
} else {
        printf("Unknown event '%s'\n", event);
        return -1;
}
```

뒤집어 말하자면, BPF_PROG_TYPE_SOCKET_FILTER 유형의 BPF 프로그램을 만들려면 BPF 프로그램 소스 코드에 SEC("socket")을 지정해야 한다.

앞의 코드에서 보듯이 BPF는 소켓 및 네트워크와 관련해 다양한 프로그램 유형을 지원한다. 제2장에서부터 다양한 유형의 예제 프로그램을 만나 보았다. 이번 장의 예제들은 모두 BPF_PROG_TYPE_SOCKET_FILTER 유형이고, 제7장에서는 XDP를 위한 BPF_PROG_TYPE_XDP 유형의 프로그램들도 만난다.

이번 예제 프로그램의 목표는 프로토콜별로 패킷 개수를 세는 것이다. 이를 위해 프로토콜 이름(문자열)을 키로 사용하는 해시 맵을 사용할 수도 있지만, 여기서는 프로토콜 종류에 따른 정수 색인을 키로 사용하는 배열 맵을 사용하기로 한다.

```
struct bpf_map_def SEC("maps") countmap = {
    .type = BPF_MAP_TYPE_ARRAY,
    .key_size = sizeof(int),
    .value_size = sizeof(int),
    .max_entries = 256,
};
```

이 코드에서 보듯이, 맵을 정의할 때는 bpf_map_def라는 구조체를 사용한다. BPF 프로그램에서는 식별자 countmap을 이용해서 이 맵을 참조한다.

이제 실제로 패킷 수를 세는 코드를 보자. 패킷을 세려면 소켓에 접근해야 하므로, 프로그램 유형으로는 BPF_PROG_TYPE_SOCKET_FILTER가 적합하다. 따라서 섹션 헤더로 SEC("socket")를 지정한다.

```
SEC("socket")
int socket_prog(struct __sk_buff *skb) {
  int proto = load_byte(skb, ETH_HLEN + offsetof(struct iphdr, protocol));
  int one = 1;
  int *el = bpf_map_lookup_elem(&countmap, &proto);
  if (el) {
    (*el)++;
  } else {
    el = &one;
  }
  bpf_map_update_elem(&countmap, &proto, el, BPF_ANY);
```

```
    return 0;
  }
```

BPF 프로그램의 주 함수 socket_prog에서는 load_byte 함수를 이용해서 sk_buff 구조체의
프로토콜 번호를 조회한다. 그런 다음 그것을 색인으로 사용해서 bpf_map_lookup_elem 함수
로 countmap의 해당 항목을 조회한다. 만일 그 항목이 존재하면(즉, 해당 포인터가 NULL이 아
니면) 그 항목의 값을 1만큼 증가하고, 존재하지 않으면 이번이 해당 프로토콜의 패킷을 처음
으로 받은 것이므로 새로이 1로 설정한다. 마지막으로, bpf_map_update_elem 함수를 이용해
서 새 값으로 맵을 갱신한다.

이 소스 코드를 Clang으로 컴파일해서 BPF용 ELF 목적 파일로 만들려면 -target bpf를
지정해야 한다. 적재용 프로그램을 이용해서 적재할 목적 파일 bpf_program.o를 생성하는 명
령은 다음과 같다.

```
clang -O2 -target bpf -c bpf_program.c -o bpf_program.o
```

적재 및 네트워크 인터페이스에 부착

적재용 프로그램은 앞에서 컴파일한 BPF용 ELP 이진 목적 파일 bpf_program.o를 열어서 해
당 BPF 프로그램과 BPF 맵을 우리가 감시할 네트워크 인터페이스에 대해 생성된 소켓에 부착
한다. 여기서는 루프백^{loopback} 인터페이스 lo에 부착하기로 한다.

적재용 프로그램의 핵심부는 ELF 파일을 실제로 적재하는 다음 부분이다.

```
if (load_bpf_file(filename)) {
  printf("%s", bpf_log_buf);
  return 1;
}

sock = open_raw_sock("lo");

if (setsockopt(sock, SOL_SOCKET, SO_ATTACH_BPF, prog_fd,
               sizeof(prog_fd[0]))) {
  printf("setsockopt %s\n", strerror(errno));
  return 0;
}
```

이 코드는 주어진 BPF 프로그램 목적 파일의 파일 서술자를 prog_fd 배열에 넣고, 그것을 open_raw_sock 함수로 연 루프백 인터페이스 lo의 소켓 서술자에 부착한다. setsockopt 호출의 셋째 인수로 지정한 SO_ATTACH_BPF에 의해, 해당 BPF 프로그램이 원(raw) 소켓에 부착된다.

다음으로, 적재용 프로그램은 커널에 적재된 BPF 프로그램이 갱신한 맵의 내용을 조회해서 화면에 출력한다.

```
for (i = 0; i < 10; i++) {
  key = IPPROTO_TCP;
  assert(bpf_map_lookup_elem(map_fd[0], &key, &tcp_cnt) == 0);

  key = IPPROTO_UDP;
  assert(bpf_map_lookup_elem(map_fd[0], &key, &udp_cnt) == 0);

  key = IPPROTO_ICMP;
  assert(bpf_map_lookup_elem(map_fd[0], &key, &icmp_cnt) == 0);

  printf("TCP %d UDP %d ICMP %d packets\n", tcp_cnt, udp_cnt, icmp_cnt);
  sleep(1);
}
```

이 for 루프는 bpf_map_lookup_elem을 이용해서 TCP, UDP, ICMP 패킷 개수를 조회하고 출력하는 작업을 1초 간격으로 10회 반복한다.

이제 남은 일은 적재용 프로그램을 실행 파일로 컴파일하는 것뿐이다.

이 프로그램은 *libbpf* 라이브러리에 의존하므로, 앞에서 설치한 커널 소스 트리에서 *libbpf* 를 컴파일해야 한다.

```
$ cd $KERNEL_SRCTREE/tools/lib/bpf
$ make
```

*libbpf*가 성공적으로 만들어졌다면, 다시 *loader.c*가 있는 디렉터리로 가서 다음과 같은 컴파일용 셸 스크립트 *build-loader.sh*를 실행한다.

```
KERNEL_SRCTREE=$1
LIBBPF=${KERNEL_SRCTREE}/tools/lib/bpf/libbpf.a
clang -o loader-bin -I${KERNEL_SRCTREE}/tools/lib/bpf/ \
  -I${KERNEL_SRCTREE}/tools/lib -I${KERNEL_SRCTREE}/tools/include \
  -I${KERNEL_SRCTREE}/tools/perf -I${KERNEL_SRCTREE}/samples \
  ${KERNEL_SRCTREE}/samples/bpf/bpf_load.c \
  loader.c "${LIBBPF}" -lelf
```

컴파일을 위해서는 적재용 프로그램의 소스뿐만 아니라 커널 자체의 여러 헤더 파일과 *libbpf*
라이브러리가 필요하므로 커널 소스 트리의 위치를 명시해야 한다. 유연성을 위해 스크립트의
첫 인수를 $KERNEL_SRCTREE로 설정하도록 했다. 따라서 이 스크립트를 실행할 때는 다음처럼
커널 소스 트리 위치를 지정해야 한다.

```
$ ./build-loader.sh /tmp/linux-stable
```

이제 loader-bin이라는 이름의 이진 실행 파일이 만들어졌을 것이다. 마지막으로, 다음과 같
이 BPF 프로그램 ELF 파일을 지정해서 적재용 프로그램을 실행한다(루트 권한으로 실행해야
한다).

```
# ./loader-bin bpf_program.o
```

잠시 기다리면 TCP, UDP, ICMP 패킷 수들로 구성된 줄이 1초 간격으로 총 10개 출력된
다. 이 예제의 BPF 프로그램은 루프백 인터페이스 lo에 부착되므로, ping 명령을 이용해서
127.0.0.1에 핑을 계속 날렸을 때 ICMP 패킷의 수가 증가한다면 프로그램이 제대로 작동한다
고 볼 수 있다.

다른 터미널에서 다음 명령을 실행하자.

```
$ ping -c 100 127.0.0.1
```

이 명령은 lo에 핑을 총 100회 날린다. 터미널에는 다음과 비슷한 메시지들이 출력될 것이다.

```
PING 127.0.0.1 (127.0.0.1) 56(84) bytes of data.
64 bytes from 127.0.0.1: icmp_seq=1 ttl=64 time=0.100 ms
```

```
64 bytes from 127.0.0.1: icmp_seq=2 ttl=64 time=0.107 ms
64 bytes from 127.0.0.1: icmp_seq=3 ttl=64 time=0.093 ms
64 bytes from 127.0.0.1: icmp_seq=4 ttl=64 time=0.102 ms
64 bytes from 127.0.0.1: icmp_seq=5 ttl=64 time=0.105 ms
64 bytes from 127.0.0.1: icmp_seq=6 ttl=64 time=0.093 ms
64 bytes from 127.0.0.1: icmp_seq=7 ttl=64 time=0.104 ms
64 bytes from 127.0.0.1: icmp_seq=8 ttl=64 time=0.142 ms
```

이제 이전의 터미널로 돌아가서 BPF 프로그램을 적재, 실행한다.

```
# ./loader-bin bpf_program.o
```

그러면 다음과 비슷한 결과가 출력될 것이다.

```
TCP 0 UDP 0 ICMP 0 packets
TCP 0 UDP 0 ICMP 4 packets
TCP 0 UDP 0 ICMP 8 packets
TCP 0 UDP 0 ICMP 12 packets
TCP 0 UDP 0 ICMP 16 packets
TCP 0 UDP 0 ICMP 20 packets
TCP 0 UDP 0 ICMP 24 packets
TCP 0 UDP 0 ICMP 28 packets
TCP 0 UDP 0 ICMP 32 packets
TCP 0 UDP 0 ICMP 36 packets
```

이렇게 해서 소켓 필터 BPF 프로그램을 이용해서 리눅스에서 패킷을 필터링하는 데 필요한 기본적인 방법을 살펴보았다. 그런데 이것이 패킷들을 조작하는 유일한 방법은 아니다. 소켓과 직접 상호작용하는 대신, 커널의 패킷 스케줄링 하위 시스템에 BPF 프로그램을 부착할 수도 있다. 그럼 그 방법을 살펴보자.

6.2 BPF 기반 TC 분류기

TC(Traffic Control; 소통량 제어)는 커널의 패킷 스케줄링 하위 시스템 구조를 일컫는 이름이다. TC는 패킷들이 흐르는 방식과 승인(허용) 또는 기각(폐기)되는 방식을 결정하는 메커니즘들과 대기열 시스템(queing system)들로 구성된다.

다음은 TC의 주요 용도이다.

- 특정 종류의 패킷을 우선시해서 처리한다.

- 특정 종류의 패킷을 폐기한다.

- 대역폭을 분산한다.

대체로, 한 시스템의 네트워크 자원을 분산, 재배치하고 싶을 때 가장 먼저 고려하는 수단이 바로 TC이다. 이러한 TC를 최대한 활용하려면 여러분이 실행하고자 하는 응용 프로그램의 종류에 기초해서 TC를 구체적으로 설정할 필요가 있다. 이를 위해 TC는 cls_bpf라고 하는 프로그래밍 가능한 분류기(classifier)를 제공한다. cls_bpf를 이용하면, 소켓 버퍼와 패킷 메타자료를 읽고 갱신해서 소통량 정형화(shaping)나 추적, 전처리 같은 일을 수행하는 BPF 프로그램들을 다양한 수준의 스케줄링 연산들에 부착할 수 있다.

cls_bpf는 커널 버전 4.1부터 eBPF(확장 BPF)를 지원한다. 즉, 커널 버전 4.1부터 cls_bpf 기반 분류기가 BPF 맵 접근, 꼬리 호출, IPv4/IPv6 터널 메타자료 등을 지원하며, eBPF의 여러 보조 함수와 기능을 사용할 수 있다.

TC와 관련해서 네트워크 구성 설정과 상호작용하는 데 쓰이는 도구들은 iproute2 도구 모음(*https://oreil.ly/SYGwI*)의 일부이다. 이 도구 모음에는 특히 네트워크 인터페이스 설정을 조작하는 ip와 TC 설정을 조작하는 tc가 있다.

TC를 이해하려면 우선 관련 용어부터 익힐 필요가 있다. 그럼 적어도 이번 장의 내용을 이해하는 데 필요한 주요 용어 몇 가지를 살펴보자

6.2.1 용어

여기서는 TC와 BPF 프로그램 사이에 존재하는 여러 상호작용 지점을 이해하는 것을 목적으로 TC의 몇 가지 주요 개념과 용어를 소개한다. TC에 이미 익숙한 독자라면 §6.2.2의 예제로 넘어가도 좋다.

qdisc

qdisc(queuing discipline; 대기열 관리 규칙)는 한 네트워크 인터페이스로 가는 패킷들을 대기열에 추가하는 데 사용하는 스케줄링 객체들을 정의함으로써 패킷들이 전달되는 방식을 변경한다. 그런 객체들은 클래스 있는 객체와 클래스 없는 객체로 나뉜다.

기본 qdisc 객체는 `pfifo_fast`이다. 클래스 없는 이 객체는 패킷들을 세 가지 FIFO 대기열에 추가하고, 패킷의 우선순위에 따라 대기열에서 패킷들을 뽑는다. 이 qdisc는 루프백(lo)이나 가상 이더넷 장치(Virtual Ethernet device; veth) 같은 가상 장치에는 쓰이지 않는다. 그런 장치들은 `noqueue`를 사용한다. `pfifo_fast`는 특별한 설정이 없어도 작동하므로 기본 스케줄링 알고리즘으로 사용하기에 좋다.

주어진 네트워크 인터페이스가 가상 인터페이스인지 아니면 실제 인터페이스(물리적 네트워크 장치)인지는 */sys/class/net* 디렉터리를 나열해 보면 알 수 있다.

```
$ ls -la /sys/class/net
total 0
drwxr-xr-x  2 root root 0 Feb 13 21:52 .
drwxr-xr-x 64 root root 0 Feb 13 18:38 ..
lrwxrwxrwx  1 root root 0 Feb 13 23:26 docker0 ->
../../devices/virtual/net/docker0
lrwxrwxrwx  1 root root 0 Feb 13 23:26 enp0s31f6 ->
../../devices/pci0000:00/0000:00:1f.6/net/enp0s31f6
lrwxrwxrwx  1 root root 0 Feb 13 23:26 lo -> ../../devices/virtual/net/lo
```

아직은 뭐가 뭔지 좀 아리송할 텐데, qdisc를 처음 접한 독자가 qdisc에 좀 더 익숙해지는 한 가지 방법은 `ip a` 명령을 실행해 보는 것이다. 이 명령은 현재 시스템에 설정된 모든 네트워크 인터페이스를 나열한다.

```
$ ip a
1: lo: <LOOPBACK,UP,LOWER_UP> mtu 65536 qdisc noqueue
state UNKNOWN group default qlen 1000
    link/loopback 00:00:00:00:00:00 brd 00:00:00:00:00:00
    inet 127.0.0.1/8 scope host lo
    valid_lft forever preferred_lft forever
    inet6 ::1/128 scope host
    valid_lft forever preferred_lft forever
2: enp0s31f6: <NO-CARRIER,BROADCAST,MULTICAST,UP> mtu 1500 qdisc
```

```
fq_codel stateDOWN group default
qlen 1000
link/ether 8c:16:45:00:a7:7e brd ff:ff:ff:ff:ff:ff
6: docker0: <NO-CARRIER,BROADCAST,MULTICAST,UP> mtu 1500 qdisc
noqueue state DOWN group default
link/ether 02:42:38:54:3c:98 brd ff:ff:ff:ff:ff:ff
inet 172.17.0.1/16 brd 172.17.255.255 scope global docker0
   valid_lft forever preferred_lft forever
inet6 fe80::42:38ff:fe54:3c98/64 scope link
   valid_lft forever preferred_lft forever
```

예제 출력을 잘 보면 각 인터페이스 항목에 qdisc가 있다. 이 출력을 좀 더 분석해 보자.

- 이 시스템에는 lo, enp0s31f6, docker0이라는 세 가지 네트워크 인터페이스가 있다.

- lo 인터페이스는 가상 인터페이스이므로 해당 qdisc 객체는 noqueue이다.

- enp0s31f6은 물리적 인터페이스고 해당 qdisc 객체는 fq_codel(fair queue controlled delay)이다. 앞에서 언급한 기본 qdisc 객체 pfifo_fast가 아닌 이유는, 이 시스템이 systemd를 사용하기 때문이다. systemd는 커널 매개변수 net.core. default_qdisc를 이용해서 fq_codel을 기본 qdisc로 설정한다.

- docker0 인터페이스는 연결 인터페이스(bridge interface)이므로 가상 장치를 사용한다. 따라서 qdisc는 noqueue이다.

noqueue qdisc에는 클래스나 스케줄러, 분류기가 없다. 이 qdisc는 그냥 주어진 패킷을 즉시 전송하기만 한다. 앞에서 언급했듯이 noqueue는 가상 인터페이스에 기본으로 쓰인다. 또한 이 qdisc는 주어진 인터페이스와 연관된 qdisc를 삭제하는 용도로도 쓰인다.

fq_codel은 클래스 없는 qdisc로, 들어온 패킷을 확률 모형을 이용해서 분류함으로써 소통량 흐름을 공정한(fair) 방식으로 처리하려 한다.

이제 뭔가 감이 좀 잡힐 것이다. 앞에서는 ip 명령으로 qdisc들에 관한 정보를 조사했는데, iproute2 도구 모음의 tc라는 도구도 qdisc를 파악하는 데 도움이 된다. 이 도구는 qdisc을 대상으로 하는 몇 가지 하위 명령을 제공한다. 다음은 모든 qdisc를 나열하는 예이다.

```
$ tc qdisc ls
qdisc noqueue 0: dev lo root refcnt 2
qdisc fq_codel 0: dev enp0s31f6 root refcnt 2 limit 10240p flows 1024 quantum
1514 target 5.0ms interval 100.0ms memory_limit 32Mb ecn
qdisc noqueue 0: dev docker0 root refcnt 2
```

다소 복잡한 출력인데, 잘 살펴보면 docker0과 lo에 관한 항목은 앞에서 ip a로 얻은 것과 사실상 동일하지만 enp0s31f6에 관한 항목은 이전보다 정보가 많다. 그 항목에서 예를 들어 다음을 알 수 있다.

- limit 10240p는 이 인터페이스가 처리할 수 있는 유입 패킷(들어오는 패킷)이 최대 10,240개라는 뜻이다.

- 앞에서 언급했듯이 fq_codel은 확률 모형에 기초해서 소통량을 여러 흐름으로 나누는데, flows 1024는 그러한 흐름이 최대 1,024개임을 말해준다.

qdisc의 핵심 개념은 이 정도로 마무리하고, 클래스 있는 qdisc와 클래스 없는 qdisc를 좀 더 자세히 살펴보자. 둘이 어떻게 다르고 어떤 것이 BPF 프로그램에 유용한지 알게 될 것이다.

클래스 있는 qdisc와 필터

클래스 있는(classful) qdisc로는 네트워크 소통량을 여러 클래스(부류)로 나누고 각각에 다른 규칙을 적용할 수 있다. 특히, qdisc에 클래스가 있다는 것은 그 qdisc에 다른 qdisc들을 내포할 수 있다는 뜻이다. 한 qdisc에 다른 qdisc를 내포해서 위계구조(hierarchy; 또는 계통구조)를 만들면, 주어진 패킷을 추가할 다음 수준 클래스를 결정하는 필터(분류기)를 이용해서 소통량을 여러 클래스로 분류할 수 있다.

이 문맥에서 필터는 주어진 패킷의 종류에 기초해서 그 패킷을 특정 클래스에 배정하는 용도로 쓰인다. 클래스 있는 qdisc는 내부적으로 필터를 이용해서 주어진 패킷을 추가할 클래스를 결정하는데, [그림 6-2]에서 보듯이 둘 이상의 필터를 같은 클래스에 붙일 수 있으며, 각각의 필터에는 패킷에 담긴 정보에 기반해서 패킷들을 분류하는 분류기가 하나씩 있다.

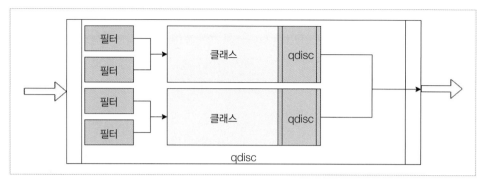

그림 6-2 클래스 있는 qdisc와 필터

앞에서 언급했듯이 TC를 위한 BPF 프로그램을 작성할 때 사용하기에 적합한 분류기는 cls_bpf이다. 잠시 후에 이 분류기를 사용하는 구체적인 예제가 나온다.

TC에서 클래스는 클래스 있는 qdisc 안에서만 존재하는 객체이다. 이 클래스들은 일종의 위계구조를 형성하는 데 쓰인다. 하나의 클래스에 여러 개의 필터를 붙일 수 있고 한 클래스를 다른 클래스나 qdisc의 진입점으로 연결할 수 있다는 점 덕분에, 복잡한 위계구조를 형성하는 것이 가능하다.

클래스 없는 qdisc

클래스 없는(classless) qdisc는 말 그대로 클래스가 없는 qdisc이다. 클래스가 없으니 다른 qdisc를 내포하지는 못한다. 따라서 이런 qdisc들로는 위계구조를 만들 수 없다. 또한, 클래스가 없으므로 qdisc에 필터를 부착할 수도 없다. 위계구조도 못 만들고 필터도 못 붙이는 qdisc 이므로 BPF의 관점에서는 별로 쓸모가 없지만, 간단한 TC 작업에는 여전히 유용하다.

qdisc와 필터, 클래스에 관한 기본 지식을 갖추었으니, 이제 cls_bpf 분류기를 위한 BPF 프로그램을 작성하는 방법으로 넘어가자.

6.2.2 cls_bpf를 이용한 TC 분류기 BPF 프로그램 작성

앞에서 언급했듯이 TC는 강력한 메커니즘이며, 그 위력의 상당 부분은 분류기 덕분이다. TC 에는 다양한 분류기가 있지만, 네트워크 자료 경로를 조작할 수 있는 것은 cls_bpf이다. 이 분류기는 BPF 프로그램을 실행할 수 있다는 점에서 특별하다. 좀 더 구체적으로, `cls_bpf`를 이용하면 BPF 프로그램을 진입층(ingress layer)과 출구층(egress layer)의 훅hook들에 직접 부착할 수 있다. 이는 BPF 프로그램이 시스템에 들어오고 나가는 패킷의 `sk_buff`에 접근할 수 있다는 뜻이다.

[그림 6-3]을 보면 TC와 BPF 프로그램의 관계가 좀 더 잘 이해될 것이다. 이 그림은 BPF 프로그램들이 `cls_bpf` 분류기에 적재되는 과정을 보여준다. BPF 프로그램들이 진입 qdisc와 출구 qdisc에 부착된다는 점도 그림에서 알 수 있다. 그림은 또한 주요 구성요소들 사이의 다른 모든 상호작용도 보여준다. 네트워크 인터페이스를 출발점으로, 네트워크 소통량의 흐름은 다음과 같이 진행된다.

- 소통량은 먼저 TC의 진입층 훅으로 간다.

- 들어온 요청에 대해 커널은 해당 BPF 프로그램(사용자 공간 프로그램이 그 훅에 부착한)을 실행한다.

- 진입층 BPF 프로그램의 실행이 끝나면 제어 흐름은 네트워킹 스택으로 넘어가며, 거기서 사용자 응용 프로그램에 네트워킹 이벤트를 전달한다.

- 응용 프로그램이 그 이벤트에 반응해서 응답을 돌려주면 TC는 이제 출구층의 훅에 부착된 또 다른 BPF 프로그램을 실행한다. 그 실행이 끝나면 제어 흐름은 다시 커널로 돌아간다.

- 최종적으로, 응용 프로그램의 응답이 클라이언트에 전달된다.

이러한 TC용 BPF 프로그램도 이전 예제들처럼 C 언어로 작성한다. C로 작성한 소스 코드를 BPF를 대상으로 해서 LLVM/Clang으로 컴파일하면 적재 가능한 ELF 목적 파일이 나온다.

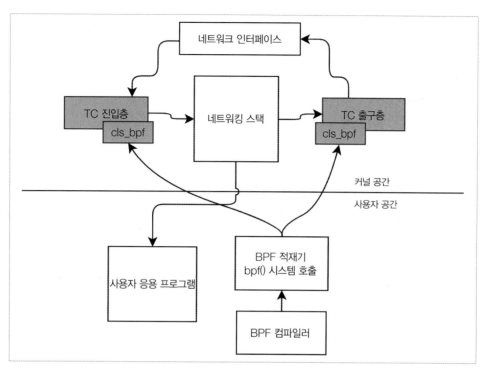

그림 6-3 TC의 BPF 프로그램 적재 과정

팁 진입층 qdisc와 출구층 qdisc는 각각 들어오는(진입) 소통량과 나가는(출구) 소통량에 대한 BPF 프로그램을 TC에 부착하는 확장점(훅)이다.

이 예제가 작동하려면 `cls_bpf`를 직접 내장하거나 하나의 모듈로서 포함하도록 컴파일된 커널이 필요하다. 예제를 실행할 수 있는 커널인지 확인하기 위해, 명령줄에서 다음 명령을 실행하기 바란다.[1]

```
$ cat /proc/config.gz¦ zcat  ¦ grep -i BPF
```

출력 중 다음 항목들이 y나 m이어야 한다.

```
CONFIG_BPF=y
CONFIG_BPF_SYSCALL=y
```

---

1 혹시 시스템에 */proc/config.gz* 파일이 없다면 */boot/config*나 */boot/config-$(uname -r)* 파일을 시도해 보기 바란다.

```
CONFIG_NET_CLS_BPF=m
CONFIG_BPF_JIT=y
CONFIG_HAVE_EBPF_JIT=y
CONFIG_BPF_EVENTS=y
```

그럼 분류기 BPF 프로그램의 코드를 보자.

```
SEC("classifier")
static inline int classification(struct __sk_buff *skb) {
  void *data_end = (void *)(long)skb->data_end;
  void *data = (void *)(long)skb->data;
  struct ethhdr *eth = data;

  __u16 h_proto;
  __u64 nh_off = 0;
  nh_off = sizeof(*eth);

  if (data + nh_off > data_end) {
    return TC_ACT_OK;
  }
```

통상적인 C 프로그램의 main 함수에 해당하는 이 분류기 BPF 프로그램의 주 함수는 classification이다. 이 함수에는 classifier라는 섹션 헤더가 주해(annotation)로 붙어 있다. TC는 이 헤더를 보고 이것이 분류기로 작동할 BPF 프로그램임을 인식한다.

classification 함수는 먼저 skb 구조체에서 몇 가지 정보를 추출한다. data 필드에는 프로토콜 세부사항을 비롯해 현재 패킷에 관한 모든 자료가 들어 있다. 그 자료를 의미 있는 필드들로 해석하기 위해, 이더넷 프레임의 구조를 반영한 ethhdr 구조체로 변환한다. 정적 BPF 검증기의 조건들을 충족하기 위해 그 자료를 점검한다. 좀 더 구체적으로, ethhdr 구조체를 가리키는 포인터 변수 eth의 크기를 더한 위치가 자료의 끝에 해당하는 data_end를 넘지는 않는지 확인한다.

그런 다음에는 구조체 안으로 한 수준 들어가서, h_proto 멤버에 담긴 네트워크 계층 프로토콜 종류를 확인한다.

```
    h_proto = eth->h_proto;

    if (h_proto == bpf_htons(ETH_P_IP)) {
      if (is_http(skb, nh_off) == 1) {
        trace_printk("Yes! It is HTTP!\n");
      }
    }

    return TC_ACT_OK;
  }
```

네트워크 계층 프로토콜이 IPv4인 경우에는 내부 패킷의 응용 계층 프로토콜이 HTTP인지 확인하기 위해 is_http라는 함수를 호출하고, HTTP가 맞으면 그 사실을 알리는 메시지를 로그에 기록한다. 다음은 HTTP 여부를 확인하는 is_http 함수의 주요 부분이다.

```
  void *data_end = (void *)(long)skb->data_end;
  void *data = (void *)(long)skb->data;
  struct iphdr *iph = data + nh_off;

  if (iph + 1 > data_end) {
    return 0;
  }

  if (iph->protocol != IPPROTO_TCP) {
    return 0;
  }
  __u32 tcp_hlen = 0;
```

classification 함수처럼 is_http 함수도 skb 구조체에서 자료를 뽑되, IPv4 프로토콜 헤더 부분은 classification이 넘겨준 길이(nh_off)를 이용해서 넘어간다. 이전처럼 BPF 검증기를 만족시키기 위해, 먼저 자료 크기가 유효한지 점검한다.

  그런 다음에는 이 패킷의 전송 계층 프로토콜이 TCP인지 확인한다. 만일 프로토콜 식별자가 IPPROTO_TCP와 같으면 TCP인 것이다. 그런 경우 *tcph 변수를 통해서 실제 TCP 헤더로 들어간다.

```
    plength = ip_total_length - ip_hlen - tcp_hlen;
    if (plength >= 7) {
      unsigned long p[7];
      int i = 0;
      for (i = 0; i < 7; i++) {

        p[i] = load_byte(skb, poffset + i);
      }
      int *value;
      if ((p[0] == 'H') && (p[1] == 'T') && (p[2] == 'T') && (p[3] == 'P')) {
        return 1;
      }
    }

    return 0;
}
```

이 코드는 skb 구조체 중 TCP 페이로드payload가 시작하는 위치(poffset)에서 일곱 바이트를 읽고, 처음 네 바이트가 문자열 HTTP에 해당하는지 점검한다. 만일 그렇다면 OSI 7계층의 마지막 층인 응용 계층의 프로토콜이 HTTP이므로 참을 뜻하는 1을 돌려주고, 그렇지 않다면 0을 돌려준다.

이상에서 보듯이 이 예제 프로그램은 아주 단순하다. 이 분류기는 그냥 모든 패킷을 통과시키되, HTTP 패킷이면 간단한 메시지를 기록할 뿐이다.

이제 이 프로그램을 이전의 소켓 필터 예제에서 했던 것처럼 bpf를 대상으로 해서 Clang으로 컴파일하기 바란다. 다음 명령이 생성하는 *ELF* 파일 classifier.o를 나중에 tc 명령을 이용해서 TC에 적재할 것이다.

```
clang -O2 -target bpf -c classifier.c -o classifier.o
```

이제 BPF 프로그램을 네트워크 인터페이스에 부착해 보자. 여기서는 eth0에 부착하기로 한다.

다음은 BPF 프로그램을 적재하는 두 명령이다. 첫 명령은 eth0 장치의 기본 qdisc를 진입 층용 qdisc(ingress)로 바꾸고, 둘째 명령은 우리의 cls_bpf 기반 분류기 BPF 프로그램을 실제로 그 qdisc에 부착한다. 이렇게 하면 BPF 프로그램이 eth0으로 들어오는 모든 패킷을 분류한다. 만일 eth0에서 나가는 패킷들을 분류한다면 ingress 대신 egress를 지정하면 된다.

```
# tc qdisc add dev eth0 handle 0: ingress
# tc filter add dev eth0 ingress bpf obj classifier.o flowid 0:
```

이제 BPF 프로그램이 적재되었다. 그럼 eth0 인터페이스로 HTTP 요청을 보내 보자.

이를 위해서는 그 인터페이스에서 HTTP 서버를 실행해야 한다. 서버가 실행 중인 상태에서

curl을 이용해서 그 서버에 요청을 보내면 된다.

간단한 HTTP 서버는 파이썬 3의 `http.server` 모듈로 즉석에서 실행할 수 있다. 다음 명령은 8000번 포트에서 현재 작업 디렉터리의 내용을 제공하는 HTTP 서버를 실행한다.

```
$ python3 -m http.server
```

이제 `curl`로 이 서버에 요청을 보낸다(IP 주소는 독자의 환경에 맞게 적절히 변경하기 바란다).

```
$ curl http://192.168.1.63:8080
```

그러면 현재 작업 디렉터리의 내용을 감싼 HTML 코드가 출력될 것이다. 다음 `tc` 명령을 실행하면 분류기 BPF 프로그램이 `trace_printk`로 출력한 로그 메시지를 볼 수 있다.

```
# tc exec bpf dbg
```

모든 것이 잘 진행되었다면 다음과 비슷한 출력이 나올 것이다.

```
Running! Hang up with ^C!

        python3-18456 [000] ..s1 283544.114997: 0: Yes! It is HTTP!
        python3-18754 [002] ..s1 283566.008163: 0: Yes! It is HTTP!
```

축하한다! 이제 여러분도 BPF TC 분류기를 작성해 본 경험자가 되었다.

> 📘 이 예제처럼 그냥 로그 메시지를 이용하는 대신, 받은 HTTP 패킷에 관한 정보를 맵에 기록하고 개별적인 사용자 응용 프로그램이 그것을 읽어서 표시하게 할 수도 있다. 맵을 다루는 방법은 §6.1.2의 소켓 필터 프로그램 예제(특히 `countmap` 관련 부분)나 이전 장들의 예제들을 참고하기 바란다.

여기까지 왔다면, 분류기를 커널에서 내리는 방법도 궁금할 것이다. 다음처럼 `tc`의 `qdisk del` 명령으로 해당 인터페이스의 해당 qdisc(이 예의 경우 `eth0`의 `ingress`)를 삭제하면 BPF 프로그램도 커널에서 제거된다.

```
# tc qdisc del dev eth0 ingress
```

act_bpf는 무엇이고 cls_bpf와 어떻게 다른가?

TC에서 act_bpf라는 유형의 BPF 프로그램을 실행할 수 있다는 이야기를 들어본 독자도 있을 것이다. act_bpf는 분류기가 아니라 동작(action)이다. TC에서 '동작'은 필터에 부착되는 하나의 객체이며, 그 자체로 필터링(패킷의 승인 또는 폐기 결정)을 수행하지는 못한다. 그래서 일반적으로 act_bpf 동작보다 더 강력한 cls_bpf 분류기가 선호된다.

그러나 act_bpf는 임의의 분류기에 부착할 수 있기 때문에, 이미 가지고 있는 분류기에 BPF 프로그램을 부착하고자 할 때 act_bpf가 유용할 수도 있다.

6.2.3 TC와 XDP의 차이점

TC cls_bpf와 XDP 프로그램은 아주 비슷한 모습이지만 실제로는 상당히 다르다. 무엇보다도, TC 프로그램과는 달리 XDP 프로그램은 시스템으로 들어오는 소통량에만 적용할 수 있다. 더 나아가서, XDP 프로그램은 진입 자료 경로의 좀 더 앞쪽에서, 패킷이 주 커널 네트워크 스택에 진입하기 전에 실행된다. 따라서 XDP 프로그램은 소켓 버퍼 sk_buff 구조체에 접근할 수 없다. 대신 XDP 프로그램은 xdp_buff라는 구조체를 받는데, 이것은 메타자료가 없는, 좀 더 원시적인 패킷 표현에 해당한다. 이것이 단점인 것만은 아니다. XDP 프로그램은 커널 코드보다 먼저 실행되므로 패킷을 좀 더 효율적으로 폐기할 수 있다.

따라서 두 프로그램 중 어느 것이 더 나은지는 목적과 용도에 따라 다르다. XDP 프로그램은 커널이 채워 넣은 풍부한 자료와 메타자료에 접근할 수 없지만, 대신 커널이 그런 작업으로 시간을 허비하기 전에 패킷을 미리 폐기할 수 있다. 그러므로 OSI 7계층 중 제4 계층까지의 처리에는 XDP가 나을 수 있다. 이상의 논의가 잘 이해되지 않는다고 해도 걱정하지 말기 바란다. 다음 장인 제7장에서 XDP를 좀 더 자세히 살펴볼 것이다.

6.3 결론

이번 장을 통해서, 네트워크 자료 경로의 여러 수준에서 패킷들을 조사하고 제어하는 데 BPF 프로그램을 어떻게 활용하면 되는지 어느 정도 감을 잡을 수 있었을 것이다. 이번 장에서는 BPF 어셈블리를 생성하는 고수준 도구를 이용해서 패킷들을 필터링하는 방법을 살펴보았으며, BPF 프로그램을 네트워크 소켓에 부착하는 방법도 이야기했다. 또한 TC 진입층 qdisc에 BPF 프로그램을 부착해서 소통량을 분류하는 방법도 설명했다. 끝에서는 XDP도 간략하게 언급했는데, 이 주제는 제7장에서 좀 더 자세히 다룬다. 제7장에서는 XDP가 무엇이고 어떤 유형의 XDP 프로그램들이 있는지 소개하고, XDP 프로그램을 작성하고 시험하는 방법을 설명한다.

XDP 프로그램

XDP(Express Data Path)는 안전하고 프로그래밍 가능하며 커널에 통합된 고성능 패킷 처리기이다. 리눅스 네트워크 자료 경로 안에서 XDP는 네트워크 인터페이스 카드(NIC)의 드라이브가 패킷을 받았을 때 적절한 BPF 프로그램을 실행한다. 그런 BPF 프로그램을 XDP 프로그램이라고 부른다. XDP 프로그램은 수신된 패킷의 운명(폐기, 수정, 허용)을 최대한 이른 시점에서 결정한다.

최대한 일찍 실행된다는 점 외에, XDP 프로그램은 다음과 같은 설계상의 결정 덕분에 대단히 효율적이다.

- 패킷 처리 시 XDP 프로그램은 메모리를 할당하지 않는다.

- XDP 프로그램은 오직 단선적인, 단편화되지 않은(unfragmented) 패킷만 다룬다. XDP 프로그램에는 패킷의 시작 포인터와 끝 포인터가 주어진다.

- XDP 프로그램은 메타자료가 채워진 완전한 패킷에 해당하는 sk_buff 구조체(제6장)가 아니라 그보다 가벼운 xdp_buff 구조체에만 접근한다.

- XDP 프로그램은 eBPF 프로그램이므로 실행 시간에 상한이 있으며, 따라서 네트워크 파이프라인 안에서 XDP 프로그램의 비용은 상수이다.

XDP를 논의할 때 기억해야 할 점은 XDP가 커널 우회(bypass) 메커니즘이 아니라는 것이다. XDP는 애초에 다른 커널 하위 시스템들 및 내부 리눅스 보안 모형과 통합되도록 설계되었다.

참고: BPF 프로그램의 관점에서 xdp_buff 구조체는 XDP 프레임워크가 제공하는 메커니즘을 이용해서 패킷에 직접 접근하기 위한 문맥에 해당한다. sk_buff의 '경량' 버전이라고 생각하면 이해에 도움이 될 것이다.

sk_buff와의 주된 차이점은, xdp_buff에는 패킷 메타자료(proto, mark, type 등)가 없다는 것이다. 이런 정보는 네트워킹 파이프라인의 후반부에 가서야 파악되기 때문이다. xdp_buff는 그보다 일찍 만들어지며 다른 커널 계층들에 의존하지 않는다. 이는 XDP 프로그램으로 패킷을 좀 더 빠르게 처리할 수 있는 이유이기도 하다. xdp_buff가 루트(route)나 TC 혹 등 sk_buff를 사용하는 프로그램 유형에 주어지는 여러 패킷 메타자료에 대한 참조를 유지하지 않는다는 것도 XDP 프로그램의 속도에 기여하는 요인이다.

이번 장에서는 XDP 프로그램의 특징과 사용 가능한 XDP 프로그램 유형들을 살펴보고 XDP 프로그램을 컴파일하고 적재하는 방법을 설명한다. 또한, XDP 프로그램의 활용 방법을 짐작할 수 있는 현실적인 용례들도 소개한다.

7.1 XDP 프로그램의 개요

본질적으로 XDP 프로그램은 수신된 패킷의 운명을 결정한다. XDP 프로그램은 패킷의 내용을 수정할 수도 있고, 그냥 하나의 결과 코드를 반환할 수도 있다. 커널은 그 결과 코드에 해당하는 적절한 동작을 패킷에 적용한다. 결과 코드에 따라 패킷이 폐기되거나, 같은 인터페이스를 통해서 밖으로 전송되거나, 네트워킹 스택의 다음 단계로 넘어간다. 더 나아가서, 네트워크 스택과의 연동을 위해 XDP 프로그램이 패킷의 헤더들을 수정할 수도 있다. 예를 들어 커널이 지원하지 않는 캡슐화 형식이나 프로토콜을 사용하는 패킷이 들어왔을 때 XDP 프로그램이 패킷의 캡슐화를 해제하거나 프로토콜을 변경해서 커널에 넘겨줄 수 있다.

그렇다면 XDP와 BPF(좀 더 구체적으로는 eBPF)는 어떤 관계일까? 답은, XDP 프로그램은 다름 아닌 BPF 프로그램이라는 것이다. XDP 프로그램은 BPF_PROG_TYPE_XDP 유형의 BPF 프로그램이며, 다른 BPF 프로그램들처럼 시스템 호출 bpf로 제어된다. 또한, 실행 드라이버 혹은 BPF 바이트코드를 실행한다.

XDP 프로그램을 작성할 때 반드시 염두에 두어야 할 주요 개념은 XDP 프로그램이 실행되는 문맥이다. 이를 운영 모드(operation mode)라고 부르기도 한다.

7.1.1 운영 모드

XDP에는 세 가지 운영 모드가 있다. 한 모드는 함수를 시험하는 데 도움이 되고, 다른 한 모드는 하드웨어 제조사가 만든 커스텀 하드웨어를 시험하는 데 도움이 되고, 나머지 한 모드는 그런 커스텀 하드웨어 없이 일반적인 방식으로 구축된 커널을 시험하는 데 도움이 된다. 그럼 세 모드를 차례로 살펴보자.

네이티브 XDP 모드

기본 모드인 네이티브 XDP 모드에서는 XDP 프로그램(BPF 프로그램)이 네트워킹 드라이버의 초기 수신 경로에서 직접 실행된다. 다른 모드들도 마찬가지지만, 이 모드를 사용할 때는 네트워크 카드 드라이버가 이 모드를 지원하는지 확인하는 것이 중요하다. 이를 확인하는 한 가지 방법은 다음과 같이 커널 소스 트리의 드라이버 코드를 검색해 보는 것이다.

1. *linux-stable* 저장소를 복제한다.

```
$ git clone git://git.kernel.org/pub/scm/linux/kernel/git/stable/\
linux-stable.git linux-stable
```

2. 시스템의 커널 버전에 맞는 태그를 체크아웃한다. 다음은 커널 버전이 4.18인 경우이다.

```
$ cd linux-stable
$ git checkout tags/v4.18
```

3. 사용 가능한 드라이버들을 검색한다.

```
$ git grep -l XDP_SETUP_PROG drivers/
```

마지막 명령은 다음과 비슷한 결과를 출력할 것이다.

```
drivers/net/ethernet/broadcom/bnxt/bnxt_xdp.c
drivers/net/ethernet/cavium/thunder/nicvf_main.c
drivers/net/ethernet/intel/i40e/i40e_main.c
drivers/net/ethernet/intel/ixgbe/ixgbe_main.c
drivers/net/ethernet/intel/ixgbevf/ixgbevf_main.c
drivers/net/ethernet/mellanox/mlx4/en_netdev.c
drivers/net/ethernet/mellanox/mlx5/core/en_main.c
drivers/net/ethernet/netronome/nfp/nfp_net_common.c
drivers/net/ethernet/qlogic/qede/qede_filter.c
drivers/net/netdevsim/bpf.c
drivers/net/tun.c
drivers/net/virtio_net.c
```

이 예제 출력으로 볼 때, 커널 4.18은 다음을 지원한다.

- Broadcom NetXtreme-C/E 네트워크 드라이버 bnxt

- Cavium thunderx 드라이버

- Intel i40 드라이버

- Intel ixgbe 드라이버와 ixgvevf 드라이버

- Mellanox mlx4 드라이버와 mlx5 드라이버

- Netronome Network Flow Processor

- QLogic qede NIC 드라이버

- TUN/TAP

- Virtio

네이티브 운영 모드는 간단하므로 별로 이야기할 것이 없다. 다음 모드인 오프로드 XDP 모드로 넘어가자.

오프로드 XDP 모드

오프로드(offloaded) XDP 모드에서 XDP 프로그램은 호스트 CPU가 아니라 NIC에서 실행된다. 즉, 이 모드에서는 XDP 프로그램의 실행 부담을 CPU에서 NIC로 떠넘긴다(offload).

이 덕분에 네이티브 XDP 모드보다 성능이 좋다.

이 모드 역시 드라이버의 지원 여부를 확인해야 한다. 한 가지 방법은 앞에서처럼 커널 소스 코드를 검색하되, 이번에는 XDP_SETUP_PROG_HW를 찾는 것이다.

```
$ git grep -l XDP_SETUP_PROG_HW drivers/
```

다음은 커널 버전 4.18에 대한 결과이다.

```
include/linux/netdevice.h
866:       XDP_SETUP_PROG_HW,

net/core/dev.c
8001:          xdp.command = XDP_SETUP_PROG_HW;

drivers/net/netdevsim/bpf.c
200:     if (bpf->command == XDP_SETUP_PROG_HW && !ns->bpf_xdpoffload_accept) {
205:     if (bpf->command == XDP_SETUP_PROG_HW) {
560:     case XDP_SETUP_PROG_HW:

drivers/net/ethernet/netronome/nfp/nfp_net_common.c
3476:    case XDP_SETUP_PROG_HW:
```

이 출력에 따르면, 이 모드를 지원하는 것은 Netronome Network Flow Processor(nfp) 뿐이다. 이 카드를 장착한 시스템이라면 네이티브 XDP뿐만 아니라 하드웨어(네트워크 인터 페이스 카드)에서 BPF 프로그램을 실행하는 오프로드 모드도 사용할 수 있다.

그런데 현재 시스템의 네트워크 카드와 드라이버가 XDP 프로그램을 지원하지 않으면 어떻게 해야 할까? 답은 일반 XDP 모드를 사용하는 것이다.

일반 XDP

일반(generic) 또는 범용 XDP 모드는 네이티브 모드나 오프로드 모드를 지원하지 않는 환경에서 XDP 프로그램을 작성하고 실행하고자 하는 개발자를 위한 일종의 시험용 모드이다. 커널 버전 4.12부터 이 모드가 지원된다. 이 모드는 이를테면 veth 장치에 사용할 수 있다. 특정 하드웨어가 없는 독자들도 XDP의 능력을 체험할 수 있도록, 이후 예제들은 일반 모드를 사용한다.

그런데 XDP의 모든 구성요소와 운영 모드의 연동을 책임지는 구성요소는 무엇일까? 답은 바로 패킷 처리기이다. 그럼 패킷 처리기를 좀 더 자세히 살펴보자.

7.1.2 패킷 처리기

XDP 패킷에 대해 BPF 프로그램을 실행하고 BPF 프로그램과 네트워크 스택 사이의 상호작용을 중재하는 담당자는 XDP 패킷 처리기(packet processor)이다. 패킷 처리기는 커널의 한 구성요소로, NIC가 받아서 수신(RX) 대기열에 넣은 가공되지 않은 패킷들을 XDP 프로그램에 제공한다. 패킷 처리기는 XDP 프로그램이 패킷들을 읽고 쓸 수 있게 하며, XDP 프로그램의 결과 코드에 대응되는 동작을 수행함으로써 패킷의 이후 처리 방식을 결정한다. 패킷 처리기에 새 프로그램을 적재하거나 기존 프로그램을 갱신하는 작업은 원자적으로 일어나기 때문에 진행 중인 네트워크 소통량이 중단되는 일이 없다. 처리 과정에서 XDP를 소위 '바쁜 폴링(busy polling)' 모드로 사용할 수 있는데, 이는 각 RX 대기열을 처리하는 데 필요한 CPU를 확보(reserve)할 수 있다는 뜻이다. 이렇게 하면 도착한 패킷들을 문맥 전환 없이, IRQ 친화도(affinity)와는 무관하게 즉시 처리할 수 있다. 또 다른 XDP 모드인 '가로채기 주도적(interrupt driven)' 모드는 CPU를 확보하지 않는 대신 가로채기 신호를 일종의 이벤트 전달 수단으로 사용해서, 현재 다른 일을 처리 중인 CPU에게 새 일거리가 생겼음을 알린다.

[그림 7-1]은 RX(수신)와 TX(전송), 응용 프로그램, 패킷 처리기, 그리고 패킷들에 적용되는 BPF 프로그램 사이의 상호작용 지점들을 보여준다.

[그림 7-1]의 일부 상자들에는 XDP_로 시작하는 식별자가 있는데, 이들은 XDP 결과 코드이다. 이 XDP 결과 코드들은 다음 절에서 좀 더 자세히 살펴본다.

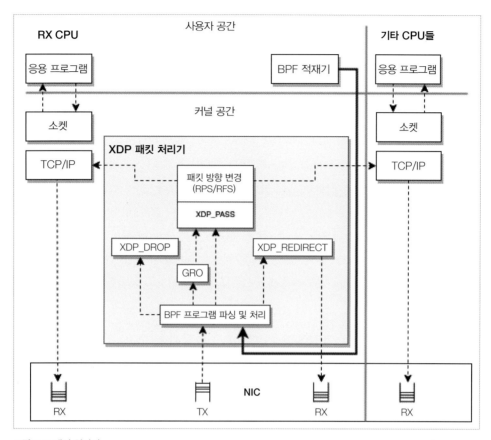

그림 7-1 패킷 처리기

XDP 결과 코드(패킷 처리기 동작들)

패킷 처리기는 주어진 패킷을 네트워크 드라이버가 어떻게 처리할 것인지를 결정하고 그에 맞는 결과 코드를 반환한다. 이 결과 코드는 곧 패킷 처리기가 수행하는 '동작(action)'에 해당한다. 그럼 패킷 처리기가 수행하는 다섯 동작을 살펴보자.

폐기(XDP_DROP)

패킷을 폐기한다. 이것은 드라이버의 가장 이른 RX 단계에서 일어난다. 폐기된 패킷은 애초에 그것이 수신된 RX 링 대기열로 되돌아간다. DoS(denial-of-service; 서비스 거부) 공격에 대응하기 위해 XDP를 사용할 때 관건은 바로 패킷을 최대한 일찍 버리는 것이다. 패킷을 최대한 일찍 폐기하면 CPU 처리 시간과 전력 사용량이 최소화된다.

재전송(XDP_TX)

패킷을 네트워크 인터페이스를 통해 내보낸다. 재전송 전에 XDP 프로그램이 패킷을 수정할 수 있다. 이 동작은 수신된 패킷을 받은 바로 그 NIC를 통해서 다시 전송한다는 점에서 '반송(bouncing)'이라고 표현해도 될 것이다.

재지정(XDP_REDIRECT)

XDP 패킷을 재전송한다는 점에서 XDP_TX와 비슷하나, 수신 NIC가 아닌 다른 NIC를 통해 전송하거나 BPF cpumap으로 보낸다는 점이 다르다. BPF cpumap로 보내는 경우, NIC의 수신 대기열에서 XDP를 처리하는 CPU들은 계속해서 작업을 진행할 수 있다. 이 경우 패킷은 상위 커널 스택으로 올라가서 원격 CPU가 처리하게 된다. 이 점은 XDP_PASS와 비슷하지만, 일시적으로 현재 패킷을 전달하는 데 시간을 허비하지 않기 때문에 XDP 프로그램은 계속해서 효율적으로 진입 패킷들을 처리할 수 있다.

전달(XDP_PASS)

패킷을 통상적인 네트워크 스택으로 보내서 처리하게 한다. 이는 XDP가 없을 때의 기본적인 패킷 처리 방식에 해당한다. 전달은 다음 두 방법 중 하나로 일어난다.

- 정상 수신(normal receive): 메타자료(sk_buff)를 할당하고, 패킷을 네트워크 스택으로 전달한다. 거기서 다른 CPU가 패킷을 처리하며, 결과적으로 사용자 공간 프로그램이 패킷에 접근하게 된다. 전달 전에 XDP 프로그램이 패킷을 수정할 수 있다.

- *GRO*(generic receive offload; 일반 수신 오프로드): 한 연결의 여러 패킷을 GRO 엔진이 하나의 패킷으로 합쳐서 '정상 수신' 흐름으로 넘긴다.

코드 오류(XDP_ABORTED)

XDP 프로그램에 오류가 있었음을 뜻한다. 이 경우 패킷은 폐기된다. 제대로 작동하는 XDP 프로그램이라면 이 결과 코드를 반환할 일이 없다. 예를 들어 프로그램이 0으로 나누기를 수행하면 이 XDP_ABORTED가 반환될 수 있다. XDP_ABORTED의 값은 항상 0이다. XDP_ABORTED가 반환되면 trace_xdp_exception 추적점이 발동하므로, 그 추적점에 BPF 프로그램을 부착해서 이 결과 코드의 발생을 추적할 수 있다.

이 결과 코드들은 *linux/bpf.h* 헤더 파일에 다음과 같은 열거형으로 정의되어 있다.

```
enum xdp_action {
    XDP_ABORTED = 0,
    XDP_DROP,
    XDP_PASS,
    XDP_TX,
    XDP_REDIRECT,
};
```

[그림 7-1]에서 보았듯이 XDP 결과 코드는 패킷 처리기 내부에서 패킷의 향후 처리 과정을
결정하는 데 쓰인다. [그림 7-2]는 패킷 처리기에서 결과 코드와 관련된 부분만 따로 그린 도
식이다.

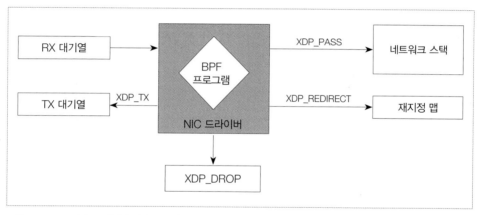

그림 7-2 XDP 결과 코드(패킷 처리기 동작)

XDP 프로그램에서 한 가지 흥미로운 점은, XDP 프로그램으로 사용할 BPF 프로그램을 적
재하는 프로그램은 우리가 따로 작성할 필요가 없다는 것이다. 대부분의 리눅스 배포판에 있는
ip 명령은 XDP 프로그램을 적재하는 기능을 이미 갖추고 있다. 그럼 그 기능을 사용하는 방법
을 살펴보자.

7.1.3 iproute2 도구 모음을 이용한 XDP 프로그램 적재

iproute2 도구 모음(*https://oreil.ly/65zuT*)의 **ip** 명령은 BPF 프로그램을 ELF 파일로 컴파일
하고 XDP 프로그램으로서 적재하는 기능도 제공한다. 여기서 BPF 프로그램은 물론 맵과 맵

재배치, 꼬리 호출, 객체 고정 등을 지원하는 확장 BPF 프로그램이다.

XDP 프로그램을 적재하는 것은 기존 네트워크 인터페이스를 설정하는 작업의 일환으로 간주할 수 있기 때문에, ip 명령의 XDP 프로그램 적재 기능은 네트워크 장치의 구성 설정을 위한 하위 명령 link의 일부로 구현되었다.

XDP 프로그램을 적재하는 구문은 좀 길지만, 파악하기가 그리 어렵지 않다.

```
# ip link set dev eth0 xdp obj program.o sec mysection
```

그럼 이 명령의 구성요소들을 분석해 보자.

ip

실행할 주 명령이다.

link

네트워크 인터페이스 설정을 위한 하위 명령이다.

set

장치의 특성을 변경한다.

dev eth0

XDP 프로그램을 적재할 네트워크 장치를 지정한다.

xdp obj program.o

적재할 XDP 프로그램의 ELF 목적 파일을 지정한다. 여기서는 *program.o*를 지정했다. xdp 키워드는 일단은 네이티브 XDP 모드를 사용하되, 네트워크 드라이버가 XDP를 지원하지 않는다면 일반 XDP 모드를 사용하라는 뜻이다. 필요하다면 xdp 대신 다음과 같이 좀 더 명시적인 키워드들을 사용할 수 있다.

- xdpgeneric은 일반 XDP 모드를 명시적으로 지정한다.

- xdpdrv는 네이티브 XDP 모드를 명시적으로 지정한다.

- xdpoffload는 오프로드 XDP 모드를 명시적으로 지정한다.

```
sec mysection
```

ELF 목적 파일에서 BPF 프로그램이 있는 섹션의 이름을 지정한다. 여기서는 mysection을 지정했다. 생략하면 prog라는 이름의 섹션이 쓰인다. 만일 애초에 BPF 프로그램 소스 코드에서 섹션 특성을 명시하지 않았다면, 섹션 이름 대신 .text를 지정해야 한다(즉 sec .text).

그럼 실질적인 예제를 하나 보자.

이 예제의 시나리오는 이렇다. 8000번 포트에서 웹 서버가 실행 중이다. 공공 인터넷과 연결된 NIC를 통해서 이 웹 서버에 접근하려는 모든 TCP 요청을 차단해야 한다.

우선 할 일은 시나리오에서 언급한 웹 서버(HTTP 서버)를 실행하는 것이다. 다른 웹 서버가 없다면, 다음과 같이 간단히 파이썬으로 띄우면 그만이다.

```
$ python3 -m http.server
```

웹 서버가 연 포트는 ss 명령으로 확인할 수 있다. 다음은 필자의 시스템에서 얻은 출력이다. 웹 서버는 임의의 인터페이스의 8000번 포트에 묶여 있으므로(*:8000), 외부와 연결된 NIC를 통해서 이 세상의 누구라도 웹 서버에 접근할 수 있다.

```
$ ss -tulpn
Netid  State      Recv-Q Send-Q Local Address:Port    Peer Address:Port
tcp    LISTEN     0      5      *:8000                 *:*
```

> **참고:** socket statistics(소켓 통계)를 줄인 ss는 리눅스에서 네트워크 소켓을 조사하는 데 사용하는 명령줄 도구이다. 이것은 netstat의 현대적 버전이라 할 수 있으며, 실제로 사용법이 netstat과 비슷하다. netstat을 사용할 때와 동일한 인수들을 지정해서 ss를 실행하면 netstat의 결과와 동등한 결과가 나온다.

다음으로, 이 웹 서버가 실행되는 시스템의 네트워크 인터페이스들을 조사하자. 다음은 필자가 얻은 결과이다.

```
$ ip a
1: lo: <LOOPBACK,UP,LOWER_UP> mtu 65536 qdisc noqueue state UNKNOWN group defau
lt qlen 1000
    link/loopback 00:00:00:00:00:00 brd 00:00:00:00:00:00
    inet 127.0.0.1/8 scope host lo
      valid_lft forever preferred_lft forever
    inet6 ::1/128 scope host
      valid_lft forever preferred_lft forever
2: enp0s3: <BROADCAST,MULTICAST,UP,LOWER_UP> mtu 1500 qdisc fq_codel state UP g
roup default qlen 1000
    link/ether 02:1e:30:9c:a3:c0 brd ff:ff:ff:ff:ff:ff
    inet 10.0.2.15/24 brd 10.0.2.255 scope global dynamic enp0s3
      valid_lft 84964sec preferred_lft 84964sec
    inet6 fe80::1e:30ff:fe9c:a3c0/64 scope link
      valid_lft forever preferred_lft forever
3: enp0s8: <BROADCAST,MULTICAST,UP,LOWER_UP> mtu 1500 qdisc fq_codel state UP g
roup default qlen 1000
    link/ether 08:00:27:0d:15:7d brd ff:ff:ff:ff:ff:ff
    inet 192.168.33.11/24 brd 192.168.33.255 scope global enp0s8
      valid_lft forever preferred_lft forever
    inet6 fe80::a00:27ff:fe0d:157d/64 scope link
      valid_lft forever preferred_lft forever
```

이 시스템의 네트워크 구조는 상당히 간단하다. 사용하는 인터페이스는 다음 세 가지뿐이다.

lo

　　내부 통신을 위한 루프백 인터페이스이다.

enp0s3

　　관리 네트워크 계층이다. 관리자는 이 인터페이스로 웹 서버에 접속해서 관리 작업을
　　수행한다.

enp0s8

　　공공 인터넷에 물린 인터페이스이다. 이 인터페이스로는 웹 서버에 접속하지 못하게
　　해야 한다.

이제 원격 시스템에서 실제로 웹 서버에 접근할 수 있는지 확인하기 위해, 해당 네트워크 인

터페이스(공공망에 물린)에 어떤 포트들이 열려 있는지 확인해 보자. 지금 예에서 그 인터페이스의 IPv4 주소는 192.168.33.11이다.

원격 호스트들에 대해 열린 포트들은 nmap 명령으로 확인할 수 있다.

```
# nmap -sS 192.168.33.11
Starting Nmap 7.70 ( https://nmap.org ) at 2019-04-06 23:57 CEST
Nmap scan report for 192.168.33.11
Host is up (0.0034s latency).
Not shown: 998 closed ports
PORT     STATE SERVICE
22/tcp   open  ssh
8000/tcp open  http-alt
```

예상대로 8000번 포트가 열려 있다. 이제 이 포트를 막는 XDP 프로그램을 작성해 보자.

> **참고:** Network Mapper를 줄인 **nmap**은 호스트, 서비스, 네트워크, 포트를 발견하거나 운영체제의 종류를 식별하는 데 유용한 네트워크 스캐너이다. **nmap**의 주된 용도는 보안 감사(auditing)와 네트워크 스캐닝이다. 주어진 호스트에서 열린 포트들을 찾을 때 **nmap**은 모든(범위를 지정한 경우 그 범위 안의) 포트 번호를 시험해 본다.

이 예제의 XDP 프로그램은 *program.c*라는 하나의 소스 파일로 구성된다. 그럼 이 소스 코드를 부분별로 살펴보자.

처음 부분에서는 필요한 헤더들을 포함한다. BPF를 위한 헤더 파일은 물론이고, IPv4 헤더와 이더넷 프레임을 조사해야 하므로 해당 구조체 iphdr과 ethhdr이 정의된 헤더 파일이 필요하다. 또한 프로토콜 식별자들과 기타 여러 구조체를 위한 헤더 파일도 포함한다.

```
#include <linux/bpf.h>
#include <linux/if_ether.h>
#include <linux/in.h>
#include <linux/ip.h>
```

헤더들을 포함한 다음에는, 이제는 익숙한 SEC 매크로를 정의한다. 이 매크로는 ELF 섹션 특성을 손쉽게 지정하기 위한 것이다.

```
#define SEC(NAME) __attribute__((section(NAME), used))
```

다음으로, XDP 프로그램의 주된 진입점 함수인 myprogram을 정의한다. 이때 앞의 매크로를 이용해서 섹션 이름 mysection도 명시한다. 이 XDP 프로그램은 입력 문맥 역할을 하는 xdp_md 구조체 포인터를 받는다. xdp_md는 XDP의 xdp_buff에 대응되는 BPF의 구조체이다. 이것을 문맥으로 이용해서 패킷의 자료 부분에 대한 포인터들과 이더넷 헤더, IP 헤더에 접근하기 위한 구조체 포인터들을 정의한다.

```
SEC("mysection")
int myprogram(struct xdp_md *ctx) {
  int ipsize = 0;
  void *data = (void *)(long)ctx->data;
  void *data_end = (void *)(long)ctx->data_end;
  struct ethhdr *eth = data;
  struct iphdr *ip;
```

다음으로, data 변수에 담긴 이더넷 프레임 시작 위치를 이용해서 IPv4 헤더에 접근한다. 정적 BPF 검증기를 만족시키려면 IPv4 헤더가 자료 전체보다 크지는 않은지 확인하는 코드를 꼭 넣어야 한다. 실제로 IPv4 헤더가 주어진 주소 공간 바깥을 침범했다면, 패킷 폐기(drop)에 해당하는 결과 코드를 반환한다.

```
ipsize = sizeof(*eth);
ip = data + ipsize;
ipsize += sizeof(struct iphdr);
if (data + ipsize > data_end) {
  return XDP_DROP;
}
```

초기화와 검증 작업이 끝났으므로 실질적인 작업으로 넘어간다. 이 XDP 프로그램이 하는 일은 간단하다. TCP 패킷은 무조건 폐기하고, 그 외의 패킷은 다음 단계로 전달한다.

```
if (ip->protocol == IPPROTO_TCP) {
  return XDP_DROP;
}
```

```
    return XDP_PASS;
  }
```

이상의 코드를 *program.c*로 저장하기 바란다.

다음으로 할 일은 Clang을 이용해서 이 소스 코드를 ELF 파일 *program.o*로 컴파일하는 것이다. BPF ELF 이진 목적 파일을 만들려면 -target 옵션으로 bpf를 지정해야 한다. BPF를 위한 ELF 형식은 플랫폼에 의존하지 않으므로, 필요하다면 이 작업은 다른 시스템에서 해도 된다.

```
$ clang -O2 -target bpf -c program.c -o program.o
```

이제 웹 서버가 실행 중인 시스템에서 program.o를 공공망에 물린 네트워크 인터페이스(필자의 경우 enp0s8)에 적재한다. 이전에 설명했듯이 ip link set을 이용하면 된다.[1]

```
# ip link set dev enp0s8 xdp obj program.o sec mysection
```

프로그램 진입점으로 mysection 섹션을 지정했음을 주목하기 바란다.

앞의 명령이 오류 없이 실행되었다면(반환 코드가 0이면) XDP 프로그램이 잘 적재되었을 것이다. 이는 다음 명령으로 확인할 수 있다.

```
# ip a show enp0s8
3: enp0s8: <BROADCAST,MULTICAST,UP,LOWER_UP> mtu 1500 xdpgeneric/id:32
    qdisc fq_codel state UP group default qlen 1000
    link/ether 08:00:27:0d:15:7d brd ff:ff:ff:ff:ff:ff
    inet 192.168.33.11/24 brd 192.168.33.255 scope global enp0s8
       valid_lft forever preferred_lft forever
    inet6 fe80::a00:27ff:fe0d:157d/64 scope link
       valid_lft forever preferred_lft forever
```

ip a의 출력에 이전에는 없던 항목이 생겼다. mtu 다음을 보면 xdpgeneric/id:32가 있는데, 여기서 두 가지 사실을 알 수 있다.

------

1 이 XDP 프로그램은 포트 번호와 무관하게 모든 TCP 패킷을 폐기함을 주의하자. 만일 SSH로 원격 호스트(또는 VM 인스턴스)에 접속한 상황이라면, 이 명령을 실행한 후부터는 SSH를 위한 TCP 패킷들도 모두 폐기되어서 셸이 입력에 전혀 반응하지 않는다.

- 드라이버(XDP 모드)가 xdpgeneric이다.

- 적재된 XDP 프로그램의 ID는 32이다.

마지막으로, 적재된 프로그램이 의도 대로 작동하는지도 확인해야 한다. 원격 시스템에서 이 시스템에 대해 nmap을 실행했을 때 8000번 포트가 열려 있지 않은 것으로 나온다면 XDP 프로그램이 제대로 작동하는 것이다.

```
# nmap -sS 192.168.33.11
Starting Nmap 7.70 ( https://nmap.org ) at 2019-04-07 01:07 CEST
Nmap scan report for 192.168.33.11
Host is up (0.00039s latency).
Not shown: 998 closed ports
PORT    STATE SERVICE
22/tcp  open  ssh
```

XDP 프로그램이 잘 돌아가는지 확인하는 또 다른 방법은 그냥 웹 브라우저로 웹 서버에 접속해 보는 것이다. 웹 브라우저로 192.168.33.11:8000에 접속할 수 없다면 우리의 첫 XDP 프로그램이 잘 작동하는 것이다!

시험을 모두 마쳤다면 시스템을 원래 상태로 되돌려야 할 것이다. 다음 명령을 실행하면 해당 네트워크 장치에서 XDP 프로그램이 제거된다.

```
# ip link set dev enp0s8 xdp off
```

이상에서 보듯이 XDP 프로그램을 적재하고 제거하는 것이 그리 어렵지 않다.

iproute2에 XDP 프로그램 적재 기능이 이미 구현되어 있으므로, 이번 예제처럼 iproute2를 이용하면 적재기(loader), 즉 XDP 프로그램을 적재하는 프로그램을 따로 작성할 필요가 없다. 그러나 XDP 프로그램은 BPF 프로그램일 뿐이므로, 꼭 iproute2를 사용해야 하는 것은 아니다. BCC를 이용해서 XDP 프로그램을 직접 적재하는 것이 가능하다는 점도 항상 기억하기 바란다. 심지어 bpf 시스템 호출을 직접 사용해서 적재할 수도 있다. 적재기를 직접 만들면 XDP 프로그램의 수명 주기나 XDP 프로그램과 사용자 공간 프로그램의 연동 방식을 세밀하게 제어할 수 있다는 장점이 생긴다. 그럼 이 주제를 좀 더 살펴보자.

7.2 XDP와 BCC

다른 BPF 프로그램처럼 XDP 프로그램도 BCC로 컴파일, 적재, 실행할 수 있다. 이번 절의 예제 XDP 프로그램도 앞의 iproute2 예제에서처럼 TCP 패킷들을 폐기한다. 그러나 이전과는 달리 이번 절의 예제 XDP 프로그램은 패킷의 수도 센다. 이 작업을 지원하기 위해 적재기도 BCC를 이용해서 직접 만든다.

이전과 비슷하게, 먼저 커널에서 실행할 BPF 프로그램을 C로 구현한다. 파일 이름 역시 이전과 같은 *program.c*이다.

iproute2 예제에서 했듯이, 소스 코드의 제일 첫 부분에서는 BPF와 패킷에 관련된 구조체 정의와 함수 선언들을 담은 헤더들을 포함한다. 또한, 이번 예제에서는 BPF_TABLE 매크로를 이용해서 CPU별 배열 맵(BPF_MAP_TYPE_PERCPU_ARRAY) 유형의 BPF 맵도 하나 선언한다. 이 맵에는 프로토콜별 패킷 개수를 저장한다. CPU별 배열 맵을 선택한 이유는, 이 맵을 이용하면 CPU 수준에서 잠금 없이 카운터들을 원자적으로 갱신할 수 있기 때문이다.

```
#define KBUILD_MODNAME "program"
#include <linux/bpf.h>
#include <linux/in.h>
#include <linux/ip.h>

BPF_TABLE("percpu_array", uint32_t, long, packetcnt, 256);
```

다음으로, 프로그램의 주 함수 myprogram을 정의한다. 이 함수는 문맥 역할을 하는 xdp_md 포인터를 받는다. 이전처럼 함수는 우선 이더넷 IPv4 프레임 자료에 접근하기 위한 변수들을 설정한다.

```
int myprogram(struct xdp_md *ctx) {
  int ipsize = 0;
  void *data = (void *)(long)ctx->data;
  void *data_end = (void *)(long)ctx->data_end;
  struct ethhdr *eth = data;
  struct iphdr *ip;
  long *cnt;
  __u32 idx;

  ipsize = sizeof(*eth);
```

```
    ip = data + ipsize;
    ipsize += sizeof(struct iphdr);
```

여기까지 마치면 **data**는 이더넷 프레임의 시작 위치를 가리키고 **ip**는 IPv4 헤더의 시작 위치를 가리킨다. BPF 검증기를 통과하기 위해, 패킷 자료가 메모리 공간을 벗어나지는 않는지 점검한다. 만일 벗어났다면 패킷을 폐기하고 프로그램을 끝낸다. 메모리 공간에 문제가 없다면 **idx** 변수에 담긴 프로토콜을 키로 해서 **packetcnt** 배열(앞에서 선언한 CPU별 배열 맵)을 조회한다. 조회된 항목은 다름 아닌 해당 프로토콜의 패킷 수이다. 그것을 1 증가한다. 그런 다음에는 프로토콜이 TCP인지 점검해서, TCP이면 패킷을 폐기하고 그렇지 않으면 패킷을 다음 단계로 전달한다.

```
    if (data + ipsize > data_end) {
      return XDP_DROP;
    }

    idx = ip->protocol;
    cnt = packetcnt.lookup(&idx);
    if (cnt) {
      *cnt += 1;
    }

    if (ip->protocol == IPPROTO_TCP) {
      return XDP_DROP;
    }

    return XDP_PASS;
  }
```

다음으로, 사용자 공간에서 실행할 적재기를 보자. 적재기는 파이썬으로 구현한다. 파일 이름은 *loader.py*이다.

적재기는 두 부분으로 구성되는데, 앞부분은 앞의 BPF 프로그램을 실제로 적재하고 뒷부분은 패킷 개수들을 출력한다.

적재 부분에서는 먼저 *program.c* 파일을 읽어서 BPF 프로그램을 컴파일하고, 컴파일 결과를 **load_func** 함수를 이용해서 적재한다. 이 함수의 첫 매개변수는 BPF 프로그램의 진입점 함수이고 둘째 매개변수는 BPF 프로그램 유형인데, 여기서는 각각 **myprogram**과 **BPF.XDP**를 지정했다. BPF.XDP는 BPF_PROG_TYPE_XDP(XDP 프로그램)에 해당한다.

적재를 마친 다음에는 get_table을 이용해서 BPF 맵 packetcnt에 대한 참조를 얻는다.

> **주의:** device 변수에 배정한 네트워크 인터페이스 식별자 enp0s8을 여러분의 상황에 맞게 수정하기
> 바란다(이를테면 eth1 등).

```python
#!/usr/bin/python

from bcc import BPF
import time
import sys

device = "enp0s8"
b = BPF(src_file="program.c")
fn = b.load_func("myprogram", BPF.XDP)
b.attach_xdp(device, fn, 0)
packetcnt = b.get_table("packetcnt")
```

이제 출력 부분을 보자. 여기서는 각 프로토콜의 패킷 개수를 출력한다. 사실 이 부분은 XDP 프로그램의 원래 목적(TCP 패킷 폐기)과는 무관하지만, 이 부분 덕분에 내부에서 어떤 일이 일어나는지 볼 수 있다. 출력 부분은 이중 루프로 구현된다. 외곽 루프는 무한 루프이다. 사용자가 Ctrl+C를 눌러서 프로그램 종료 신호를 보내면 이 루프가 끝나며, 그러면 remove_xdp 함수가 호출되어서 네트워크 인터페이스에서 XDP 프로그램이 제거된다.

내부 루프는 packetcnt 맵을 훑으면서 각 프로토콜의 패킷 수를 *프로토콜 번호: 패킷 수 pkt/s* 형태로 출력한다.

```python
prev = [0] * 256
print("Printing packet counts per IP protocol-number, hit CTRL+C to stop")
while 1:
    try:
        for k in packetcnt.keys():
            val = packetcnt.sum(k).value
            i = k.value
            if val:
                delta = val - prev[i]
```

```
            prev[i] = val
            print("{}: {} pkt/s".format(i, delta))
    time.sleep(1)
except KeyboardInterrupt:
    print("Removing filter from device")
    break

b.remove_xdp(device, 0)
```

이제 적재용 파이썬 스크립트(*loader.py*)를 루트 권한으로 실행하면 XDP 프로그램의 컴파일 및 적재가 자동으로 진행된다.

```
# python3 ./loader.py
```

이제 1초마다 프로토콜별 패킷 수들이 출력될 것이다. Ctrl+C를 누르면 실행이 끝나고 XDP 프로그램이 제거된다.

```
Printing packet counts per IP protocol-number, hit CTRL+C to stop
6: 10 pkt/s
17: 3 pkt/s
^CRemoving filter from device
```

이 출력 예는 두 종류의 패킷이 처리되었음을 보여준다. 6은 TCP, 17은 UDP이다.

아마 XDP를 활용하는 방법이 머릿속에서 무궁무진하게 떠오를 것이다. 그런데 좋은 프로그램을 만들려면 먼저 검사(테스트) 코드부터 작성하는 것이 바람직하다. 검사 코드를 프로그램보다 먼저 작성하는 접근 방식에 동의하지 않는 독자라도, 나중에라도 작성하긴 해야 한다. 다음 절에서는 XDP 프로그램의 단위 검사(unit test) 방법을 살펴본다.

7.3 XDP 프로그램의 검사

실제 패킷 흐름에 대해 XDP 프로그램이 잘 작동하는지 검사하려면, 시스템의 모든 구성요소가 올바른 패킷들을 제공하도록 잘 짜인 환경을 재현할 수 있어야 한다. 아마 이것이 XDP 프로그램 개발에서 가장 어려운 점일 것이다. 요즘 가상화 기술을 이용하면 실무용 환경과 동일한 검사 환경을 만드는 것이 그리 어렵지 않지만, 그래도 애초에 실무용 환경이 복잡하면 검사 환경의 재현성과 프로그래밍 가능성이 제한되는 것이 사실이다. 게다가, 가상화 환경에서 빈번하게 실행되는 XDP 프로그램의 성능을 분석할 때는 가상화 자체의 비용이 성능에 영향을 미치기 때문에 검사의 효과가 떨어진다. 환경에 따라서는, 실제 패킷 처리에 드는 비용보다 가상화가 유발하는 비용이 훨씬 클 수 있다.

다행히 리눅스 커널 개발자들이 이 문제의 해답을 내놓았다. 커널 개발자들은 XDP 프로그램의 검사에 사용할 수 있는 BPF_PROG_TEST_RUN이라는 명령을 구현했다.

본질적으로 BPF_PROG_TEST_RUN은 실행할 XDP 프로그램과 입력 패킷, 출력 패킷을 인수로 받는다. 이 명령은 주어진 XDP 프로그램을 실행해서 출력 패킷을 채우고 XDP 프로그램의 결과 코드를 반환한다. 검사 코드에서는 그 출력 패킷과 결과 코드를 점검해서 XDP 프로그램이 예상대로 작동했는지 확인한다. XDP 프로그램뿐만 아니라 소켓 필터 프로그램(소켓 버퍼에 접근하는)에도 이 검사 기법을 적용할 수 있다.

필요한 것을 모두 갖춘 예제를 간결한 코드로 구현하기 위해, 여기서는 파이썬과 파이썬의 표준 단위 검사 프레임워크를 사용한다.

7.3.1 파이썬 단위 검사 프레임워크를 이용한 XDP 프로그램 검사

이 예제에서는 BPF_PROG_TEST_RUN을 이용한 XDP 프로그램 검사를 파이썬 단위 검사 프레임워크 unittest와 통합한다. 이 접근 방식은 다음과 같은 장점을 제공한다.

- 파이썬 *BCC* 라이브러리를 이용해서 BPF 프로그램을 편하게 적재하고 실행할 수 있다.

- 최고의 패킷 조작 및 조사 라이브러리인 파이썬 scapy 패키지를 사용할 수 있다.

- ctypes 패키지를 이용해서 파이썬 스크립트 안에서 C 구조체에 접근할 수 있다.

그럼 예제 파이썬 스크립트 *test_xdp.py*를 보자. 우선 필요한 라이브러리들을 도입하고, 검례(test case) 클래스를 정의한다.

```
from bcc import BPF, libbcc
from scapy.all import Ether, IP, raw, TCP, UDP

import ctypes
import unittest


class XDPExampleTestCase(unittest.TestCase):
    SKB_OUT_SIZE = 1514  # mtu 1500 + 14 ethernet size
    bpf_function = None
```

이 검례 클래스 XDPExampleTestCase가 이 예제의 모든 검사를 대표한다. 이 클래스는 여러 검례 메서드들을 정의하며, 그 검례 메서드들이 사용하는 _xdp_test_run 메서드도 정의한다. 이 메서드는 BCC의 bpf_prog_test_run 메서드를 호출해서 실제로 XDP 프로그램을 실행하고, 그 결과가 기대한 것과 부합하는지 점검한다.

_xdp_test_run 메서드는 다음과 같다.

```
    def _xdp_test_run(self, given_packet, expected_packet, expected_return):
        size = len(given_packet)

        given_packet = ctypes.create_string_buffer(raw(given_packet), size)
        packet_output = ctypes.create_string_buffer(self.SKB_OUT_SIZE)

        packet_output_size = ctypes.c_uint32()
        test_retval = ctypes.c_uint32()
        duration = ctypes.c_uint32()
        repeat = 1
        ret = libbcc.lib.bpf_prog_test_run(self.bpf_function.fd,
                                           repeat,
                                           ctypes.byref(given_packet),
                                           size,
                                           ctypes.byref(packet_output),
                                           ctypes.byref(packet_output_size),
                                           ctypes.byref(test_retval),
                                           ctypes.byref(duration))
        self.assertEqual(ret, 0)
        self.assertEqual(test_retval.value, expected_return)

        if expected_packet:
```

```
        self.assertEqual(
            packet_output[:packet_output_size.value], raw(expected_packet))
```

이 메서드의 세 매개변수를 간단히 설명하면 다음과 같다.

given_packet

XDP 프로그램에 넘겨줄 패킷이다. NIC가 받은 원(raw) 패킷에 해당한다.

expected_packet

원 패킷을 XDP 프로그램이 제대로 처리했다면 나왔을 기대 패킷이다. XDP 프로그램의 결과 코드가 XDP_DROP이나 XDP_ABORT라고 기대한다면, 메서드 호출 시 이 매개변수를 None으로 해야 한다. 그 외의 경우에는 given_packet과 같거나 수정된 패킷을 지정하면 된다.

expected_return

XDP 프로그램이 제대로 작동했다면 반환했을 기대 결과 코드이다.

메서드의 본문 자체는 간단하다. 주어진 매개변수들과 여러 정보를 *ctypes* 라이브러리를 이용해서 C 형식으로 변환한 후, BPF_PROG_TEST_RUN에 해당하는 libbcc의 메서드인 libbcc.lib.bpf_prog_test_run을 호출한다. 그런 다음에는 그 시험 실행의 결과를 호출자가 제시한 기대 결과와 비교한다.

다른 모든 검례 메서드는 이 '단언(assertion)' 메서드를 이용해서 다양한 종류의 패킷으로 XDP 프로그램을 검사한다. 그 검례 메서드들로 넘어가기 전에, 검사 환경을 설정하는 setUp 메서드부터 살펴보자.

setUp 메서드는 이후 검사들에 꼭 필요한 작업을 수행한다. 바로, *program.c*라는 파일에 담긴 BPF 프로그램(검사할 XDP 프로그램) 소스 코드를 컴파일해서 myprogram이라는 이름의 BPF 프로그램을 커널에 실제로 적재하는 것이다.

```
def setUp(self):
    bpf_prog = BPF(src_file=b"program.c")
    self.bpf_function = bpf_prog.load_func(b"myprogram", BPF.XDP)
```

이제 개별 검례에 필요한 모든 것이 갖추어졌다. 이제 예제 XDP 프로그램이 기대한 대로 작동하는지, 다시 말해 TCP 패킷들은 폐기하고 그 밖의 패킷들은 통과시키는지 검사하는 구체적인 검례 메서드들로 넘어가자.

다음은 TCP 패킷들이 폐기되는지 확인하는 검례이다. 이를 위해 IPv4와 TCP 프로토콜을 사용하는 패킷을 given_packet에 설정하고 _xdp_test_run을 호출한다. XDP 프로그램은 그 패킷을 폐기할 것이므로, 기대 반환 패킷과 기대 결과 코드를 각각 None과 XDP_DROP으로 둔다.

```python
def test_drop_tcp(self):
    given_packet = Ether() / IP() / TCP()
    self._xdp_test_run(given_packet, None, BPF.XDP_DROP)
```

TCP 패킷이 폐기되는지 확인하는 것만으로는 부족하다. UDP 패킷들은 아무 문제 없이 다음 단계로 전달되어야 한다. 이를 위해 given_packet과 expected_packet에 UDP 패킷을 설정하고, 기대 결과 코드는 XDP_PASS로 설정해서 단언 메서드를 호출한다.

```python
def test_pass_udp(self):
    given_packet = Ether() / IP() / UDP()
    expected_packet = Ether() / IP() / UDP()
    self._xdp_test_run(given_packet, expected_packet, BPF.XDP_PASS)
```

조금 복잡한 시나리오를 시험해 보기 위해, 9090번 포트로 가는 TCP 패킷은 XDP 프로그램이 폐기하지 않기로 했다고 하자. 더 나아가서, 그 포트로 온 TCP 패킷은 MAC 주소가 08:00:27:dd:38:2a인 다른 네트워크 인터페이스로 가도록 XDP 프로그램이 목적지 주소를 변경해야 한다고 하자.

다음은 그런 시나리오를 시험하는 검례이다. given_packet의 목적지 포트 번호를 9090으로 지정하며, expected_packet 역시 목적지 포트를 9090으로 지정함을 주목하기 바란다. 또한 앞에서 언급한 MAC 주소도 지정한다.

```python
def test_transform_dst(self):
    given_packet = Ether() / IP() / TCP(dport=9090)
    expected_packet = Ether(dst='08:00:27:dd:38:2a') / \
        IP() / TCP(dport=9090)
    self._xdp_test_run(given_packet, expected_packet, BPF.XDP_TX)
```

마지막으로, 다음은 이 파이썬 스크립트 전체의 주 진입점이다. 그냥 unittest.main()을 호출해서 앞의 모든 검례를 실행한다.

```python
if __name__ == '__main__':
    unittest.main()
```

이상으로, 검사 코드를 XDP 프로그램보다 먼저 작성했다. 이제 남은 일은 이 검사를 모두 통과하는 XDP 프로그램을 만드는 것이다. XDP 프로그램은 *program.c*라는 파일로 구현하기로 한다.

예제 XDP 프로그램은 간단하다. 그냥 앞의 검례에 해당하는 논리를 담은 myprogram 함수 하나뿐이다. 항상 그렇듯이 우선 할 일은 필요한 헤더들을 포함하는 것이다. 이미 익숙한, BPF를 위한 헤더들과 TCP/IP를 위한 헤더들이니 따로 설명하지는 않겠다.

```c
#define KBUILD_MODNAME "kmyprogram"

#include <linux/bpf.h>
#include <linux/if_ether.h>
#include <linux/tcp.h>
#include <linux/in.h>
#include <linux/ip.h>
```

주 함수로 넘어가서, 이번 장의 다른 예제들처럼 먼저 패킷의 세 계층(이더넷, IPv4, TCP)에 관한 정보의 시작 위치와 크기를 ethhdr, iphdr, tcphdr 등의 변수에 설정한다.

```c
int myprogram(struct xdp_md *ctx) {
  int ipsize = 0;
  void *data = (void *)(long)ctx->data;
  void *data_end = (void *)(long)ctx->data_end;
  struct ethhdr *eth = data;
  struct iphdr *ip;
  struct tcphdr *th;

  ipsize = sizeof(*eth);
  ip = data + ipsize;
  ipsize += sizeof(struct iphdr);
  if (data + ipsize > data_end) {
```

```
    return XDP_DROP;
  }
```

BPF 검증기를 만족하기 위한 점검 코드도 빼먹지 않았음을 주목하자.

이제 이 XDP 프로그램의 실제 논리로 넘어가자. 우선, 프로토콜이 TCP인지를 ip->protocol == IPPROTO_TCP로 점검한다. 단, 이전 예제와는 달리 TCP라고 해서 즉시 XDP_DROP을 반환하지는 않는다.

앞에서 언급했듯이, 이번에는 프로토콜이 TCP라도 포트 번호가 9090이면 패킷을 폐기하지 말아야 한다. 이 점검은 th->dest == htons(9090)으로 수행한다. 만일 포트 번호가 9090이면 이더넷 계층에서 목적지 MAC 주소를 변경하고 XDP_TX를 돌려준다. 이렇게 하면 수정된 패킷이 현재 NIC 바깥으로 재전송(반송)된다. 포트 번호가 9090이 아니면 XDP_DROP을 반환해서 패킷을 폐기한다.

```
  if (ip->protocol == IPPROTO_TCP) {
    th = (struct tcphdr *)(ip + 1);
    if ((void *)(th + 1) > data_end) {
      return XDP_DROP;
    }

    if (th->dest == htons(9090)) {
      eth->h_dest[0] = 0x08;
      eth->h_dest[1] = 0x00;
      eth->h_dest[2] = 0x27;
      eth->h_dest[3] = 0xdd;
      eth->h_dest[4] = 0x38;
      eth->h_dest[5] = 0x2a;
      return XDP_TX;
    }

    return XDP_DROP;
  }

  return XDP_PASS;
}
```

이제 모든 코드가 완성되었다. 그럼 검사를 실행해 보자.

```
$ sudo python test_xdp.py
```

잠시 기다리면 다음과 같이 세 검례를 모두 통과했다는 메시지가 출력될 것이다.

```
...
----------------------------------
Ran 3 tests in 4.676s

OK
```

검사를 실패하게 만들기도 쉽다. *program.c*에서 XDP_PASS를 XDP_DROP으로 바꾼 후 검사를
다시 실행해 보자.

```
.F.
======================================================================
FAIL: test_pass_udp (__main__.XDPExampleTestCase)
----------------------------------------------------------------------
Traceback (most recent call last):
  File "test_xdp.py", line 48, in test_pass_udp
    self._xdp_test_run(given_packet, expected_packet, BPF.XDP_PASS)
  File "test_xdp.py", line 31, in _xdp_test_run
    self.assertEqual(test_retval.value, expected_return)
AssertionError: 1 != 2


----------------------------------------------------------------------
Ran 3 tests in 4.667s

FAILED (failures=1)
```

결과 코드가 기대한 것과 달라서 검사가 실패했으며, 그래서 검사 프레임워크가 오류를 반환했
다. 이는 딱 우리가 예상했던 결과이다. 이상의 예제는 확신을 가지고 XDP 프로그램을 작성할
수 있는 효과적인 검사 틀(프레임워크)을 보여준다. 이 틀 안에서 개발자는 XDP 프로그램이
수행해야 할 바람직한 행동들을 검사하는 단언문들을 미리 정의하고, XDP 프로그램이 실제로
그런 행동을 하도록 코드를 구현한다.

참고: MAC 주소의 MAC은 Media Access Control (매체 접근 제어)을 줄인 것이다. MAC 주소는 각각의 네트워크 장치를 고유하게 식별하는 6바이트 식별자이다 (처음 세 바이트는 주소를 발급한 조직을, 나머지 셋은 해당 네트워크 장치를 나타낸다). 이 MAC 주소는 데이터 링크 계층 (OSI 모형의 제2 계층)에서 네트워크 장치들 (이더넷이나 블루투스, WiFi로 연결된)을 고유하게 식별하는 용도로 쓰인다.

7.4 XDP 활용 사례

전 세계 기업과 조직들이 XDP를 어떤 용도로 사용하는지 살펴보면 XDP를 좀 더 잘 이해할 수 있다. 특히, 몇몇 경우에서 소켓 필터링이나 TC보다 XDP가 더 나은 이유를 파악하는 데 도움이 될 것이다.

그럼 XDP의 주된 용도 중 하나인 감시를 살펴보자.

7.4.1 감시(모니터링)

요즘 대부분의 네트워크 감시 시스템은 커널 모듈로 구현되거나 아니면 사용자 공간에서 특정 시스템 파일들에 접근하는 형태로 구현된다. 그런데 커널 모듈을 작성하고, 배포하고, 컴파일하는 것이 모든 이에게 쉬운 일은 아니다. 기본적으로 커널을 건드리는 것은 위험한 일이다. 커널 모듈은 유지보수하기도, 디버깅하기도 쉽지 않다. 사용자 공간 접근 방식 역시 단점이 있다. 커널 모듈로 얻는 것과 같은 종류의 정보(이를테면 1초 동안 네트워크 인터페이스가 받은 패킷 수 등)를 얻으려면 특정 파일(이를테면 */sys/class/net/eth0/statistics/rx_packets*)을 열어서 읽어야 하는데, 생각보다 처리해야 할 것이 많다. 몇몇 상황에서는 파일을 여는 시스템 호출의 비용이 꽤 높기 때문에, 간단한 정보를 얻으려 해도 비용이 많이 들 수 있다.

커널 모듈보다 다루기가 안전하면서도 커널 모듈만큼 효율적인 해결책이 있으면 좋을 것이다. 답은 XDP이다. 커널에서 실행되는 XDP 프로그램에서 효율적으로 패킷들을 처리하고, 만일 복잡한 알고리즘을 적용하거나 그래프를 그리는 등의 좀 더 정교한 처리가 필요하다면 XDP 프로그램에서 적절한 정보를 맵에 채우고 사용자 공간 응용 프로그램에서 그 맵을 읽어서 처리하면 된다.

7.4.2 DDoS 공격 완화

XDP는 네트워크 인터페이스 카드 수준에서 패킷들을 조사할 수 있다. 이는 잠재적으로 위험한 패킷을 최대한 일찍 폐기함으로써 시스템의 계산 자원을 절약할 수 있다는 뜻이다. 전형적인 예는 특정 출처들에서 온 패킷들을 XDP 프로그램이 폐기(`XDP_DROP`)하는 것이다. 이때, 패킷들을 폐기할 출처들의 목록은 관련 BPF 맵(다른 어떤 XDP 프로그램이 채운)을 사용자 공간 응용 프로그램이 읽고 분석해서 만들어 내면 될 것이다. 패킷 폐기용 XDP 프로그램이 그 목록을 참조해서 패킷들을 적절히 폐기함으로써 DDoS 공격의 악영향이 완화된다. XDP 선에서 패킷을 폐기하면 커널이 패킷을 처리하느라 CPU를 소비하는 일이 없으므로, 결과적으로 공격자가 목적(대상 시스템의 귀중한 계산 자원을 소진하는 것)을 달성하기가 더욱 어려워진다.

7.4.3 부하 분산

XDP 프로그램의 흥미로운 용례 하나는 부하 분산 또는 부하 균등화(load balancing)이다. 그런데 XDP는 패킷을 받은 그 NIC를 통해서만 패킷을 재전송(반송)할 수 있다. 따라서, 모든 서버보다 앞에 놓인 개별 시스템에서 소통량을 배분하는 고전적인 형태의 부하 분산기를 구현한다면 XDP가 최선의 선택이 아니다. 그러나 이것이 XDP가 부하 분산에 적합하지 않다는 뜻은 아니다. 부하 분산기를 개별 서버가 아니라 응용 프로그램을 제공하는 시스템 자체에 둔다고 생각하면, XDP를 이용해서 그 시스템의 여러 NIC 사이에서 패킷들을 분산하는 구조가 머리에 떠오를 것이다.

이런 접근 방식은 응용 프로그램을 제공하는 모든 시스템에 각각 부하 분산기를 두고 각자 소통량을 적절히 배분하게 함으로써 부하 분산 자체를 분산하는 구조로 이어진다.

7.4.4 방화벽

리눅스에서 방화벽이라고 하면 `iptables`나 `netfilter`를 떠올리는 사람이 많을 것이다. 그러나 XDP를 이용하면 그런 도구들과 같은 기능을 네트워크 인터페이스 카드나 그 드라이버 수준에서 완전히 프로그래밍 가능한 방식으로 구현할 수 있다. 일반적으로 방화벽은 네트워크 스택 최상단이나 노드들 사이에 놓인 값비싼 컴퓨터에서 소통량을 통제한다. XDP 프로그램은 개별 노드의 NIC에서 실행되므로 방화벽 전용 컴퓨터를 따로 둘 필요가 없다. 흔히 쓰이는 구조는 사용자 공간에서 실행되는 적재용 프로그램이 일단의 방화벽 규칙들을 파일에서 읽어서 하나의 BPF 맵에 저장하고, XDP 프로그램들은 그 맵의 규칙들에 기초해서 패킷들의 통과 여부를 결정하는 것이다. 편의를 위해 RPC API를 통해서 원격으로 규칙 파일을 변경하게 함으로써, 네트워크의 모든 노드에 동일한 방화벽 규칙을 적용할 수 있다.

이러한 접근 방식은 방화벽 적용에 드는 전체적인 비용을 줄일 뿐만 아니라, 각 노드가 사용자 공간 소프트웨어나 커널에 의존하지 않고 자신만의 방화벽 규칙을 적용할 수 있는 여지도 제공한다. 더 나아가서, 네트워크 카드가 지원한다면 XDP 프로그램들을 오프로드 XDP 모드로 작동해서 효율을 극대화할 수 있다. 기억하겠지만 오프로드 모드에서는 XDP 프로그램을 네트워크 카드가 실행하므로 주 CPU가 소비되지 않는다.

7.5 결론

이번 장에서 XDP의 위력을 실감했을 것이다. XDP를 알면 네트워크 흐름을 바라보는 관점이 완전히 변한다. iptables나 기타 사용자 공간 도구로 네트워크 패킷을 다루다 보면 느리고 번거롭게 느껴질 때가 많다. XDP는 패킷에 직접 접근할 수 있다는 점에서, 그리고 패킷을 처리하는 논리를 임의로 작성할 수 있다는 점에서 흥미로운 도구이다. 또한 BPF 맵을 통해서 다른 BPF 프로그램이나 사용자 공간 프로그램과 연동할 수 있다는 점을 생각하면, XDP 프로그램의 응용 방법은 무궁무진하다.

다음 장은 네트워킹에 국한되지 않은 범용적인 BPF 활용이라는 주제로 돌아가서, 제6장에서 다룬 여러 개념을 좀 더 자세히 살펴본다. 그러나 BPF 프로그램들은 기본적으로 주어진 입력에 특정한 조건을 적용해서 그 입력의 이후 처리 방식을 결정하는 '필터'로 작용할 때가 많다는 점에서, 다음 장은 이번 장의 연장이라고도 볼 수 있다. BPF의 *F*가 filter의 F임을 잊지 마시길!

## 제 8장

리눅스 커널 보안, 능력, seccomp

BPF는 안정성과 안전성, 속도를 해치지 않고 커널을 확장하는 강력한 수단이다. 그래서 커널 개발자들은 seccomp의 프로세스 격리 기능을 개선하는 데 BPF의 다재다능한 능력을 활용 하기로 하고, BPF 프로그램을 seccomp의 필터로 사용할 수 있게 했다. 이를 seccomp BPF 라고 부르기도 한다. 이번 장에서는 먼저 seccomp가 무엇이고 어떻게 사용하는지 소개한 후, BPF 프로그램을 이용해서 seccomp 필터를 작성하는 방법을 설명한다. 그런 다음에는 LSM 을 위해 커널이 제공하는 여러 내장 BPF 훅들을 살펴본다.

Linux Security Modules(리눅스 보안 모듈)를 줄인 LSM은 다양한 보안 모듈을 표준화 된 방식으로 구현하는 데 사용할 수 있는 일단의 함수를 제공하는 프레임워크이다. 커널 소스 트리에는 Apparmor, SELinux, Tomoyo 등 바로 사용할 수 있는 보안 모듈들이 포함되어 있다.

그럼 리눅스 보안의 주요 개념인 '능력'부터 살펴보자.

8.1 능력

리눅스 보안의 맥락에서 능력(capability; 또는 역능)은 특권(privilege)이 없는 프로세스 에 suid 특권을 주거나 다른 어떤 방법으로 그 프로세스를 특권 있는 프로세스로 만들지 않고 도 어떤 작업을 수행할 수 있게 만드는 수단이다. 프로세스에 특권(다른 여러 작업도 수행할

수 있는)을 주는 대신 그냥 해당 작업을 수행하기 위한 구체적인 능력만 부여하면 공격 표면
(attack surface)이 줄어들어서 보안에 도움이 된다. 예를 들어 응용 프로그램이 80번 포트
같은 특권이 필요한 포트를 열려고 할 때, 그 프로세스에 루트 특권을 부여하는 대신 그냥 CAP_
NET_BIND_SERVICE라는 구체적인 능력만 부여하면 된다.

다음과 같은 Go 프로그램을 생각해 보자.

```
package main

import (
    "net/http"
    "log"
)

func main() {
    log.Fatalf("%v", http.ListenAndServe(":80", nil))
}
```

이 프로그램은 특권 있는 포트인 80번 포트에서 HTTP 요청에 대한 응답을 제공하는 하나의
HTTP 서버이다.

이 프로그램의 코드를 *main.go*라는 파일에 저장했다고 할 때, 다음은 이 프로그램을 컴파일
하고 실행하는 명령들이다.

```
$ go build -o capabilities main.go
$ ./capabilities
```

그런데 이 프로그램은 루트 특권 없이 실행되었기 때문에, 포트를 여는 과정에서 오류가 발생
한다.

```
2019/04/25 23:17:06 listen tcp :80: bind: permission denied
exit status 1
```

팁 capsh(capability shell)는 지정된 능력들을 부여한 셸에서 주어진 명령을 실행해 주는 명령줄 도구
이다.

필요한 것은 80번 포트를 여는 것뿐이므로, 루트 계정의 모든 권한을 이 프로그램에 부여하는 대신 cap_net_bind_service 능력만 부여하면 문제가 해결된다. 프로그램에 특정 능력을 부여하는 한 가지 방법은 다음처럼 capsh를 이용하는 것이다.

```
# capsh --caps='cap_net_bind_service+eip cap_setpcap,cap_setuid,cap_setgid+ep' \
    --keep=1 --user="nobody" \
    --addamb=cap_net_bind_service -- -c "./capabilities"
```

이 명령의 주요 요소들을 좀 더 자세히 살펴보자.

capsh

특정 능력들을 지정해서 셸을 실행하는 명령이다. 이 명령을 실행하려면 루트 계정이 필요하다.

--caps='cap_net_bind_service+eip cap_setpcap,cap_setuid,cap_setgid+ep'

지금 예의 목적은 루트 계정이 아닌 일반 계정으로 80번 포트를 열려는 것이다. 그래서 포트를 여는 cap_net_bind_service 능력 외에, 사용자 계정 전환을 위한 cap_setuid 능력과 cap_setgid 능력도 --caps 옵션으로 지정한다.

--keep=1

루트에서 다른 사용자 계정으로 전환이 끝나도 능력들이 계속 유지되게 한다.

--user="nobody"

전환할 사용자 계정으로 nobody를 지정한다.

--addamb=cap_net_bind_service

루트에서 전환된 후에도 능력이 해제되지 않도록 주변 능력(ambient capability)을 설정한다.

-- -c "./capabilities"

마지막으로, 실행할 프로그램을 지정한다.

참고: 주변 능력은 자식 프로그램에 상속되는 특별한 종류의 능력이다. 즉, 현재 프로그램에 부여된 주변 능력은 그 프로그램이 execve()를 이용해서 실행한 자식 프로그램에도 부여된다. 허용된 (permitted), 그리고 상속 가능한 능력만 주변 능력이 될 수 있다.

그런데 --caps 옵션에 지정한 문구에 있는 +eip가 무엇인지 궁금한 독자가 있을 것이다. 이 것은 해당 능력의 특성을 지정하는 플래그이다.

- p는 그 능력이 프로세스에 허용된다는(permitted) 뜻이고,

- e는 그 능력이 유효하다는(effective), 즉 프로세스가 실제로 사용할 수 있다는 뜻이고,

- i는 그 능력을 자식 프로세스가 상속할(inherit) 수 있다는 뜻이다.

예제 프로그램 capabilities는 cap_net_bind_service 능력을 사용해야 하므로 cap_net_bind_service에는 e가 필요하다. 또한, capabilities는 셸의 자식 프로세스로 실행되므로, capabilities 프로그램에 이 능력이 상속되려면 i가 필요하다. 마지막으로, 프로그램 실행 시 이 능력이 허용되게 하려면(UID가 바뀌었으므로 원래는 허용되지 않는다) p가 필요하다. 그 래서 cap_net_bind_service+eip가 된 것이다.

명령이 잘 실행되었는지는 ss로 확인할 수 있다. 이 명령의 출력 중 예제 프로그램 이름 capabilities가 언급된 행을 찾으면 된다. 다음은 지면을 아끼기 위해 출력 중 그 행만 표시 한 것으로, capabilities가 80번 포트를 성공적으로 열었음을 알 수 있다.

```
# ss -tulpn -e -H | cut -d' ' -f17-
128        *:80        *:*        users:(("capabilities",pid=30040,fd=3))
uid:65534 ino:11311579 sk:2c v6only:0
```

이번 예제에서는 capsh를 사용했지만, *libcap*을 이용해서 여러분의 요구에 맞는 좀 더 특화된 능력 부여 도구를 만드는 것도 가능하다. 자세한 사항은 해당 매뉴얼 페이지(man 3 libcap) 를 보기 바란다.

그런데 프로그램을 작성할 때는 나중에 실행 시점에서 그 프로그램에 어떤 능력이 필요할지 미리 알지 못할 때가 많다. 게다가 리눅스 커널이 갱신되면서 능력들이 바뀔 수도 있다.

프로그램이 사용하는 능력들을 파악하는 한 가지 방법은 BCC에 포함된 capable이라는 명령줄 도구를 이용하는 것이다. 이 도구는 커널 함수 cap_capable에 kprobe를 부착한다.

```
# /usr/share/bcc/tools/capable
TIME        UID   PID     TID     COMM            CAP   NAME                    AUDIT
10:12:53    0     424     424     systemd-udevd   12    CAP_NET_ADMIN           1
10:12:57    0     1103    1101    timesync        25    CAP_SYS_TIME            1
10:12:57    0     19545   19545   capabilities    10    CAP_NET_BIND_SERVICE    1
```

또는, bpftrace로 cap_capable 함수에 간단한 kprobe 프로그램을 부착해도 비슷한 결과를 얻을 수 있다.

```
# bpftrace -e \
    'kprobe:cap_capable {
        time("%H:%M:%S  ");
        printf("%-6d %-6d %-16s %-4d %d\n", uid, pid, comm, arg2, arg3);
    }' \
    ¦ grep -i capabilities
```

이 명령을 실행한 후 예제 프로그램 capabilities를 실행하면 다음과 같은 출력이 나온다.

```
12:01:56   1000    13524   capabilities    21    0
12:01:56   1000    13524   capabilities    21    0
12:01:56   1000    13524   capabilities    21    0
12:01:56   1000    13524   capabilities    12    0
12:01:56   1000    13524   capabilities    12    0
12:01:56   1000    13524   capabilities    12    0
12:01:56   1000    13524   capabilities    12    0
12:01:56   1000    13524   capabilities    10    1
```

다섯 번째 열의 번호는 넷째 열에 나온 프로세스(지금 예에서는 capabilities)가 요구한 능력을 가리킨다. 그리고 여섯 번째 열(마지막 열)은 감사(audit) 플래그인데, 위의 예를 보면 비감사(nonaudit) 점검들이 이어지다가 결국에는 감사 플래그가 1로 설정되었음을 알 수 있다. 출력의 세 능력 번호 21, 12, 10 중 10이 바로 우리가 관심 있는 CAP_NET_BIND_SERVICE의 번호이다. 이 번호는 커널 소스 트리의 *include/uapi/linux/capability.h*에 정의되어 있다.

```
/* Allows binding to TCP/UDP sockets below 1024 */
/* Allows binding to ATM VCIs below 32 */

#define CAP_NET_BIND_SERVICE 10
```

runC나 도커^{Docker} 같은 컨테이너 런타임들은 컨테이너에 특권을 통째로 부여하는 대신, 컨테이너에 담긴 대부분의 응용 프로그램들을 실행하는 데 필요한 능력만 허용하는 용도로 리눅스 커널 능력을 활용한다. 다음 예에서 보듯이, 도커에서는 --cap-add 옵션을 이용해서 컨테이너의 응용 프로그램에 필요한 능력들을 지정할 수 있다.

```
# docker run -it --rm --cap-add=NET_ADMIN ubuntu ip link add dummy0 type dummy
```

이 명령은 ip link 명령으로 dummy0 인터페이스를 추가하는 데 필요한 CAP_NET_ADMIN 능력을 컨테이너에 부여한다.

다음 절에서는 리눅스 커널 능력과는 다른 한 수단을 이용해서 특정 작업이나 연산을 허용하거나 거부하는 방법을 살펴본다. 이를 이용해서 우리의 요구에 맞는 필터를 직접 구현할 수 있다.

8.2 seccomp

Secure Computing(보안 컴퓨팅)을 줄인 seccomp는 리눅스 커널의 한 보안 계층으로, 개발자가 특정 시스템 호출을 필터링하게 만드는 용도로 쓰인다. 어떤 작업을 허용 또는 금지하는 수단이라는 점에서 seccomp는 커널 능력과 비슷하지만, 구체적인 시스템 호출들을 제어할 수 있다는 점에서 커널 능력보다 더 유연하다.

seccomp와 커널 능력을 함께 사용하는 것도 물론 가능하다. 실제로, 둘을 조합해서 둘의 장점을 모두 취하는 경우가 드물지 않다. 예를 들어 프로세스에 CAP_NET_ADMIN 능력을 부여하되 시스템 호출 accept와 accept4를 seccomp로 제어해서 특정 소켓의 연결은 차단할 수 있다.

seccomp 필터는 SECCOMP_MODE_FILTER 모드로 작동하는 BPF 프로그램이다. BPF 프로

그램에서 시스템 호출들을 필터링하는 방법은 소켓 필터 BPF 프로그램에서 패킷들을 필터링하는 것과 흡사하다.

seccomp 필터는 prctl의 PR_SET_SECCOMP 연산으로 적재한다. seccomp 필터 BPF 프로그램에는 seccomp의 '패킷'이 입력되는데, 그 패킷을 나타내는 구조체는 seccomp_data이다. 이 구조체에는 요청된 시스템 호출 식별 번호, 기준 아키텍처, 요청 당시의 CPU 명령 포인터에 해당하는 필드들과 시스템 호출에 주어진 인수들(최대 6개)에 해당하는 uint64 배열이 있다.

다음은 커널 소스 코드 *linux/seccomp.h*에 있는 seccomp_data 구조체의 정의이다.

```
struct seccomp_data {
    int nr;
    __u32 arch;
    __u64 instruction_pointer;
    __u64 args[6];
};
```

구조체 정의에서 짐작하겠지만, seccomp 필터는 특정 시스템 호출이나 특정 인수들, 또는 그 둘의 조합에 기초해서 시스템 호출들을 필터링할 수 있다.

seccomp '패킷'을 받은 필터는 해당 시스템 호출 요청을 처리하는 '동작(action)'을 결정하고, 그 동작을 나타내는 결과 코드(상태 코드)를 반환해야 한다. 그러면 커널은 그 동작을 수행해서 시스템 호출 요청을 처리한다. 반환할 수 있는 결과 코드와 그 의미는 다음과 같다.

SECCOMP_RET_KILL_PROCESS

시스템 호출을 요청한 해당 프로세스 자체를 종료한다. 따라서 시스템 호출은 실행되지 않는다.

SECCOMP_RET_KILL_THREAD

시스템 호출을 요청한 스레드^{thread}를 종료한다. 따라서 시스템 호출은 실행되지 않는다.

SECCOMP_RET_KILL

SECCOMP_RET_KILL_THREAD와 같다. 하위 호환성을 위해 남아 있는 것이다.

SECCOMP_RET_TRAP

시스템 호출을 허용하지 않는다. 프로세스에 SIGSYS(잘못된 시스템 호출) 신호를 보낸다.

SECCOMP_RET_ERRNO

시스템 호출을 허용하지 않는다. 필터의 반환값 중 SECCOMP_RET_DATA 부분을 사용자 공간의 errno 변수에 설정한다. 따라서 필터는 미리 적절한 오류 번호를 SECCOMP_RET_DATA 필드에 설정하는 것이 바람직하다. 사용 가능한 오류 번호는 다음 절(§8.2.1)에서 이야기하겠다.

SECCOMP_RET_TRACE

필터가 이 코드를 반환하면 커널은 PTRACE_O_TRACESECCOMP를 요청한 ptrace 추적기에 시스템 호출 사실을 알리고 시스템 호출의 실행 여부를 결정하게 한다. 추적기가 하나도 부착되지 않은 상황에서 이 코드를 반환하면 커널은 errno를 -ENOSYS로 설정하며, 시스템 호출은 실행하지 않는다.

SECCOMP_RET_LOG

시스템 호출을 허용하고 호출 사실을 기록한다.

SECCOMP_RET_ALLOW

시스템 호출을 허용한다.

> **참고:** ptrace는 어떤 프로세스에 대한 추적 메커니즘을 구현하는 데 쓰이는 시스템 호출이다. 전자의 프로세스를 **추적 대상**(tracee)이라고 부르고, ptrace를 이용해서 추적 대상을 관찰하는 프로세스를 추적기(tracer)라고 부른다. 추적기는 추적 대상의 실행에 영향을 미칠 수 있으며, 메모리 레지스터들도 변경할 수 있다. seccomp와 관련해서 ptrace는 필터가 SECCOMP_RET_TRACE를 돌려주었을 때 발동된다. 따라서 추적기는 특정 시스템 호출의 실행을 차단하고 자신만의 논리를 적용할 수 있다.

8.2.1 seccomp 오류 코드

seccomp를 다루다 보면 어떤 오류 때문에 필터가 SECCOMP_RET_ERRNO를 돌려주는 상황을 종종 만나게 된다. 시스템 호출 seccomp이 0이 아니라 -1을 반환했다면 뭔가 오류가 발생한 것인데, 좀 더 구체적으로 어떤 오류인지는 errno 변수에 설정된 오류 코드를 보면 알 수 있다.

발생할 수 있는 오류들은 다음과 같다.[1]

EACCESS

시스템 호출에 접근할 권한이 없음. 흔히 CAP_SYS_ADMIN 권한이 없거나 prctl로 no_new_privs를 설정하지 않은 프로세스가 seccomp를 호출했을 때 이 오류가 발생한다. 후자는 잠시 후에 좀 더 설명하겠다.

EFAULT

전달된 args 매개변수(seccomp_data 구조체의 args 배열 필드에 대응되는)의 주소가 유효하지 않음.

EINVAL

요청이 유효하지 않음. 이유는 크게 네 가지이다.

- 알 수 없는 또는 현재 설정에서 커널이 지원하지 않는 연산(operation 매개변수)을 요청했다.

- 요청된 연산과는 맞지 않는 플래그들(flags 매개변수)이 지정되었다.

- operation에 BPF_ABS가 포함되어 있지만, 지정된 오프셋에 문제가 있어서 seccomp_data 구조체의 크기를 초과할 여지가 있다.

- args로 지정된 필터 프로그램의 명령 수가 최대 명령 개수를 넘겼다.

ENOMEM

프로그램을 실행할 메모리가 부족함.

---

1 아래의 설명에서 operation, flags, args는 시스템 호출 seccomp의 세 매개변수이다. 참고로 seccomp의 서명은 int seccomp(unsigned int operation, unsigned int flags, void *args)이며, 매개변수들의 좀 더 구체적인 의미는 해당 매뉴얼 페이지(man 2 seccomp)에 나온다.

EOPNOTSUPP

SECCOMP_GET_ACTION_AVAIL 연산에서 args가 가리키는 필터 반환 동작을 커널이 지원하지 않음.

ESRCH

다른 스레드의 동기화 도중에 문제가 발생했음.

ENOSYS

SECCOMP_RET_TRACE 동작에 아무런 추적기도 부착되어 있지 않음.

> **참고:** prctl은 사용자 프로그램이 한 프로세스의 특정 측면들을 제어(설정 및 조회)하는 데 쓰이는 시스템 호출이다. 이를테면 엔디안endian, 스레드 이름, seccomp 모드, 특권, perf 이벤트 등을 설정하거나 조회할 수 있다.

seccomp가 일종의 모래 상자(sandbox) 메커니즘이 아닌가 하는 생각이 들겠지만, 그렇지는 않다. seccomp는 사용자가 모래 상자 메커니즘을 개발하는 데 사용하는 하나의 편의 수단이다. 그럼 시스템 호출 seccomp가 직접 호출하는 BPF 프로그램 형태의 seccomp 필터를 만들어서 프로세스들의 실행을 제어하는 방법을 살펴보자.

8.2.2 seccomp BPF 필터 예제

이번 예제는 앞에서 설명한 두 가지 작업을 수행하는 방법을 보여준다. 구체적으로, 이번 예제에서 할 일은 다음과 같다.

- 조건에 따라 적절한 결과 코드를 반환하는 seccomp 필터로 사용할 BPF 프로그램을 작성한다.
- prctl을 이용해서 그 필터를 적재한다.

그럼 BPF 프로그램의 C 코드부터 보자. 먼저 BPF와 리눅스 커널, 그리고 표준 라이브러리를 위한 헤더들을 포함한다.

```
#include <errno.h>
#include <linux/audit.h>
#include <linux/bpf.h>
#include <linux/filter.h>
#include <linux/seccomp.h>
#include <linux/unistd.h>
#include <stddef.h>
#include <stdio.h>
#include <stdlib.h>
#include <sys/prctl.h>
#include <unistd.h>
```

그런데 이번 예제가 제대로 실행되려면 CONFIG_SECCOMP와 CONFIG_SECCOMP_FILTER를 y로
설정해서 빌드한 커널이 필요하다. 현재 시스템의 커널 빌드 설정은 다음 명령으로 확인할 수
있다.

```
$ cat /proc/config.gz¦ zcat  ¦ grep -i CONFIG_SECCOMP
```

다음으로, seccomp 필터 BPF 프로그램을 정의하고 적재하는 install_filter 함수를 정
의한다. 이 함수는 크게 두 부분으로 나뉘는데, 첫 부분에서는 필터링을 위한 BPF 어셈블리 명
령문들을 정의한다.

```
static int install_filter(int nr, int arch, int error) {
  struct sock_filter filter[] = {
    BPF_STMT(BPF_LD + BPF_W + BPF_ABS, (offsetof(struct seccomp_data, arch))),
    BPF_JUMP(BPF_JMP + BPF_JEQ + BPF_K, arch, 0, 3),
    BPF_STMT(BPF_LD + BPF_W + BPF_ABS, (offsetof(struct seccomp_data, nr))),
    BPF_JUMP(BPF_JMP + BPF_JEQ + BPF_K, nr, 0, 1),
    BPF_STMT(BPF_RET + BPF_K, SECCOMP_RET_ERRNO ¦ (error & SECCOMP_RET_DATA)),
    BPF_STMT(BPF_RET + BPF_K, SECCOMP_RET_ALLOW),
  };
```

이 정의에 쓰인 BPF_STMT 매크로와 BPF_JUMP 매크로는 *linux/filter.h*에 정의되어 있다.

그럼 BPF 명령문들을 차례로 살펴보자.

```
BPF_STMT(BPF_LD + BPF_W + BPF_ABS (offsetof(struct seccomp_data, arch)))
```

고정된 BPF_ABS 오프셋에 있는 패킷 자료를 워드(BPF_W) 형식으로 적재한다(BPF_LD).

```
BPF_JUMP(BPF_JMP + BPF_JEQ + BPF_K, arch, 0, 3)
```

누산기 상수 BPF_K에 담긴 아키텍처 번호와 arch의 값을 비교한 결과에 따라 분기한다(BPF_JEQ). 둘이 같으면 다음 명령문으로 넘어가고, 그렇지 않으면 아키텍처가 일치하지 않는 것이므로 세 단계 건너뛴 곳에 있는 오류 반환 명령문으로 점프한다.

```
BPF_STMT(BPF_LD + BPF_W + BPF_ABS (offsetof(struct seccomp_data, nr)))
```

고정된 BPF_ABS 오프셋에 있는 시스템 호출 번호를 워드(BPF_W) 형식으로 적재한다(BPF_LD).

```
BPF_JUMP(BPF_JMP + BPF_JEQ + BPF_K, nr, 0, 1)
```

시스템 호출 번호와 nr 변수를 비교해서 같으면 다음 명령문으로 넘어가고(오류 코드를 반환하고 시스템 호출을 금지한다) 다르면 한 단계 건너뛴 명령문으로 넘어간다(SECCOMP_RET_ALLOW를 반환해서 시스템 호출을 허용한다).

```
BPF_STMT(BPF_RET + BPF_K, SECCOMP_RET_ERRNO ¦ (error & SECCOMP_RET_DATA))
```

seccomp 결과 코드 SECCOMP_RET_ERRNO와 error 변수에 담긴 오류 코드를 결합한 값을 반환한다(BPF_RET). 필터의 실행이 종료되며, 요청된 시스템 호출은 실행되지 않는다.

```
BPF_STMT(BPF_RET + BPF_K, SECCOMP_RET_ALLOW)
```

결과 코드 SECCOMP_RET_ALLOW를 반환한다(BPF_RET). 필터의 실행이 종료되며, 요청된 시스템 호출이 실행된다.

이해를 돕기 위해, 이 BPF 어셈블리 코드를 C와 비슷한 의사 코드로 표현하면 다음과 같다.

```
if (arch != AUDIT_ARCH_X86_64) {
    return SECCOMP_RET_ALLOW;
}
if (nr == __NR_write) {
    return SECCOMP_RET_ERRNO;
}
return SECCOMP_RET_ALLOW;
```

install_filter 함수의 후반부로 넘어가서, 우선 앞에서 정의한 필터 BPF 어셈블리 프로그램(socket_filter 구조체 배열)과 그 길이를 담은 sock_fprog 구조체를 정의한다. 잠시 후에 BPF 프로그램을 적재할 때 이 구조체를 인수로 지정한다.

```
struct sock_fprog prog = {
  .len = (unsigned short)(sizeof(filter) / sizeof(filter[0])),
  .filter = filter,
};
```

마지막으로, 필터 BPF 프로그램을 실제로 적재한다. 이를 위해 PR_SET_SECCOMP를 첫 인수로 해서 prctl을 호출한다. 둘째 인수로는 seccomp 필터 모드를 뜻하는 SECCOMP_MODE_FILTER를, 그리고 셋째 인수로는 필터 BPF 프로그램 자체와 그 길이를 담은 sock_fprog 구조체 prog의 주소를 지정한다.

```
    if (prctl(PR_SET_SECCOMP, SECCOMP_MODE_FILTER, &prog)) {
      perror("prctl(PR_SET_SECCOMP)");
      return 1;
    }
    return 0;
  }
```

이렇게 해서 install_filter 함수의 정의가 끝났다. 예제 프로그램 전체의 주 함수인 main으로 넘어가자.

main 함수는 먼저 prctl을 이용해서 현재 실행 문맥에 대해 PR_SET_NO_NEW_PRIVS를 설정한다. 이것은 자식 프로세스들이 부모 프로세스보다 더 많은 권한(특권)을 가지는 상황을 피하기 위한 것이다. 이 prctl 호출 때문에, install_filter 함수는 루트 특권 없이 실행된다.

prctl을 호출한 다음에는 install_filter 함수를 호출한다. 이 호출은 X86-64 아키텍처에서 시스템 호출 write가 요청되면 실행을 거부하고 EPERM 오류를 발생하는 돌려주는 필터를 설치한다. install_filter를 호출한 다음에는 이 예제 프로그램 자체의 첫 인수로 주어진 프로그램을 실행한다.

```
  int main(int argc, char const *argv[]) {
    if (prctl(PR_SET_NO_NEW_PRIVS, 1, 0, 0, 0)) {
      perror("prctl(NO_NEW_PRIVS)");
      return 1;
    }
    install_filter(__NR_write, AUDIT_ARCH_X86_64, EPERM);
    return system(argv[1]);
  }
```

이제 예제 프로그램이 완성되었다. 그럼 이것을 컴파일하고 실행해 보자.

예제 프로그램은 clang이나 gcc로 컴파일할 수 있다. 특별한 컴파일러 옵션 없이 그냥 소스 파일과 출력 파일(이진 실행 파일)만 지정하면 된다.

```
  clang main.c -o filter-write
```

예제 필터는 x86 아키텍처에서 모든 쓰기 연산(시스템 호출 write)을 차단하므로, 필터를 시험해 보려면 뭔가를 기록하는 프로그램이 필요하다. 익숙한 ls도 그런 프로그램이다(표준 출력에 결과를 기록하므로). 보통은 ls가 다음과 같이 디렉터리의 내용을 화면에 출력한다.

```
$ ls -la
total 36
drwxr-xr-x 2 fntlnz users  4096 Apr 28 21:09 .
drwxr-xr-x 4 fntlnz users  4096 Apr 26 13:01 ..
-rwxr-xr-x 1 fntlnz users 16800 Apr 28 21:09 filter-write
-rw-r--r-- 1 fntlnz users    19 Apr 28 21:09 .gitignore
-rw-r--r-- 1 fntlnz users  1282 Apr 28 21:08 main.c
```

그럼 앞의 명령을 인수로 지정해서 예제 프로그램을 실행해 보자.

```
$ ./filter-write "ls -la"
```

이 명령을 실행해도 화면에는 아무것도 출력되지 않을 것이다. strace를 이용하면 내부에서 어떤 일이 일어나는지 확인할 수 있다.

```
$ strace -f ./filter-write "ls -la"
```

꽤 복잡한 메시지들이 출력되는데, 우리에게 중요한 것은 다음 줄들이다. 출력에서 보듯이 ls 명령이 시도한 쓰기 연산들이 EPERM 오류와 함께 차단되었다. 필터가 시스템 호출 write를 막아서 ls 명령이 아무것도 출력하지 않은 것이다.

```
[pid 25099] write(2, "ls: ", 4)         = -1 EPERM (Operation not permitted)
[pid 25099] write(2, "write error", 11) = -1 EPERM (Operation not permitted)
[pid 25099] write(2, "\n", 1)           = -1 EPERM (Operation not permitted)
```

이제 seccomp 필터 BPF 프로그램이 어떻게 작동하는지, seccomp와 BPF를 어떻게 활용하는지 충분히 감을 잡았을 것이다. 한 가지 아쉬운 점은 eBPF가 아니라 cBPF를 사용해야 한다는 것인데, seccomp에 eBPF의 위력을 적용할 수는 없을까?

대부분의 사람들은 eBPF 프로그램을 루트 계정으로 적재해야 한다고 생각한다. 사실 그런 경우가 많지만, 리눅스 커널에는 다양한 수준에서 eBPF 객체들을 보호하는 일단의 메커니즘이 구현되어 있다. 그런 메커니즘을 BPF LSM '훅hook'이라고 부른다.

8.3 BPF LSM 훅

시스템의 이벤트들을 아키텍처 독립적으로 제어할 수 있도록 LSM은 훅이라는 수단을 제공한
다. 기술적으로 훅 호출(hook call; 또는 훅 함수)은 시스템 호출과 비슷하다. 그러나 훅은 시
스템 아키텍처에 독립적이고 LSM 프레임워크에 통합되어 있다는 점에서 시스템 호출들보다
좀 더 추상적이고 다루기 쉽다. 특히, 아키텍처 차이에 따른 문제점들(시스템 호출을 다룰 때
만날 수 있는)을 피할 수 있다.

이 글을 쓰는 현재 리눅스 커널이 BPF 프로그램과 관련해서 제공하는 훅은 일곱 가지이며,
커널 소스 자체에 포함된 LSM 구현 중 그 훅들을 제공하는 것은 SELinux뿐이다.

이 일곱 훅 호출은 커널 소스 트리의 *include/linux/security.h*에 선언되어 있다.

```
extern int security_bpf(int cmd, union bpf_attr *attr, unsigned int size);
extern int security_bpf_map(struct bpf_map *map, fmode_t fmode);
extern int security_bpf_prog(struct bpf_prog *prog);
extern int security_bpf_map_alloc(struct bpf_map *map);
extern void security_bpf_map_free(struct bpf_map *map);
extern int security_bpf_prog_alloc(struct bpf_prog_aux *aux);
extern void security_bpf_prog_free(struct bpf_prog_aux *aux);
```

이 훅들은 각자 다른 실행 단계에서 호출된다.

security_bpf

　　실행된 BPF 시스템 호출에 대한 초기 점검을 수행한다.

security_bpf_map

　　커널이 BPF 맵의 파일 서술자를 돌려줄 때 점검을 수행한다.

security_bpf_prog

　　커널이 eBPF 프로그램의 파일 서술자를 돌려줄 때 점검을 수행한다.

`security_bpf_map_alloc`

BPF 맵의 보안 필드를 초기화한다.

`security_bpf_map_free`

BPF 맵의 보안 필드를 비운다.

`security_bpf_prog_alloc`

BPF 프로그램의 보안 필드를 초기화한다.

`security_bpf_prog_free`

BPF 프로그램의 보안 필드를 비운다.

이상의 훅 호출들에서 짐작하겠지만, LSM BPF 훅에는 eBPF 객체(프로그램과 맵)가 할 수 있는 연산을 개별 객체 수준에서 점검(객체에 부여된 특권에 기초하여) 함으로써 보안을 좀 더 세밀하게 적용한다는 개념이 깔려 있다.

8.4 결론

보호하고자 하는 모든 것에 동일한 방식으로 적용할 수 있는 보안 수단은 없다. 시스템의 보안을 위해서는 시스템의 서로 다른 층(layer)들을 각자 특화된 방식으로 보호해야 하며, 믿지 않을 독자도 있겠지만 시스템을 보호하는 최선의 방법은 주안점이 각자 다른 여러 층을 쌓아 시스템을 구성함으로써 한 층이 뚫려도 시스템 전체가 침해되지는 않게 하는 것이다. 커널 개발자들이 시스템 보안을 여러 층으로 구성하고 다른 개발자들이 각 계층에 접근할 수 있는 상호작용 지점을 제공한 것은 아주 잘한 일이다. 이번 장을 읽고 어떤 층들이 있는지, 그리고 BPF 프로그램을 이용해서 각 층과 어떻게 상호작용하는지 이해했길 희망한다.

## 제 9 장

실제 응용 사례

새로 접한 기술을 구현하려 할 때 스스로 물어야 할 가장 중요한 질문은 "현재 이 기술이 실제로 어떻게 쓰이고 있는가?"이다. 그런 질문에 답하기 위해, 이번 장에서는 현재 쓰이는 아주 흥미로운 BPF 프로젝트 두 가지를 소개한다.

9.1 Sysdig의 eBPF '신(god)' 모드

Sysdig^{시스디그}는 최초의 오픈소스 리눅스 문제해결(troubleshooting) 도구이자 그것을 만든 회사의 이름이다. Sysdig는 2017년부터 커널 4.11에서 BPF(구체적으로는 eBPF)를 사용했다.

BPF를 사용하기 전 Sysdig는 커널 모듈을 이용해서 커널 내부 정보를 추출했다. 그러나 사용자 기반이 확장되고 문제해결 도구를 예상치 못한 방식으로 실험하는 고객이 늘어남에 따라 대부분의 사용자에게 적용되는 중요한 단점이 드러났다. 커널 모듈 접근 방식의 단점은 다음과 같은 다양한 문제를 일으킨다.

- 커널 모듈이 사용자의 시스템에 적재되지 않는 사례가 늘어난다. 런타임 프로그램이 할 수 있는 일에 대한 제약을 점점 늘려가는 클라우드 네이티브 플랫폼들에서는 이 문제가 더욱 심각하다.

- 새로운 기여자는(심지어는 기존 기여자들도) 커널 모듈의 구조를 이해하지 못한다. 그래서 오픈소스 프로젝트에 대한 전체적인 기여자 수가 감소하며, 결과적으로 프로젝트 자체의 성장이 제한된다.

- 커널 모듈은 유지보수하기 어렵다. 코드를 작성하기도 어렵지만, 코드를 안전하게 보관하고 잘 조직화하기도 쉽지 않은 일이다.

이런 문제점 때문에 Sysdig는 커널 모듈이 가진 기능들을 BPF 프로그램으로 구현하기로 했다. BPF로 이식하는 과정에서 Sysdig는 자연스럽게 BPF의 다른 여러 유용한 추적 기능들을 발견했다. 예를 들어 BPF의 사용자 공간 탐침을 이용하면 사용자 공간 응용 프로그램의 특정 실행 지점에 BPF 프로그램을 손쉽게 부착할 수 있다(§4.1.3).

또한, Sysdig 프로젝트는 실행 중인 프로세스의 스택 추적들을 BPF 프로그램을 이용해서 갈무리하는 보조 기능도 기본으로 제공한다. 전형적인 시스템 호출 정보 외에 이러한 프로세스 스택 추적 정보가 있으면 문제해결이 더욱더 쉬워진다.

이 모든 멋진 기능이 Sysdig에 저절로 도입된 것은 물론 아니다. 처음에는 BPF VM의 제약 때문에 Sysdig 개발자들이 애를 좀 먹었다. 그래서 프로젝트의 최고 설계자(chief architect)인 잔루카 보렐로^{Gianluca Borello}는 커널 자체를 고쳐서 BPF VM을 개선하기로 했다. 리눅스 커널과 BPF에 대한 그들의 기여는 다음과 같다.

- BPF 프로그램에서 문자열을 좀 더 편하게 다룰 수 있게 한다(*https://oreil.ly/ZJ09y*).

- 몇몇 BPF 프로그램 인수들의 처리 방식을 개선한다(*https://oreil.ly/lPcGT*, *https://oreil.ly/5S_tR*, *https://oreil.ly/HLrEu*).

후자의 인수 처리 방식 개선들은 시스템 호출 인수들을 다룰 때 요긴한 개선이었다. Sysdig 도구의 가장 중요한 자료 원천이 시스템 호출인 만큼 이는 꼭 필요한 일이었다.

[그림 9-1]은 Sygdig eBPF 모드의 전체적인 구조이다.

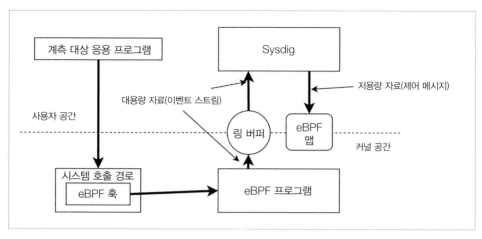

그림 9-1 Sysdig의 eBPF 구조

    구현의 핵심은 계측화(instrumentation; 또는 계장)를 담당하는 일단의 커스텀 BPF 프로그램들이다. 이 프로그램들은 C 프로그래밍 언어의 부분집합으로 작성한다. 그러한 고수준 C 코드를 최근 버전의 Clang과 LLVM으로 컴파일하면 BPF VM을 위한 바이트코드가 나온다.

    Sysdig가 커널 계측에 사용하는 모든 실행 지점마다 BPF 프로그램이 하나씩 있다. 현재 Sysdig의 BPF 프로그램이 부착되는 정적 추적점은 다음과 같다.

- 시스템 호출 진입(entry) 경로

- 시스템 호출 출구(exit) 경로

- 프로세스 문맥 전환

- 프로세스 종료

- 주요/부차 페이지 실패(page fault)

- 프로세스 신호 전달

각 프로그램은 실행 지점 자료(예를 들어 시스템 호출의 경우 호출 프로세스가 넘겨준 인수들)를 받아서 처리한다. 구체적인 처리 방식은 시스템 호출에 따라 다르다. 단순한 시스템 호출의 경우 인수들을 그대로 BPF 맵에 복사한다(전체 이벤트 프레임이 형성될 때까지 임시로 보관하기 위해). 좀 더 복잡한 시스템 호출의 경우 BPF 프로그램은 인수들을 변환하거나 증강하는 등의 좀 더 복잡한 작업을 수행한다. 이러한 BPF 프로그램들 덕분에 사용자 공간의 Sysdig 응용 프로그램은 풍부한 자료를 활용할 수 있다.

Sysdig의 BPF 프로그램들이 수집, 처리하는 자료를 몇 가지 소개하자면 다음과 같다.

- 네트워크 연결과 관련된 자료(TCP/UDP IPv4/IPv6 쌍, UNIX 소켓 이름 등).

- 프로세스에 관한 아주 세밀한 측정치(메모리 카운터, 페이지 실패 횟수, 소켓 대기열 길이 등).

- 컨테이너 관련 자료(이를테면 시스템 호출을 요청한 프로세스가 있는 이름공간과 그 프로세스가 속한 cgroup).

[그림 9-1]에서 보듯이, 주어진 시스템 호출의 계측에 필요한 모든 자료를 갈무리한 BPF 프로그램은 BPF 내장 함수를 호출해서 그 자료를 일단의 CPU별 링 버퍼들에 저장한다. 사용자 공간 응용 프로그램은 그 링 버퍼들에 담긴 대량의 자료를 아주 효율적으로 읽어 들일 수 있다. 이는 커널 공간과 사용자 공간이 '작은 자료'를 공유하는 용도로 BPF 맵을 사용하는 일반적인 관행과는 차별화되는 지점이다. BPF 맵 및 사용자 공간과 커널 공간이 BPF 맵을 이용해 자료를 주고받는 방법은 제3장에서 자세히 이야기했다.

성능의 관점에서 이러한 구조는 아주 좋은 결과를 낸다. [그림 9-2]를 보면 Sysdig의 BPF 계측화가 유발하는 추가 부담(overhead)이 "고전적인" 커널 모듈 계측화의 것보다 약간만 더 클 뿐이라는 점을 알 수 있다.

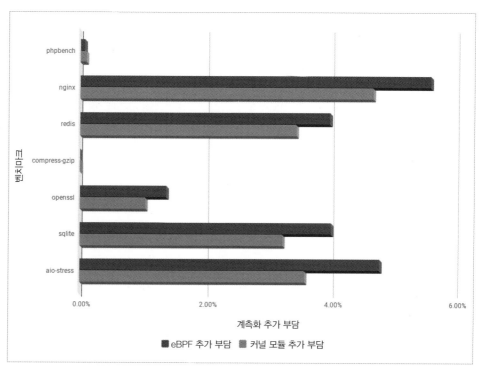

그림 9-2 Sysdig BPF 성능 비교

Sydig의 BPF 지원 기능을 사용하는 방법은 해당 사용자 문서화(*https://oreil.ly/luHKp*)를 참고하기 바란다. 또한, BPF 드라이버 소스 코드(*https://oreil.ly/AJddM*)도 반드시 살펴봐야 할 것이다.

9.2 Flowmill

Flowmill^{플로밀}은 관측 가능성 관련 스타트업으로, 창업자 조너선 페리^{Jonathan Perry}가 참여한 Flowtune(*https://oreil.ly/e9heR*)이라는 학술 연구 프로젝트를 뿌리로 한다. Flowtune 은 개별 패킷들의 처리 일정을 효율적으로 관리함으로써 데이터센터 네트워크의 혼잡 (congestion; 또는 밀집)을 해소하는 문제를 연구하는 프로젝트인데, 그러한 혼잡 해소에는 네트워크 관련 수치들을 아주 낮은 추가 부담으로 수집하는 기술이 필요했다. Flowmill은 바로 그러한 기술을 이용해서 하나의 분산 응용 프로그램을 구성하는 요소 사이의 연결을 관찰하고, 측정하고, 분석함으로써 다음과 같은 기능을 제공한다.

- 분산 시스템에서 서비스들이 서로 어떻게 상호작용하는지 정확하게 보여준다.

- 통신 속도, 오류, 잠재지연의 측면에서 통계적으로 유의한 변화가 생긴 지역을 식별한다.

Flowmill은 BPF(eBPF)의 커널 탐침을 이용해서 모든 열린 소켓을 추적하고 소켓 연산 관련 수치들을 주기적으로 수집한다. 이러한 작업이 그리 쉽지는 않은데, 이유는 다음과 같다.

- BPF 탐침들이 설정된 시점에서 이미 열려 있던 기존 연결들뿐만 아니라 그 이후에 새로이 열린 연결들도 추적해야 한다. 또한, 커널을 거쳐 가는 TCP 및 UDP와 IPv4 및 IPv6의 조합들에 해당하는 경로를 모두 추적해야 한다.

- 컨테이너 기반 시스템에서는 각 소켓의 cgroup을 식별해야 하며, 쿠버네티스나 도커 같은 플랫폼이 부여한 오케스트레이터orchestrator 메타자료도 반영해야 한다.

- 소켓과 외부 공개 IP 주소를 짝지으려면 conntrack이 수행하는 NAT(네트워크 주소 변환)도 추적해야 한다. 예를 들어 도커의 기본 네트워킹 모형은 원본 NAT를 이용해서 컨테이너들을 호스트 IP 주소 뒤에(그리고 쿠버네티스 안에) 숨기고, 하나의 서비스 가상 IP 주소로 일단의 컨테이너들을 대표한다.

- 서비스별로 측정치를 취합하거나 연결의 양쪽에서 수집된 자료를 일치시키려면, BPF 프로그램이 수집하는 자료를 적절히 후처리(post-processing)할 필요가 있다.

이러한 자료를 수집하는 데는 BPF 커널 탐침이 훨씬 효율적이고 안정적이다. 커널 탐침을 이용하면 연결이 누락될 걱정이 전혀 없으며, 모든 소켓에 대한 전체 추가 부담이 1초 미만이다. Flowmill의 접근 방식은 '에이전트agent'에 의존하는데, 여기서 에이전트는 일단의 BPF kprobe와 사용자 공간 측정치 수집 코드, 그리고 오프박스off-box 자료 취합 및 후처리 모듈을 결합한 개념이다. 구현은 각 소켓에서 수집한 측정치들을 perf 이벤트 링 버퍼들을 통해서 사용자 공간에 전달해서 처리하게 한다. 또한 열린 TCP 및 UDP 소켓들을 추적하기 위해 해시 맵도 사용한다.

Flowmill 개발자들에 따르면 BPF 계측화 도구의 설계 전략은 크게 두 가지로 나뉜다. "쉬운" 접근 방식은 모든 계측 대상 이벤트에 대해 호출되는 커널 함수 한두 개에만 집중하는 것인데, 대신 BPF 코드 쪽에서 더 많은 상태를 관리해야 하고 호출당 수행할 작업도 많다(한두 계측 지점이 아주 자주 호출되므로). 계측화의 추가 부담이 실제 작업의 부하에 미치는 영향을 줄이기 위해서는 덜 자주 호출되는 구체적인 함수들을 계측해서 실제로 중요한 사건들에 초점을 두어야 한다. 이렇게 하면 계측화의 추가 부담이 훨씬 낮아진다. 대신 모든 중요한 코드 경로를 포괄해야 하므로 개발자가 신경써야 할 것이 많아진다. 특히, 리눅스 커널 코드는 계속 변하므로 커널 버전들 사이의 차이점에 주의할 필요가 있다.

예를 들어 `tcp_v4_do_rcv`는 모든 확립된 TCP RX(수신) 소통량을 포착하며 `sock` 구조체에 접근하지만, 호출 빈도가 극도로 높다. 이 함수를 계측하는 대신 ACK 패킷이나 순서가 틀린(out-of-order) 패킷, RTT 추정 등을 처리하는 좀 더 구체적인 함수를 계측해서 관심 있는 측정치에 좀 더 직접적으로 영향을 미치는 사건들을 처리하는 데 집중하는 것이 나을 수 있다.

TCP, UDP, 프로세스, 컨테이너, conntrack(그리고 기타 하위 시스템들)에 이러한 접근 방식을 적용한 덕분에 Flowmill은 성능이 아주 좋다. 대부분의 시스템에서 추가 부담은 측정이 불가능할 정도로 낮다. 일반적으로, BPF와 사용자 공간 구성요소를 포함한 계측 코드가 유발하는 CPU 추가 부담은 새 소켓이 생성되는 비율에 따라 코어당 0.1%에서 0.25% 정도이다.

Flowmill과 Flowtune에 관한 좀 더 자세한 사항은 공식 웹사이트(*https://www.flowmill.com*)를 참고하기 바란다.

Sysdig와 Flowmill은 BPF(특히 eBPF)를 이용한 감시(모니터링) 및 관측 가능성 도구 구축 분야의 선구자, 개척자이다. 이들 외에도 Cilium이나 Facebook(대단히 안전하고 성능 좋은 네트워크 기반구조를 구축하기 위해 BPF를 앞서 채용한) 등 개척자의 대열에 포함할 만한 몇몇 기업을 이전 장들에서 언급했다. BPF와 그 공동체의 앞날은 대단히 밝다. 독자 여러분도 BPF로 놀라운 성과를 내길 기대한다.

INDEX

INDEX

INDEX

INDEX

INDEX

INDEX